KB166728

생동하는 물질

컨템포러리 총서

생동하는 물질
사물에 대한 정치생태학

제인 베넷 지음 | 문성재 옮김

현실문화

차례

일러두기

● 이 책은 Jane Bennett, *Vibrant Matter: A Political Ecology of Things*, Duke University Press, 2010을 옮긴 것이다.

● 원서의 괄호는 ( )로, 옮긴이가 새로 넣은 설명은 [   ]로 표시했다.

● 외국 인명과 지명 등의 표기는 국립국어원에서 펴낸 외래어표기법을 원칙으로 하되, 국내에서 널리 사용되는 표기는 관행을 따랐다.

이 책은 하나의 철학적 기획이자 그에 대한 하나의 정치적 기획

이다. 이 책이 제시하는 철학적 기획은 근대인의 이성을 통해 빠르게

번진 한 생각, 즉 물질을 수동적인 재료, 다시 말해 날 것 그대로의,

활기 없는 또는 무력한 것으로 여기는 생각에 대해 역으로 천천히 숙

고하는 것이다. 세계를 활력 없는 물질(그것, 사물)과 생동하는 생명(우

리, 존재자)으로 나누어 분석하는 이러한 습관은, 자크 랑시에르의 어

구를 통해 말하자면, "감성의 분할"이다.[1] 물질과 생명의 이러한 격리

는, 지금 이 순간 오메가-3 지방산이 인간의 기분을 전환시키는 방식

또는 쓰레기가 매립지 안에서 '사라지지' 않고 화학물질의 활기 넘치

는 흐름과 메탄의 휘발성 바람을 생성하는 방식과 같은, 물질의 활력

vitality과 물질적 구성체들의 활기 넘치는 권력을 무시하게 만든다.[2] 나

1   "감성의 분할은 세계를 가르는 것이고, 보이는 것과 보이지 않는 것 사이에 (⋯) 분할을 만드
는 것이며, 들리지 않는 것으로부터 들을 수 있는 것을 분리해내는 것이다."(Rancière, "Ten Theses
on Politics")

2   랑시에르는 "일반적으로 정치는 감성의 배열을 다루는 것"이라고 주장했는데, 이는 정치의
특징이 '소여(the given)'가 무엇인지에 대한 주장에 있음을 의미한다. 그것은 "배정된 장소의 가시
성과 그 장소에서의 신체 능력"에 대한 것이다(Rancière, "Comment and Responses"). 나는 정치가
인간이 감각하고 지각할 수 있는 지형을 배열하고 재배열하는 것이라는 주장에는 동의하지만, 랑시

는 '생명'과 '물질'이라는 수사를 반복적으로 되풀이하여, 흔한 단어를 계속하여 반복하면 낯설고 무의미한 소리가 되는 것처럼, 그러한 수사가 기이하게 보일 때까지 그것들을 뒤흔들 것이다. 이러한 분리를 통해 만들어진 공간에서, **생기적 물질성**vital materiality이 형성되기 시작할 수 있다.

혹은 생기적 물질성은 재형성된다고도 할 수 있는데, 왜냐하면 생기적 물질성에 대한 생각의 한 형태를 수동적인 대상이 아닌 활력 있는 대상으로 가득한 세계에 대한 어린 시절 경험 속 표현에서 찾아볼 수 있기 때문이다. 나는 이러한 의미를 다시 살려내기 위해 앙리 베르그송이 "자연의 자발성에 대한 잠재적 믿음"이라 말했던 것을 상기시키고자 한다.[3] 또한 생동하는 물질이라는 생각은 서양에서 긴 철학적 역사를 갖고 있다(그 생각은 철학사에서 잠재적인 것은 아닐 수 있지만, 적어도 지배적이지는 않았다). 나는 이러한 역사 역시 다시 상기시킬 것인데, 이 책에서는 특히 바뤼흐 스피노자, 프리드리히 니체, 헨리 데이비드 소로, 찰스 다윈, 테오도르 아도르노, 질 들뢰즈, 그리고 20세기 초반 베르그송과 한스 드리슈의 생기론의 개념과 주장에 기댈 것이다.

야심차게 말하자면 이 책의 정치적 기획은 생동하는 물질 및 활

에르와는 달리 인공물, 금속, 베리, 전기, 줄기세포, 벌레 같은 비인간 신체들의 '능력'에도 관심을 갖는다. 나는 7장에서 랑시에르의 민주주의 이론을 다룰 것이다.

3   Bergson, *Creative Evolution*, p. 45.

기 넘치는 사물과 더 지적이고 지속 가능한 관계를 맺도록 장려하는 것이다. 하나의 지침으로서의 질문은 다음과 같다. 만약 우리가 (비인간) 신체들의 생기를 진지하게 여긴다면 공적인 문제들에 대한 정치적 반응은 어떻게 변화할 것인가? 여기서 나는 '생기'라는 말을, 인간의 의지와 설계를 흩뜨리거나 차단할 뿐 아니라 자신만의 궤적, 성향 또는 경향을 지닌 유사 행위자나 힘으로서 작용할 수 있는, 먹을 수 있는 것, 상품, 폭풍, 금속 같은 사물들의 역량이라는 의미로 사용한다.

나의 바람은 인간의 옆과 안으로 흐르는 생동하는 물질성을 명료하게 표현함으로써, 사물들의 힘을 더 정당하게 다루었을 때 정치적인 사건을 분석하는 방식이 어떻게 변화할 것인지를 이해하는 것이다. 예를 들어, 우리가 접하는 것이 잡동사니, 폐물, 쓰레기, 또는 '재활용품'이 아니라 퇴적된 한 더미의 활기 넘치고 잠재적으로 위험한 물질이라면 소비 양식은 어떻게 변할 것인가? 만약 먹는 행위가 그것들 중 일부는 나의 것이고, 대부분은 내 것이 아니며, 그것들 중 어느 것도 다른 것에 비해 항상 우위에 있지는 않은 다양한 신체들 사이의 조우로서 이해된다면, 공중보건에 어떠한 변화가 나타날 것인가? 물질에 있는 생기의 유일한 원천이 영혼이나 정신이라는 가정이 없을 때 줄기세포 연구를 둘러싸고 어떠한 쟁점이 새롭게 제기될 것인가? 전기가 단순히 자원, 상품, 또는 수단만이 아닌 보다 급진적으로 하나의 '행위소actant'로서 여겨진다면 에너지 정책 과정에서 어떠한 변화가 나타날 것인가?

여기서 행위소는 브뤼노 라투르의 용어다. 행위소는 인간이거나 비인간일 수 있는 행위의 원천이고, 어떠한 일을 **할** 수 있는 효능을 가지며, 차이를 만들어내고, 결과를 만들어내며, 사건이 일어나는 과정을 전환시키는 충분한 응집력을 지닌다. 행위소는 "시행 중에 다른 실체를 변화시키는 임의의 실체"이며, 그것의 역량은 행위 이전에 상정되기보다 "(그것의) 수행으로부터 연역된다".[4] 그중 몇몇 행위소는 그것의 수행 또는 그것이 가진 에너지들이 너무 작거나 그 흐름이 너무 빨라서 '사물'이 될 수 없기에, 원시적 행위소라 말하는 것이 더 적절하다.[5] 나는 라투르가 효과의 다양한 양태와 정도를 강조하는 어휘를 개발하고자 한 시도에 그리고 더 **분산된** 행위성을 서술하려 시도했다는 점에 찬사를 보낸다. 나는 잠시 동안 그리고 어느 정도까지, 라투르와 마찬가지로 일반적으로 인간에게 독특한 것 혹은 심지어 유일한 것으로 여겨지는 것을 전략적으로 무시하려 한다. 나는 구체적인 '사물들'에 집중하며 특수한 물질적 배열들의 고유한 역량 또는 유효한 권력을 강조할 것이다. 일반적인 평면보다 다소 덜 수직적인 평면 위에 인간 행위소와 비인간 행위소를 함께 제시하려는 나의 시도는, 인간에 대한 질문은 보류해두고 주체성과 그것의 기원, 그것의 가능성의 조건, 그리고 그것의 경계들에 대한 풍부하고 다양한 문헌을 무시하는 것이다. 주체성이 시작하고 끝나는 지점을 명명하려는 철학

---

4   Latour, *Politics of Nature*, p. 237.

5   여기서 라투르는 **행위소**보다 **행위의 이름**이라는 표현이 더 적절하다고 말하는데, 왜냐하면 "이러한 수행이 이루어지고 나서야 비로소 그로부터 그것의 역량을 추론해낼 수 있기 때문이다"(Latour, *Pandora's Hope*, p. 303, 308).

적 기획 역시 신의 관점에서 바라본 인간의 유일무이함, 물질성으로부터의 탈출, 또는 자연에 대한 지배라는 환상에 종종 구속되어 있다. 심지어 그러한 기획에서 벗어난 곳에서조차 철학은 아포리아적이거나 공상적인 노력에 머무른다.

따라서 비주체로부터 비롯되는 능동적인 권력들을 더 잘 식별하기 위해, 그에 대한 용어와 문법을 개발하는 과제에 집중하기 위해, 주체성에 대한 중요한 주제들은 크게 다루지 않을 것이다. 나는 일반적으로 그림자에 가려져 여태껏 부각되지 않았던 것, 다시 말해 물질적 행위성 또는 비인간 사물들이나 온전히 인간이 되지 않은 사물들의 효능을 다루고자 한다. 나는 인간중심적 형식으로 수행되어온 정치이론의 향연에서 버려진 재료들로 요리를 만들고자 한다. 그럼으로써 나는 수행적인 자기-모순의 죄명을 뒤집어쓴다. 결국 생동하는 물질에 대한 이론을 정교화하는 것은 어디까지나 인간 주체가 아닌가? 이에 대한 답은 그렇기도 하고 그렇지 않기도 하다는 것인데, 왜냐하면 물질, 생명, 자아, 자기이해self-interest, 의지, 행위성에 대한 조작적 개념들을 수정하게 되면 수행적 모순으로 여겨졌던 것은 마땅히 소멸할 것이기 때문이다.

왜 물질의 활력을 옹호해야 하는가? 왜냐하면 죽어 있거나 철저히 도구화된 물질이라는 이미지가 인간의 자만심과 정복 및 소비 등 지구를 파괴하는 우리의 환상을 키우기 때문이다. 그러한 이미지는 우리가 인간의 몸 주변에서 그리고 내부에서 순환하는 더 넓은 범위의 비인간 권력들을 감지하지(보고, 듣고, 냄새를 맡고, 맛보고, 느끼는) 못하게 막음으로써 그러한 환상을 키운다. 우리를 돕거나 파괴할 수 있는 혹은 우리를 풍요롭게 하거나 손상시킬 수 있는 혹은 우리를 고귀하게 하거나 타락시킬 수 있는 물질적 권력들은 우리의 주의를 요청하거나 심지어 '존중'을 요청한다(이 용어를 칸트적 의미[인간을 인간으로서 존중하라]를 넘어 더 확장한다면 말이다). 물질에는 본래 활기가 없다고 말하는 수사법은 더 생태학적이고 더 물질적으로 지속 가능한 생산과 소비 양식의 출현을 막는 요인 중 하나일 것이다. 내 주장들은 **인간의** 생존과 행복에 대한 나의 관심사와 의지로부터 우러나온다. 즉, 나는 인간의 물질성과 사물의 물질성 사이의 세심한 만남을 추구하는 접근 그리고 더 녹색인 인간 문화를 촉진하고자 한다(이와 관련하여, 이 책의 마지막 두 장에서 생기적 유물론[6]의 '생태학적' 특징에 주목한다).

「노마디즘」에서 들뢰즈와 펠릭스 가타리는 '물질적 생기론'이라는 생각을 실험하는데, 그에 따르면 활력은 물질-에너지에 내재한다.[7] 그들의 기획이 나의 기획에 많은 영감을 주었다. 들뢰즈와 가타리처럼, 나는 현대 과학과 문학의 여러 저술가뿐 아니라 에피쿠로스주의, 스피노자주의, 니체주의 그리고 생기론의 전통들을 선택적으로 끌어내려 한다. 이 기획은 다음과 같은 몇 가지 과제를 동시에 요구하기

---

6   [옮긴이] 생기적 유물론은 물질에 관한 새로운 존재론적 관점을 내세우는 유물론이다. 이 이론은 물질이 길이, 폭, 두께를 가지며 연장적이고 동질적이며 무력한 것이라는 데카르트의 정의를 거부한다. 생기적 유물론에서 물질은 유동적이고 잠재적인 힘인 생기로 정의된다. 생기적 유물론은 '생기'와 '물질'을 구별하였던 기존의 생기론과는 다르다. 이와 관련해서는 5장과 6장을 참고할 것.

7   Deleuze and Guattari, *Thousand Plateaus*, pp. 351-423.

때문에, 나는 여기저기에 내가 얻을 수 있는 모든 도움을 요청할 것이다. (1) 행위성, 행위 그리고 자유 같은 일반 개념을 때때로 한계까지 몰아붙이는 존재론을, 생동하는 물질에 대한 긍정적 존재론을 그려내기. (2) 인간의 몸에 물질적 활력에 대한 미적-정동적aesthetic-affective 개방성을 끌어들이기 위해 여러 논증과 여타 수사학적 수단을 이용하여 생명/물질, 인간/동물, 의지/결정 그리고 유기적/비유기적이라는 존재신학적 대립항들을 소멸시키기. (3) 비인간 행위소의 기여를 더 잘 설명할 수 있는 정치적 분석 형태를 소묘하기.

다음으로, 이어지는 글에서 우리와 우리의 주변을 통과하며 흐르는 생기적 물질성에 대해 언급할 것이다. 비록 줄기세포, 전기, 음식, 쓰레기 그리고 금속들의 움직임과 효과가 정치적 삶(그리고 인간의 삶 자체)에 중요하지만, 그것들이 공적으로 드러나자마자(보통 처음에는 인간의 기획과 기대를 분열시키는 방식으로) 이러한 활동들과 권력들은 인간의 기분, 인간의 행위, 인간의 의미, 인간의 의제 또는 이데올로기로 표현되기 시작한다. 이러한 순식간의 대체는 '우리'가 '그것'들 모두를 진실로 제어하고 있다는, 다시 말해 내가 의지하는 (비기계주의적이고 비목적론적인) 유물론의 전통을 따르면 스스로를 잠재적으로 강력한 행위자로서 드러낸다고 여겨지는 그것들을 진정 제어하고 있다는 착각을 지속시킨다.

비록 스피노자는 전적으로 유물론자는 아니었으나, 그의 논의는 이 책에서 내가 의지하는 기준이 된다. 나는 다른 신체들과 연합하여 자신의 활동 권력을 향상시키려 노력한다는 의미를 지닌 의욕적conative 신체라는 그의 개념에 의지하고, 모든 것이 동일한 실체로 이루어져 있다는 그의 신념 역시 공유한다. 스피노자는 인간이 "자연의 질서를 따르기보다는 어지럽힌다"는 생각을 거부했고 그 대신 "선, 평면, 또는 입체에 대해 탐구하듯이 인간의 행위와 욕망을 고려한다"고 단언했다.[8] 루크레티우스 역시 『사물의 본성에 관하여』에서 일종의 일원론을 언급했는데, 그는 모든 것이 변덕스러운 동일한 질료, 동일한 구성 요소로 구성되어 있다고 주장한다. 루크레티우스는 그것들을 기원primordia이라 부른다. 오늘날 우리는 그것을 원자, 쿼크, 입자 흐름, 혹은 물질-에너지라 부른다. 이 동일-질료설, 다시 말해 본디 모든 것이 연결되어 있으며 그것들을 하나의 단일한 기질로 단순화할 수 없다는 주장은 **생태학적 감수성**과 공명하며, 내게 매우 중요한 주장이다. 하지만 몇몇 심층 생태론과는 대조적으로, 나의 일원론은 부분들의 매끄러운 조화도, 공통 정신에 의해 통일된 다양성도 상정하지 않는다. 들뢰즈가 언급했듯이, 이 책에서 공식화하고자 하는 것은 "존재론적으로는 하나, 형태는 다양한"이라는 것이다.[9] 『물리학의 탄생』에서 미셸 세르가 언급했듯이, 세계는 다양하고 변화하는 물질성들이 충돌하고, 경직되고, 형태화되고, 진화하고, 해체되는 격동적이고 내재적인 장이다.[10] 비록 나는 에피쿠로스주의가 허공에서 낙하하고 방향

---

8   Spinoza, preface to *Ethics*, pp. 102-103.

9   Deleuze, *Expressionism in Philosophy*, p. 67.

10   Serres, *Birth of Physics*.

을 선화하는 개별 원자에 대한 이미지를 그려내는 데서 지나치게 단순하다고 생각하나, 사물들이 존재하는 방법에 자연적 **경향**이 있다는 점 그리고 난류亂流의 기이한 논리를 이해했을 때 인간의 품격과 품위 있는 정치가 조성된다는 그 사조의 신념에는 동의한다.

비인격적 정동

내가 『근대적 삶의 황홀함The Enchantment of Modern Life』을 집필했을 때, 나의 초점은 인간의 정동affect, 좀 더 구체적으로는 황홀함이나 기쁨과 불안 사이의 기이한 조합에 대한 윤리적 연관에 맞춰져 있었다. 그 생각은 일상 세계, 즉 자연뿐 아니라 상품과 다른 문화적 생산물들에 대한 감각적 황홀함의 순간들이, 우리로 하여금 윤리적 원리를 인정하는 것에 그치지 않고 윤리적 행위를 실제로 실천하도록 하는 데 필요한 동기부여 에너지를 늘릴 수도 있다는 것이었다.

그 책의 주제는 정치 이론의 더 큰 흐름, 다시 말해 몸을 다룬 페미니즘 연구들과 '자기 배려'에 대한 미셸 푸코의 작업에 영향을 받은 일종의 윤리적이고 미학적인 전환에 속해 있다. 이 탐구들은 물리적 운동, 명상, 섹슈얼리티, 식사 같은 '욕망'과 신체의 실천을 윤리적으로 포착하는 것에 도움을 주었다. 이러한 전환에 대해 대표적으로 낸시 프레이저의 『미완된 정의Justice Interruptus』 같은 몇몇 정치 이론은, 이것이 경제 정의, 환경의 지속가능성, 인권, 민주적 거버넌스 같은 까다로운 정치적 쟁점들을 희생시키는 동시에 정체성에 대한 가벼운 심리-문화적 쟁점으로 회귀했다고 비판했다. 다른 진영에 속한 이론(내가 여기에 속해 있다)은, 윤리적 감수성과 사회적 관계를 형성시키고 재형성하는 신체적 규율이 **그 자체로** 정치적이라는 것 그리고 만약 그것이 없다면 어떠한 원칙이나 정책도 한 다발의 말에 지나지 않을 위험성을 지니는, (여태껏 간과되어온) '미시정치학'의 전체 장을 구성한다고 대응했다. 경제의 녹색화, 부의 재분배, 권리의 강화와 확장은 그것들의 효과를 기꺼이 받아들이는 인간의 성향, 기분, 그리고 문화의 총체 ensemble가 없다면 존재하지 않을 것이다.

그와 같은 윤리적 전환에 따라 정치이론가들은 영화, 종교 관행, 뉴스 매체 관례, 신경과학 실험 그리고 윤리적 의지를 형성하는 다른 비규범적 수단들에 더 주목하게 되었다. 그 과정에서 '윤리'는 일련의 원칙들로만 제한될 수 없게 되었다. 윤리는 도덕적 내용, 미적-정동적 형식 그리고 공적인 분위기 사이의 교대 작용으로 이루어진 복잡한 집합으로서 간주될 수밖에 없었다. 여기서 정치이론가들은 낭만주의 사상가들(장자크 루소, 프리드리히 실러, 니체, 랄프 왈도 에머슨, 소로, 월트 휘트먼 등)이 오랫동안 강조해온, 일련의 도덕 원리들이 실제로 실행되기 위해서는 그에 걸맞은 분위기나 정동의 풍경이 갖춰져 있어야 한다는 점에 긍정했다.

나는 정동이 정치와 윤리의 핵심이라고 내내 생각해왔다. 하지만 이 책에서 나는 인간의 신체에 제한되지 않는 '정동'으로 나아갈 것이다. 이제 나는 정동적 촉매가 불러일으키는 인간의 관계 능력의 향상보다는, 비인간 신체 내에 존재하는 있는 그대로의 촉매에 초점을 맞추려 한다. 이 권력은 초인격적이거나 상호주관적이지 않으며 (심지어 관념적으로도) 인간으로서 상상될 수 없는 형식에 내재하는 비인격적 정동이다. 여기서 나는 황홀함이라는 말이 가리키는 두 방향을 강조한다. 첫 번째 방향은 황홀함을 **느끼고** 그럼으로써 행위 역량이 강화되기도 하는 인간을 향한다. 두 번째 방향은 인간과 다른 신체에 (유익하거나 해로운) 효과를 **만들어내는** 사물의 행위성을 향한다.[11] 유기적 신체와 비유기적 신체, 자연의 대상과 문화적 대상(이러한 구별이 여기서만 두드러지는 것은 아니다) **모두가** 정동적이다. 나는 여기서 정동을, 일반적인 신체가 갖는 활동성과 반응성이라고 언급하는 스피노자적 정의에 기반해서 해석하고 있다. 들뢰즈와 가타리는 이에 대해 다음과 같이 언급한다. "우리는 신체가 할 수 있는 것을 알기 전까지는 신체에 관해 아는 게 없다. 즉 신체의 정동은 어떤 것인지, 그것들이 다른 정동과, 다른 신체의 정동과 어떻게 조합되거나 조합되지 않을 수 있는지, 그 결과 다른 신체를 파괴하는지 아니면 그것에 의해 파괴되는지 또는 다른 신체와 능동 작용들과 수동 작용들을 교환하는지 또는 다른 신체와 함께 더 강력한 신체를 합성하는지 등을 전혀 모르는 것이다."[12] 또는 데이비드 콜에 의하면, "정동은 하나의 신체가 다른 신체에 미치는 영향을 묘사하는 입자-힘들의 충돌을 수반한다. 이것은 주관적인 감정 이전에(또는 주관적인 감정 없이) 힘을 느끼는 능력으로

---

11   마이클 살러가 주목했듯이, 적어도 중세 이후로 황홀함은 "놀라운 사물들에 대한 (인간의) '기쁨' 그리고 **사물들**의 마법 아래 배치되고 이끌리는 잠재력 모두를 의미했다"(Saler, "Modernity, Disenchantment, and the Ironic Imagination," p. 138; 강조는 인용자).

12   Deleuze and Guattari, *Thousand Plateaus*, p. 257.

설명될 수 있다. (…) 정동은 주체성으로 경직되는 경향이 없는 힘의 장을 형성한다."[13] 내가 비인격적 정동 혹은 물질적 생동이라 말하는 것은 외부로부터 물질에 깃드는 정신적인 부가물 혹은 '생명력'이 아니다. 내가 말하는 것은 전통적인 의미의 생기론이 아니다. 나는 물리적 신체에 들어가 그것에 영혼을 불어넣는 별개의 힘을 상정하지 않으며, 정동을 물질성과 동일시한다.

다시 말해, 내 목적은 생기를 물질성에 고유한 것으로서 이론화하는 것이고, 물질성을 수동적이고 기계론적인 실체 또는 신성이 주입된 실체와 같은 의미로부터 떼어내는 것이다. 이 생동하는 물질은 인간이나 신의 창의적 활동을 위한 원료가 **아니다.** 생기로운 물질은 나의 신체일 뿐 아니라, 볼티모어 쓰레기의 신체(1장), 프로메테우스의 사슬(4장), 다윈의 벌레(7장)이며, 전기처럼 완전한 신체라고는 보기 힘든 것(2장), 섭취되는 음식(3장), 그리고 줄기세포(5장과 6장)이기도 하다.

방법론에 대해

나는 헤겔-마르크스-아도르노의 흐름보다는 데모크리토스-에피쿠로스-스피노자-디드로-들뢰즈의 전통에 속하는 유물론을 추구한다. (사적 유물론자들이 그러는 것처럼) 사회적 헤게모니를 드러내기 위해 인간 권력의 자취를 쫓는 것은 분명 중요하다. 하지만 나는 자연적 신체와 기술적 인공물의 비인간의 그리고 사물적인 권력 그리고 물질

---

13   Cole, "Affective Literacy," pp. 5-9.

적 행위성의 자취를 쫓는 데서 오는 공익적 가치 또한 있다고 주장한다. 여기서 나는 '쫓는다'는 말을, 자크 데리다가 동물을 고찰하는 맥락에서 사용한 의미로서 구사한다. 데리다는 존재와 쫓기 사이의 친밀성을 지적한다. 존재한다는 것(무엇이든, 누구든)은 언제나 (어떤 것을, 어떤 이를) 쫓는 것이고, 그것이 아무리 비인간이라 해도 언제나 무엇인가의 요청에 응답하는 것이다.[14]

생동하는 물질에 대해 논의할 언어를 고안하는 적절한 방법이 있는가? 사물의 독립성을 배제하지 않으면서 어떻게 그에 대해 기술할 수 있을까? 모호하지만 어디에나 존재하는 비인격적인 정동의 강도를 어떻게 인식할 것인가? 아마 우리는 다소 단순하거나 어리석어 보이는 것, 다시 말해 아도르노가 "어릿광대 같은 특성"[15]이라 말한 것을 긍정해야 할지도 모른다. 이에 따라 나는 여러 사건들(정전 사태, 한 끼의 식사, 사슬에 묶여 구속되기, 쓰레기에 대한 경험)을 몇몇은 인간적이고 몇몇은 비인간이지만, 사실은 전적으로 물질적인, 존재론적으로 다양한 행위소들 사이의 조우로서 이론화하는 것을 받아들여야 한다고 주장한다.[16]

인간 신체의 외부와 내부에서 작동하는 비인간의 힘들을 정교하

14   데리다의 「동물 고로 나는 존재한다(The Animal That Therefore I Am [More to Follow])」를 참조할 것.

15   Adorno, *Negative Dialectics*, p. 14. 나는 1장에서 아도르노의 어릿광대에 대해 논의할 것이다.

16   브뤼노 라투르는 이를 사람과 사물들을 '대칭적으로' 다루는 것이라 표현한다. 이에 대한 자세한 설명은 크로포드의 「브뤼노 라투르와의 대담(Interview with Bruno Latour)」을 참조할 것.

고 끈기 있게, 감각적으로 예의주시하는 것 역시 매우 중요하다. 나는 사물과 그것이 불러일으키는 정동에 주의를 기울이는 방법을 배우기 위해, 생태철학자와 에코페미니즘 철학자인 로맨드 콜스, 밸 플럼우드, 웨이드 시코르스키, 프레야 매슈스, 웬델 베리, 앵거스 플레처, 배리 로페즈, 그리고 바버라 킹솔버뿐 아니라 소로, 프란츠 카프카, 휘트먼을 공부했다. 이러한 반문화적인 인식에 능숙하지 않다면, 세계가 마치 수동적인 대상들과 그것들을 규정하는 메커니즘을 바라보고 제어하는 능동적인 인간 주체로만 구성된 것으로 여겨질 수 있다. 이러한 시각은 (니체나 베르그송 각각이 자신만의 방식으로 주장하는 바와 같이) 우리의 생존이 달려 있는 행동-지향적 지각action-oriented perception에 필수 불가결할 수도 있으나, (역시 니체나 베르그송이 강조하듯이) 이러한 허구적 시각을 견지하는 건 위험하고 비생산적이며, '보다 녹색인' 감수성의 형성에 도움을 주지도 않는다.

이러한 과제를 수행하는 것에 있어, 비판 이론에서 가장 흔히 쓰이는 관행인 탈신비화demystification는 조심스럽게 사용할 필요가 있는데, 왜냐하면 탈신비화는 사건이나 과정의 핵심에 언제나 사물에 일방적으로 작용하는 인간의 행위성이 있다고 상정하기 때문이다. 이러한 의심의 해석학에 따라 이론가들은 비인간 행위성이라는 거짓된 외양 아래에 있는 권력에 대한 인간의 의지라는 비밀스러운 진리에 대한 기호에 주의를 기울이게 된다. 칼 마르크스는 상품이 인간에게 속하는 행위성을 부여받는다는 것을 보여줌으로써 상품을 탈신비화하고 그것의 물신화를 막으려 했다. 다른 한편 부시 정권의 애국자들은

'전세계적인 테러와의 전쟁'이나 전직 법무장관 알베르토 곤잘레스의 법치 내에서 자기이해self-interest, 탐욕, 잔인함을 드러냈다. 또한 페미니스트 이론가인 웬디 브라운이 "우리에게 진실에 눈을 뜨도록 하여", "관용의 담론이 (…) 자유주의적 사유와 실천의 이익을 확대하는 척하며 (…) 서구의 가치를 장려하고 나머지는 타자화한다"는 점을 드러내겠다고 말했을 때, 그녀는 탈신비화를 수행한다.[17]

탈신비화는 관료들에게 (상대적으로 덜 불공평한 형태의) 법치를 책임지도록 하고, (인종적, 문명적, 종교적, 성적, 계급적) 지배 체계를 강제하려는 시도를 감시하도록 하는 다원주의적 민주주의 정치에서 필수적인 도구다. 하지만 탈신비화의 정치적 효과에는 한계도 있는데, 예를 들어 불법, 탐욕, 허위, 과두제, 위선에 대한 폭로가 언제나 도덕적인 분노로 이어지지 않는다는 점이다. 설사 분노가 표출되더라도 이러한 분노가 무언가를 개선하려는 행위를 촉발하지 않을 수 있다. 브라운 역시 자유주의적 관용의 '그릇된 자만심'을 폭로하는 것이, 자유주의가 제국을 추구해야 하는 '정당성'을 약화시킬 수는 있어도 제국이 되고자 하는 '동기'를 언제나 약화시키지는 않는다는 점을 지적한다.[18] 더욱이 인간의 입장에서 윤리적인 정치 행위는 존재하는 제도에 대한 빈틈없는 비판뿐 아니라 다소 유토피아적일지라도 명확한 대안

---

17   Brown, *Regulating Aversion*, p. 11, 203.
18   "정당화와 동기를 혼동하지 말아야 한다. 현재 미국의 제국주의적 정책은 내가 여기서 논의한 담론과는 (…) 관련이 없는 권력-정치적인 동기에서 비롯된 것이다."(Brown, *Regulating Aversion*, p. 175n251)

들을 필요로 하는 것처럼 보인다.[19] 탈신비화의 또 다른 옹호자인 조디 딘 역시 이에 대해 인정하며 다음과 같이 말한다. "만약 우리가 할수 있는 모든 일이 단지 현재를 평가하고, 비판하고, 탈신비화하는 것이라면, 우리가 진정 달성하고자 하는 것은 무엇인가?"[20] 탈신비화에대한 집착은 명확한 체계화의 가능성을 떨어뜨린다. 프랑수아 미테랑정부에 대한 어느 논의에서, 푸코는 탈신비화에 의존했던 자신의 성향을 벗어나 섹슈얼리티에 대한 구체적인 개혁을 제시했다. "나는 내가 오랫동안 취해온 태도에 더는 동의하지 않으며, 오히려 그런 태도에 짜증을 느끼게 되었다. 그런 태도를 취하는 사람은 언제나 우리의문제는 비난하고 비판하는 것이며, 그들이 자신들의 입법행위 및 개혁을 지속하도록 내버려두라고 말한다. 나는 그것을 올바른 태도라여기지 않는다."[21] 결국 요점은 비판 그리고 이후 비판과 개혁의 대상이 될 대안들을 실제적으로 체계화하는 것 모두가 필요하다는 것이다.

탈신비화가 드러내는 것은 언제나 인간에 대한 것이다. 예를 들

19   사지슨의 『유토피아적 신체(*Utopian Bodies*)』를 참조할 것.
20   탈신비화의 좋은 예시를 보고 싶다면, 딘의 『공표의 비밀(*Publicity's Secret*)』을 참고하라. 그녀는 정치 권력에 대한 슬라보예 지젝의 작업을 평가하는 맥락에서 다음과 같이 말한다. "만약 우리가 할 수 있는 모든 일이 단지 현재를 평가하고, 비판하고, 탈신비화하는 것이라면, 우리가 진정달성하고자 하는 것은 무엇인가? 아마도 우리는 현재 사유되지 않은 것을 사유하고 새로운 가능성을 향해 우리 자신을 해방하기 위해 소통적인 자본주의의 한계를 드러내는 토대를 닦을 수 있을 것이다. 그리고 만약 지젝이 이 목표를 달성하기 위해 그의 유명세를 이용할 수 있다면 더 좋지 않겠는가?"(http://jdeanicite.typepad.com/i_cite/2005/05/what_is_the_unt.html; accessed 18 February 2009)
21   Foucault, "Confinement, Psychiatry, Prison," p. 209.

면, 한 무리의 인간들이 나머지 인간들을 지배하려는 숨겨진 시도, 자신이 가한 위해에 대한 책임을 모면하고 싶은 인간의 욕망, 또는 (인간) 권력의 부당한 분배가 이에 해당한다. 탈신비화는 물질의 생기를 시야에서 가리고 **정치적** 행위성을 **인간의** 행위성으로 환원시키는 경향이 있다. 나는 그러한 경향에 반대하려 한다.

비인격적 정동의 현전을 감지할 수 있으려면 그것에 사로잡힐 필요가 있다. 최소한 얼마간 의심을 유예하고 보다 개방적인 자세를 취해야만 한다. 만약 우리가 저 바깥에 있는 것을 이미 알고 있다고 생각한다면, 우리는 아마 비인격적인 힘의 대부분을 놓치게 될 것이다.

유물론들

몇 년 전, 나는 한 친구에게 소로의 야생the Wild 개념은 들뢰즈의 잠재성 개념 및 푸코의 비사유 개념과 흥미로운 연관 관계에 놓여 있다고 말한 적 있다. 그들은 모두 매우 실재적이고 강력하지만 그 자체로 표상할 수 없는 힘에 대해 언급하고 있다.[22] 내 친구는 프랑스 탈구조주의가 '유물론적 관점'을 결여했기에 그에 주목하지 않는다고 대답했다. 당시에 나는 그 친구가 마르크스에 의해 고무된 평등주의 정치에 몰입하여 그렇게 반응했다고 생각했다. 하지만 나는 곧 친구의 논평에 고착되었고, 결국 그의 논평은 다음과 같은 사유를 촉발했다.

---

22   다이애나 쿨은 『부정성과 정치학(Negativity and Politics)』에서 이 주제를 둘러싸고 전개되어 온 역사를 제시한다.

왜 '신체와 쾌락'에 대한 푸코의 관심이나 '기계적 배치'에 대한 들뢰즈와 가타리의 관심은 **유물론적**이라고 여겨지지 않았던 것일까? 어째서 마르크스의 물질성 개념, 그러니까 다른 많은 사건을 촉발하는 경제적 구조와 교환으로서의 물질성이 유물론적 관점을 대표하게 되었는가? 물질성에 대해 논쟁하는 철학들 사이에 혹은 물질성이 정치에 문제가 되는 방식을 설명하는 입장 사이에 더 활발한 논쟁이 이루어지지 않았던 이유는 무엇인가?

한동안 정치 이론은 물질성이 중요하다는 점을 인정해왔다. 하지만 이 물질성은 대부분 인간의 사회적 구조 혹은 그 구조나 다른 대상에 '체화된' 인간의 의미를 가리키는 것이다. 정치는 보통 인간만이 점유하는 영역으로 해석되기에, 정치와 관련하여 기록되는 것은 보통 인간 행위에 대한 일련의 물질적 제약이나 맥락이다. 내가 추구하는 생기적 유물론과 사적 유물론 사이의 주된 차이는 인간중심주의에 대한 완강한 저항이라 말할 수 있다.[23] 나는 인간의 언어와 사고에 대한 자기도취적 반성을 논박할 것이며, 그 과정에서 (자연, 인간 신체, 인간의 인공물 안에서 작동하는) 비인간 힘들의 행위적 기여를 강조하고, 때로는 과도해 보일 만큼 강조할 것이다. 세계를 지배하고 있다는 인간의 자기도취를 논박하기 위해서는 인간의 행위성이 비인간 자연과 어느 정도 공명한다는 의인관을 조금은 받아들이고 갖출 필요가 있다.

---

23 사적 유물론에서의 능동적인 물질성 개념에 대한 논의를 보고 싶으면, 쿨과 프로스트의 『신유물론(New Materialism)』에 대한 다이애나 쿨의 기고문을 보아라.

1장 '사물들의 힘'에서 나는 생기적 유물론의 용어인 **사물-권력** 그리고 **외-부**라는 용어를 탐구한다. 사물-권력은 일반적인 인공 제품들이 대상으로서의 지위를 넘어서도록 하여 독립성이나 활기의 흔적을 드러내도록 하는 기묘한 능력을 가리키며, 우리 경험의 외부를 구성한다. 나는 내가 찾아본 대상들(내가 가져오는 사례는 거리의 쓰레기, 카프카 소설의 [나무]장난감, 범죄 수사에 이용되는 기술 장치 등이다)이 우리에게 촉발하는 말, 이미지, 그리고 느낌으로부터, 작지만 더 단순화할 수 없을 정도로 독립적인 대상의 고유한 특정의 효과를 지니는 생동하는 사물들로 어떻게 될 수 있는지를 따져볼 것이다. 나는 이것을 이전까지는 대상으로서 받아들여졌던 사물의 물질성에 고유한 활기라 말할 것이다. 이것은 다음과 같은 메타-질문으로 이어진다. 생기를 이론화하는 것이 정말 가능한 것인가? 혹은 그러한 작업은 (아도르노가 언급했듯이) 포괄적 지식에 대한 오만한 인간의 의지 그리고 지배하고 통제하려는 폭력적인 인간의 의지와 관련된 헛된 탐구인 것인가? 아도르노의 비판과 그가 『부정변증법』에서 "대상의 우위를 향하여 더듬어 나아가려" 했던 시도를 고려하며, 나는 생기적 유물론에 대한 '소박한' 포부를 지지한다.[24]

사물-권력이라는 개념은 이와 같은 대상에 대한 대안으로서 비인간 세계와 조우하는 방식을 제시한다. 또한 그것은 (최소한) 두 가지 해결해야 할 과제가 있다. 첫째, 그것은 안정적이거나 고정된 실체들

24   Adorno, *Negative Dialectics*, p. 183.

(사물들)의 활기에만 주목한다. 둘째, 그것은 (비록 각 개체가 인간이 아닐지라도) 너무나도 개체중심주의적인 관점에서 활기를 제시한다. 2장 '배치의 행위성'에서, 나는 들뢰즈와 가타리가 언급한 '배치'[25]라는 개념을 통해 물질적 행위성에 대한 자세한 그림을 그려낼 것이다. 행위성은 언제나 인간-비인간의 작동 집단에서 나타난다. 나는 이산離散적인 사물들의 활기에서 벗어나, 이질적인 집단들을 모으거나 형성하려는 물질의 경향에 대한 (스피노자주의적) 기능으로서의 활기로 넘어갈 것이다. 다음으로 나는 북아메리카의 넓은 지역에 영향을 미쳤던 2003년의 정전 사태를 둘러싼 전력망의 사례를 통해 인간과 비인간의 배치의 행위성을 탐구한다.

3장 '먹을 수 있는 물질'에서는 음식을 주제로 하여 실험을 반복할 것이다. 비만에 관한 연구들, 음식을 주제로 한 최근의 글들 그리고 식사에 대해 소로와 니체가 언급한 아이디어에 기반을 두고, 기분, 성향, 그리고 결정 등에 영향을 미치며 인류의 안과 옆에서 작동했던 행위소인 먹을 수 있는 물질에 관한 사례를 제시하려 한다. 여기서 나는 이후 장에서 논의할, 자아가 불순하게 혼합된 인간과 비인간의 배치라는 주장을 옹호할 것이다. 또한 나는 내가 물질에 있다고 상정하

---

25   [옮긴이] 배치라는 개념은 들뢰즈와 가타리가 『천 개의 고원』에서 처음 사용한 용어로 알려져 있다. 각 부분이 전체 체계의 내재적 질서를 충실히 따르는 유기체와 달리, 배치는 각 부분이 고유한 힘을 갖고 어느 정도 독립적으로 작용하는 연합체를 의미한다. 생기적 유물론의 관점에서, 배치는 특정한 종류의 상호작용을 유지하는 사회적이고 물질적인 배열이며, 다양한 행위적 물질을 일시적으로 묶은 것으로서 여겨질 수 있다. 여러 물질의 연합, 즉 배치가 형성되면 기존의 규칙, 규범 등은 붕괴되며 새로운 변화를 불러오는 사건이 발생할 수 있다.

는 생기가 비물질적 원천과 활력을 불어넣는 정신 또는 '영혼'에 기인한다는 대안적인 관점을 택하진 않음에도, 이에 대해 살펴볼 것이다.

4장 "금속의 생명"에서는 '하나의 생명'이라는 개념을 통해 생명과 물질의 이원론을 공격한다. 나는 물질을 본질적으로 활기가 있는 (하지만 영혼이 깃들지 않은) 것으로 여기는 (비기계주의적) 유물론을 지지하는 사례인 비유기적인 물질의 사례를 언급할 것이다. 내가 가져오는 사례는 금속에 대한 것이다. 일반적으로 경직되고 무력한 실체라 여겨지는 금속을 생동하는 물질이라 말하는 것은 어떤 의미가 있을까? 나는 프로메테우스를 암석에 포박한 '아이스킬로스의 견고한 사슬'[26] 을 과학사가 시릴 스미스가 언급한 다결정 금속[27]과 비교하려 한다.

하나의 신조로서 생기적 유물론은 애니미즘, 낭만주의자들의 자연 추구 그리고 생기론을 포함한 몇몇 비근대적인(그리고 종종 불신 받는) 사유 양태와 유사점을 가진다. 이런 유사점들 중 일부는 수용하고, 다른 일부는 받아들이지 않을 것이다. 나는 고전적인 생기론의 특징인 생명/물질의 이원론을 거부한다. 5장과 6장에서 나는 자연과학과 생명공학의 발전을 통해 유기적인 것과 비유기적인 것, 생명과 물질 사이를 나누는 접근에 문제가 있다는 점이 밝혀져왔음에도 왜

---

26   [옮긴이] 아이스킬로스의 견고한 사슬은 아다만트 사슬(adamantine chain)을 번역한 것이다. 이후 맥락에 따라 adamantine chain의 번역어로 '아이스킬로스의 견고한 사슬'과 '아다만트 사슬'을 번갈아가며 사용할 것이다.

27   [옮긴이] 다결정 금속은 일부 영역에서는 규칙성이 있으나 전체적으로는 통일된 규칙성이 없는 고체를 뜻한다.

그러한 생명과 물질의 구별이 그토록 강하게 옹호되었고 지속되어왔는지에 대해 논의한다. 5장 「생기론도 아니고 기계론도 아니다」에서, 나는 물질에 있는 '생기'를 포착하고 명명하려 한 세 가지 시도인 이마누엘 칸트의 **형성충동**, 발생학자 드리슈의 **생명력**, 베르그송의 **생의 약동**에 초점을 맞춘다. 드리슈와 베르그송은 철학에 당대의 과학을 반영하려고 시도했고 자연에 대한 기계론적 모델에 회의적인 입장을 취했다. 나는 그들의 생기론이 생동하는 물질성의 철학이 채울 수 있을 열린 공간을 유지하는, 매우 귀중한 수용 행위라고 보았다.

6장 '줄기세포와 생명문화'에서는, 부시 행정부의 마지막 임기 동안 이루어진 배아 줄기세포연구를 둘러싼 정치적 논쟁에서 나타났던 표현인 '생명문화'를 지지하는 조지 W. 부시와 그 밖의 열성적인 옹호자들이 표방한 현대적 생기론을 탐구한다. 나는 줄기세포의 만능성[28]의 가치를 인정하지만, 생명과 비-생명을 구별하고 줄기세포를 둘 중 어느 한쪽에만 위치시키려는 생명문화 옹호자들의 주장에는 반대한다.

7장 '정치생태학'에 대해 논의하는 것이 가장 어려웠는데, 이는 내가 생기적 유물론이라는 자연학(형이상학)과 정치 이론을 연결하려 했기 때문이다. 이 장에서는 생동하는 물질이라는 개념이 '공적인 것', '정치 참여' 그리고 '정치적인 것' 같은 정치 이론의 핵심 개념들과 어

---

28 [옮긴이] 줄기세포의 만능성(pluripotentiality)은 여러 장기로 분화되기 전 단계의 세포가 태아나 성체의 모든 세포로 되어가는 분화 능력을 의미한다.

떻게 공명할 수 있는지 탐구할 것이다. 나는 생동하는 물질의 또 하나의 사례인, 다윈이 연구한 창조적인 지렁이를 언급하면서 논의를 시작할 것이다. 다윈은 지렁이들을 자연뿐 아니라 **역사**에서 작동해온 행위소로 간주한다. "지렁이들은 대부분의 사람이 처음에 생각한 것 이상으로 역사에서 중요한 역할을 수행해왔다."[29] 다윈의 의인관에 자극을 받아 나는 반대의 경우, 즉 정치가 그 자체로 일종의 생태계일 수 있다고 생각하게 되었다. 그러한 생각을 옹호하기 위해 나는 공중을 문제의 창발[30]적 효과로서 간주하는 존 듀이의 모델을 이용하고 확장한다. 하지만 나는 그에 대해 랑시에르가 제시한 반대 의견 역시 고려할 것인데, 그는 정치적으로 명료한 체제 바깥에서 발생하는 불일치에 관해 이야기하면서, 정치를 전적으로 인간적 노력의 유일무이한 영역으로도 모델화한다. 나는 이 장을 마무리하면서, 정치학을 정치**생태학**으로 정의하고, 함께 피해를 겪은 경험을 통해 촉발되는 인간-비인간 집합체로서 공중을 개념짓는 데에 동의한다. 나는 이 공중이 랑시에르가 본질적으로 정치적인 행위라는 뜻으로서 언급하는 '분열들' 중 하나라고 생각한다.

　마지막 장 '생기와 자기이해'에서 나는 생태철학과 생기적 유물론

29　Darwin, *Formation of Vegetable Mould*, p. 305.

30　[옮긴이] 일반적으로 창발은 개별 개체나 하위 단계에서는 나타나지 않았던 구조나 성질이 개별 개체의 집합이나 상위 단계에서 갑자기 나타나는 현상을 의미한다. 창발 과정은 각각의 개체를 조직하거나 통제하는 절대적 질서를 상정하지 않으며, 아래에서 위로의 상향식 질서의 발생을 전제한다.

사이의 다양한 연결들을 다룬다. 생동하는 물질로서 우리 **자신**을 경험하도록 촉진하기 위한 전략에는 무엇이 있는가? 이 작업은 매혹적이면서도 위험한 물질-에너지를 효과적이고 지속적으로 다루는 방법들을 탐구하는 것이다.

나의 감각은 나의 사유만큼이나 유유자적해야 한다. 내 눈은 보되 바라보지 말아야 한다. 대상에 다가가지 말아야 한다. 그것이 내게 다가오도록 만들어야 한다.
  -헨리 데이비드 소로, 『소로의 일기』

우리가 사물에 대한 무언가를 확언하거나 거부하는 것이 아니다. 사물 그 자체가 우리 안에서 자신에 대해 확언하거나 거부하는 것이다.
  -바뤼흐 스피노자, 「신과 인간과 인간의 행복에 대한 짧은 논문」

1장 사물들의 힘

1984년 미셸 푸코의 죽음 이후, 몸과 몸의 사회적 구성 그리고 생명권력biopower의 작동에 대한 연구가 폭발적으로 증가했다. 이 (니체적 의미에서) 계보학적인 연구들은 인간의 신체를 규율화하고, 규범화하고, 가속화하고 둔화시키고, 젠더화하고, 섹스화하고, 국민화하고, 세계화하고, 일회용으로 다루거나 다른 방식으로 구성되도록 하는 여러 미시정치적이고 거시정치적인 테크닉technique들을 드러낸다. 그 연구들이 제시한 초기의 통찰은 문화적 실천이 우리가 "자연스러운 것"으로 경험하는 것들을 어떻게 생산해내는지를 드러내는 것이었는데, 많은 이론가들은 그러한 문화적 생산의 **물질적인 저항**에 대해서도 논의했다.[1] 예를 들어, 젠더는 역사적 규범과 반복이 웅고된 신체적 효과이긴 하지만, 인공물로서의 젠더의 위상이 인간의 이해, 변화 또는 통제에 대한 탁월한 감수성을 보장하는 것은 아니다. 여기서

---

[1]   이 책에서는 페미니즘 이론, 퀴어 이론, 문화 연구에서 이루어진 훌륭한 연구들을 인용했다. 페헤르, 나다프, 그리고 타지의 『인간 신체의 역사에 대한 단편들(*Fragments for a History of the Human Body*)』은 관련 연구들이 이루는 지형을 살펴볼 수 있게 해주었다. 라만과 위츠의 「진정 무엇이 무엇인가?(What Really Matters?)」 역시 참조할 것. 버틀러의 『의미를 체현하는 육체(*Bodies That Matter*)』, 그리고 버틀러의 「단지 문화적인(Merely Cultural)」, 브라운의 『상처의 국가(*States of Injury*)』, 퍼거슨의 『남성에 대한 질문(*Man Question*)』, 그리고 게이튼스의 『상상적 신체들(*Imaginary Bodies*)』을 참조할 것.

의 핵심은 문화적 형식이 그 자체로 **저항력**을 가진 강력한 물질적 배치_{assemblage}라는 것이다.

지금부터 나는 사물의 부정적인 권력 또는 저항에 대해 논할 것이다. 또 나는 사물의 고유한 긍정적이고 생산적인 권력 역시 강조할 것이다. 그리고 주로 **인간**의 계획과 실천의 복합체('담론')로만 여겨져왔던 집합체에 주목하기보다는, 공적인 삶에서 **비인간** 물질의 능동적인 역할을 강조할 것이다. 요약하자면, 나는 사물-권력_{thing-power}을 언어로 나타내려 시도할 것이다. 윌리엄 존 토머스 미첼이 언급했듯이, "객체는 사물이 주체에게 나타나는 방식이다. 즉, 객체는 이름으로, 동일성으로, 게슈탈트로, 전형적인 양식으로 나타난다. (…) 반면 사물은 (…) 객체가 대문자 타자가 되는 그 (중요한) 순간에, 정어리 통조림이 우리를 마주볼 때, 침묵했던 우상이 입을 열 때, 주체가 객체를 기괴한 것으로서 경험하고 푸코가 '객체의 형이상학 혹은 보다 정확히 말하자면 객체가 우리의 피상적인 지식을 뚫고 나오는, 절대로 객체화될 수 없는 깊이의 형이상학'이라 말했던 것의 필요성을 느낄 때" 드러난다.[2]

사물-권력 또는 외-부

스피노자는 신체에 고유한 생기를 부여한다. "각각의 사물_{res}은, 자신의 능력이 미치는 한, 자신의 존재를 끈질기게 지속하려고 노력

---

2   Mitchell, *What Do Pictures Want*, p. 156-157.

한다_conatur."³ **코나투스**_conatus 는 '능동적인 충동' 혹은 지속에 대한 지향을 뜻한다.⁴

비록 스피노자가 인간의 신체는 "이성의 지도에 따라 살 수밖에 없는 덕"을 갖고 있다며 그것을 다른 신체와 구별했지만,⁵ 모든 비인간 신체는 모든 인간의 신체와 욕망하는 본성을 공유한다(그래서 비인간 신체의 물질적 배열에 적합한 '덕'을 공유하게 된다). 코나투스는 **모든** 신체에 있는 힘을 지칭한다. "무엇이건 간에 모든 사물은 더 완전하든 덜 완전하든, 그것이 존재함에 따라 동일한 힘을 갖고 언제나 존재를 지속할 수 있을 것이며, 따라서 이 점에서는 모든 사물이 동등하다."⁶ 스피노자는 "심지어 떨어지는 돌조차도 그 안에서 계속 움직임을 유지하려 한다"고 말한다.⁷ 낸시 르벤이 주목했듯이 "스피노자는 인간과 다른

---

3   Spinoza, *Ethics*, pt. 3, proposition 6.
4   Mathews, *For Love of Matter*, p. 48.
5   Spinoza, *Ethics*, pt. 4, proposition 37, scholium 1.
6   같은 책, p. 4, preface.
7   이 유명한 편지에서 스피노자는 자신의 코나투스 이론과 인간의 자유 의지 개념에 대한 비판을 연결짓는다. "이제 이 돌은 자신의 노력(코나투스)만을 의식하고 전혀 무관심하지 않기에, 자신이 완전히 자유롭다고, 자신이 바란다는 이유만으로 움직임이 지속된다고 생각할 것이 틀림없다. 이것은 모든 사람이 갖고 있다고 뽐내는, 모든 인간이 갖고 있다는 것을 특징으로 하는, 그리고 인간이 자신의 욕망에 대해서는 의식하지만 그들을 결정짓는 원인들에 대해서는 모르는, 그러한 인간의 자유에 대해서도 성립한다."(Spinoza, *The Letters*, epistle 58) 하사나 샤프는 인간과 돌 사이의 유비가 "언뜻 보기에는 과장된 것 같으나 실은 그렇지 않다. 스피노자에게 돌을 포함한 모든 존재는 (⋯) 작용을 주고받는, 다양한 방식으로 배열된 신체의 힘과 정확하게 대응하는 사고의 힘을 갖고 있다. (⋯) 모든 존재가 무한히 많은 다른 존재들 사이에서 자신의 온전함을 보존하는 범위까지 그러하듯이, 돌은 자연이 허용하는 범위까지 자신의 생명을 보존하고 드높이려는 욕망을 (⋯) 타고났다"고 말한다(Sharp, "The Force of Ideas in Spinoza," p. 740).

존재 사이의 연속성을 계속해서 강조했는데," 왜냐하면 "인간은 다른 존재와 유리된 제국을 형성하지 않는다. 심지어 그들은 자신이 일부로서 속해 있는 제국, 그 자연에 명령을 내릴 수도 없기 때문이다".[8]

사물-권력은 스피노자의 코나투스와 친족 유사성을 가진 것으로, 이는 헨리 데이비드 소로가 야생이라고 부른 것, 혹은 그가 콩코드 숲과 카타딘 산 정상에서 마주친 기괴한 존재, 또한 그가 철도라고 부르는 괴물과 천재라고 부르는 소외된 자들에 깃들어 있는 것과도 닮았다. 이 야생성wildness이란 인간만의 힘이 아니며, 인간과 다른 신체들을 혼란스럽게 하고 전환시키는 힘이다. 그것은 다른 것으로 환원할 수 없는 물질의 기묘한 차원, **외-부**out-side다. 사물-권력은 헌트 더프리스가 정치신학의 맥락에서 '절대적인 것' 혹은 '만질 수도 없고 헤아릴 수도 없는' 저항이라고 말한 것과도 유사하다.[9] 절대적인 것은 특히 신성한 전능함이나 근본적인 타자성을 강조하는 신학에서 종종 신과 동일시되긴 하지만, 더프리스는 이 절대적인 것을 더욱 확장해 그것이 "기존의 맥락과의 관계를 느슨하게 하는 경향이 있다"고 정의한다.[10] 이러한 정의는 **절대**absolute의 어원이 **벗어나다**ab + **느슨해지다**solver라는 점을 살펴보면 명확해진다. 절대적인 것은 **느슨해져서 자**

---

8   Levene, *Spinoza's Revelation*, 3. 이츠하크 멜라메드는 여기서 더 나아가 "코나투스 학설이 스피노자 윤리학의 근간을 이룬다는 점을 고려하면, 우리는 하마와 바위에 대한 도덕 이론마저도 생각할 수 있을 것 같다"고 말한다(Melamed, "Spinoza's Anti-Humanism," p. 23n59).

9   De Vries, introduction to *Political Theologies*, p. 42.

10   같은 글, p. 6.

유로워지는 것, 잡히지 않는 것을 뜻한다.

예를 들어 사면ab-solution이라는 행위를 수행하는 가톨릭 신부는 개별적인 영혼에 달라붙은 죄를 느슨하게 하는 신적 행위성의 매개다. 죄는 멀찍이 떨어지고, 추방된 이방인들은 그들만의 기괴하고 비인격적인 삶을 살게 된다. 더프리스가 절대적인 것에 대해 말할 때 그는 어떤 화자도 바라볼 수 없는 것, 다시 말해 지식의 대상이 될 수 없으며 어떠한 재현으로부터도 자유롭고 분리되어 있는 어떤-사물, 그러므로 아무것도 아닌-사물을 가리키려 애쓴다. 이탈의 힘이나 효과 외에는 아무것도 아닌 바로 그것을.

더프리스의 절대적인 것이라는 개념은 내가 표현하고자 하는 사물-권력과 마찬가지로 인간 지식의 세계에 완전히 용해되기를 거부하는 힘을 인정하고자 한다. 하지만 둘 사이에는 강조해야 할 차이점이 있다. 더프리스는 외부성에, 외-부에, 주로 인식론적 한계에, 우리가 **알지** 못하는 절대적인 것의 존재에 몰두했다. 절대적인 것은 인간의 사고로부터 떨어져 있다. 절대적인 것은 **이해가능성**의 한계를 지칭한다. 따라서 더프리스의 정식화는 이해하는 신체로서의 인간에 우선권을 주는 한편, 사물과 **그것**이 할 수 있는 것을 간과하는 경향이 있다. 반면 사물-권력이라는 개념은 행위소로서의 사물에 주목한다. 불가능해 보이겠지만, 나는 사물에 귀속된 (주체성으로부터의) 독립의 순간을, 사물이 실제로 자신의 권력을 강화하거나 약화시켜 다른 신체들에 영향을 미치기에 반드시 이뤄질 그 순간을 설명하고자 시도할 것이다. 또한 인식론의 언어에서 존재론의 언어로, 내재성과 초월성

사이를 맴도는 알 수 없는 저항(절대적인 것)에서 능동적이고 실제적이며 전적으로 인간적인 것은 아닌 수용력(생동하는 물질)으로 이동할 것이다. 나는 자동론이나 기계론[11]에 귀속시켰던 긴 역사로부터 물질을 사면해 물질성에 고유한 생기를 나타내고자 한다.[12]

이번 장에서 우리가 맞닥뜨릴 기묘한 생기적 사물은 죽은 쥐, 플라스틱 병마개, 실 한 타래 등이며, 이들은 사변적인 존재론적 이야기에 등장하는 캐릭터다. 비록 (사물을) 명료하게 따지기에는 너무 낯선 한편 너무 익숙하다고 하더라도, 또한 언어적 수단이 이 과업을 달성하는 데 부적절하더라도 물질성에 대해 과감히 설명해보려 한다. 이 야기는 인간과 물질이 서로 겹쳐지는 범위를, 우리와 물질이 서로에게 미끄러져 들어가는 범위를 강조할 것이다. 이 이야기의 교훈은 우리 역시 비인간이라는 점 그리고 사물들 역시 세계 속에서 활동하는 생기적 참여자라는 점이다. 이 이야기에서 나는 우리를 둘러싸고 우

---

11 [옮긴이] 자동론과 기계론은 물질의 움직임이나 성질을 설명하는 전통적인 입장으로 알려져 있다. 자동론과 기계론에서 물질은 자유롭지 못하며 언제나 물리-기계적 법칙의 지배를 받는 것으로 간주된다. 자동론의 자동自動이 인간의 목적을 달성하기 위한 복잡한 기계임을 생각해보면, 전통적인 관점에서 물질 혹은 물질의 집합이 영혼이 부재한 기계 혹은 덩어리로 간주되어왔던 역사를 엿볼 수 있다.

12 상호 작용하고 코나투스가 이끄는 **신체**들에 대한 스피노자의 구도가 새로운 것의 창조적 창발을 설명할 수 있는지 없는지를 더프리스가 따져 물었을 때, 그는 이와 같은 결속을 승인하는 것처럼 보인다. "여기에 과잉, 자질, 사건이 (…) 있을 자리는 없다."(de Vries, introduction to *Political Theologies*, p. 22) 왜 그럴까? 왜냐하면 더프리스에게 창조성이 나타날 법한 유일한 장소는 '유사-정신적인 곳'이며, 이는 스피노자가 말하는 신/자연의 2차 속성인 **사유**나 관념에 해당하기 때문이다. 하지만 물질성 그 자체가 창조적 활력이 머무는 곳이라면 어떤가?

리에게 스며든 비인격적인 생명에 대한 감수성을 향상시키고, 신체들 사이에서 불화하는 관계들의 복잡한 그물망에 대한 섬세한 인식을 발생시키며, 이로써 우리가 생태계에 더욱 사려 깊게 개입할 수 있게 되길 바란다.

사물-권력 I: 잔해

6월 4일 화요일 화창한 아침 볼티모어의 콜드스프링레인의 샘즈 베이글 앞에 있는 체사피크 만으로 뻗은 빗물 배수관의 격자에,

거구의 남자의 검은색 비닐 장갑 하나가,
오크 나무 꽃가루가 엉겨 붙은 덩어리가,
흠 하나 없이 말끔하게 죽은 쥐 하나가,
흰색 플라스틱 병마개 하나가,
윤기 있는 나뭇가지 하나가

있었다.

장갑, 꽃가루, 쥐, 병마개, 나뭇가지. 내가 이것들과 조우했을 때, 그것들은 잔해와 사물 사이에서 앞, 뒤로 흔들리고 있었다. 한편으로 그것들은 (노동자의 노력, 쓰레기 투척, 쥐약의 성과 같은) 인간 활동의 조짐을 나타내는 경우를 제외하면 주의를 끌지 않는, 다른 한편으로 인간의 의미, 습관 혹은 기획과의 연합을 넘어서는 존재로서 고유한 권리

를 갖는, 주의를 끄는 것 사이에서 앞, 뒤로 흔들리고 있었다. 두 번째 순간에 그것들은 자신의 사물-권력을 드러냈다. 그것들은 심지어 내가 그들이 말하는 것을 완전히 이해하지 못했음에도 분명 내게 신호를 보내고 있었다. 적어도, 그것들은 나에게 정동을 촉발했다. 죽은 쥐(아니면 단지 자고 있었을 뿐인 쥐?)는 내게 혐오감을 불러일으켰고, 쓰레기는 나를 동요시켰으나, 나는 그 외의 다른 것도 느꼈다. 그 쥐, 그 꽃가루의 배열, 다른 경우에는 지극히 평범했을, 대량생산된 그 플라스틱 병마개의 있을 수 없는 독특성에 대한 형언할 수 없는 앎을 말이다.

나는 스티븐 제이 굴드가 비인간 신체들의 "견딜 수 없는 복잡성과 완고함"이라 말한 것에 사로잡혔으나,[13] 곧이어 그러한 **사로잡힘** 속에서 나는 이러한 신체들의 역량이 수동적인 '완고함'에 제한되는 게 아니라 효과들을 만들어내고 무언가가 발생하도록 하는 능력까지 포함한다는 점을 깨달았다. 장갑, 쥐, 꽃가루, 병마개, 나뭇가지의 물질성은, 어느 정도는 그것들이 각각의 상대와, 도로와, 아침의 날씨와, 나와 형성했던 우연적인 광경 때문에 빛나고 번뜩이기 시작했다. 만약 검은 장갑에 햇빛이 비치지 않았다면, 나는 쥐를 보지 못했을지 모른다. 만약 쥐가 거기 없었다면 나는 병마개나 기타 물건에 주목하지 않을 수 있었다. 하지만 그것들은 있는 그대로 그곳에 **있었으며**, 그래서 나는 일반적으로 무력하다고 여겨지는 각각의 사물들 내부에 있는 강력한 활기를 엿볼 수 있었다. 이 배치에서, **객체**들은 **사물**로서, 즉

---

13   Gould, *Structure of Evolutionary Theory*, p. 1338.

(인간) 주체가 그것들에 부여하는 맥락으로 온전히 환원될 수 없는, 그것들의 기호로 절대 완전히 고갈되지 않는 생생한 실체로서 드러난다. 내가 콜드스프링레인의 배수로와 마주했을 때 나는 객체들의 문화로 환원될 수 없는 사물의 문화를 엿보았다.[14] 그 순간 나는 소로가 그의 인생 목표로 삼았던 것을 성취했고, 토머스 덤이 지적했듯이 "우리가 보는 것을 통해 놀랄" 수 있게 되었다.[15]

기이한 외-부로 통하는 이 창문은 특수한 배치의 우발성에 의해 만들어질 수 있었을 것이나 동시에 나의 내-부에 대한 특정한 예기적인 기민성에 의해서도, 사물-권력의 드러남에 열려 있는 지각적 양식에 의해서도 가능했다. 나는 내게 "볼 수 있는 것을 언제나 바라보는 훈련"을 실천하도록 요구한 내 머릿속 소로를 지닌 채, 모든 사물이 "서로 다른 정도라 할지라도 살아 있다"고 주장한 스피노자를 지닌 채, 『지각의 현상학』에서 나에게 "감각할 수 있는 전체 세계로 (…) 뻗어나가는 살아 있는 몸의 내재적이거나 원초적인 의미"를 드러내주고 "우리 자신의 신체의 경험에 의해 촉발되는, 우리의 응시가 다른 모든 '대상'에서 표현의 기적을 발견한다"는 점을 보여준 모리스 메를로퐁티

---

14   쓰레기의 효과에 대해 알고 싶으면 에덴서의 「폐기된 물질(Waste Matter)」 그리고 호킨스의 『쓰레기의 윤리(The Ethics of Waste)』를 참조할 것.
15   "평범한 것의 모호한 권력"을 조금이나마 인식하고 싶다면, 덤의 『평범한 것의 정치학(Politics of the Ordinary)』 p. 7을 참조할 것. '사물'을 대신하여 말하고자 하는 나의 시도는, 평범한 것을 관습적이고 규범화된 실천에 저항하는 잠재적 장소로서 제시하고자 하는 덤의 시도와 유사하다고 할 수 있다.

를 지닌 채, 장갑-꽃가루-쥐-병마개-나뭇가지와 우연히 마주쳤다.[16]

내가 이미 쓴 것처럼, 그날 땅 위에 있던 것들은 생동적이었다. 그것들은 특정 순간에는 스스로를 생기 없는 물건으로서 드러냈으며 곧이어 살아 있는 존재로서 스스로를 드러냈다. 그것들은 쓰레기였다가 권리를 주장하는 존재가 되었고, 무력한 물질이었다가 살아 있는 활력가가 되었다. 그때 그 존재들은 나에게 점점 더 많은 상품을 점점 더 짧은 주기 내에 소비하도록 요구하는 미국의 유물론이 얼마나 반물질적인지 직관적으로 깨우치게 했다.[17] 과도한 양의 상품들, 새로운 상품들을 위해 그 과도한 양의 상품들을 처분해야만 한다는 과소비적 필요성은 물질의 생기를 은폐한다. 『목초지』에서, 20세기 후반 맨해튼 외부에 있는 뉴저지 쓰레기 더미로 소로식 여행을 떠난 로버트 설리번은 쓰레기 속에 존속하는 생기에 대해 기술한 바 있다.

그 (…) 쓰레기 더미는 살아 있다. (…) 그곳에는 어두운 무산소계 밑에서 무성히 활동하는 수십억의 미생물들이 있다. (…) 뉴저지나 뉴욕의 찌꺼기의 극히 일부를 소화시킨

16 Thoreau, *Writings*, 111. 소로는 "표면에 대한 지각은 언제나 정상적인 감각에 경이로운 효과를 불러온다"라는 믿음을 갖고 사물을 응시하는 훈련을 했다(Thoreau, *Journal*, 2: p. 313).; Spinoza, *Ethics*, pt. 2, proposition 13, scholium 72; Merleau-Ponty, *Phenomenology of Perception*, p. 197.
17 쓰레기-폐기물 문화가 민주주의에 주는 함의에 대한 좋은 분석을 보고 싶으면 부엘과 델루카의 『지속 가능한 민주주의(*Sustainable Democracy*)』를 참조할 것.

뒤, 이 세포들은 막대한 양의 이산화탄소와 따뜻하고 습윤한 메탄가스, 그리고 지면을 통해 새어나가는 거대한 열대성 바람을 내뿜어 목초지의 화재를 야기하거나 대기권에 도달하여 (…) 오존을 침식시킨다. (…) 어느 날 오후 나는 (…) 어떠한 쓰레기 더미 옆으로, 그러니까 뉴어크 시의 폐기물로 빚어진 40피트 높이의 압축된 쓰레기 더미 옆으로 걸어가고 있었다. (…) 전날 밤까지 비가 내렸기에 적은 양의 침출수가 스며 나오기까지는, 더미의 경사를 따라 검은 액체가, 그 쓰레기의 에스프레소가 흘러나오기까지는 그리 오랜 시간이 걸리지 않았다. 몇 시간 내로, 이 액체의 줄기는 목초지의 지하수에 (…) 이르게 될 것이고, 독성을 지닌 줄기와 뒤섞일 것이다. (…) 하지만 바로 그 순간, 이 액체가 스며 나오는 곳은 순수한 오염 물질이, 기름과 윤활유, 시안화물과 비소, 카드뮴과 크롬과 구리와 납과 니켈과 은과 수은과 아연의 순수한 혼합물이 (…) 태어나는 곳으로 변모했다. 내가 이 액체를 건드렸을 때 나의 손끝은 푸르스름한 캐러멜의 빛을 띠었고, 곧이어 나는 그것이 따뜻하고 발랄하다고 느꼈다. 몇 야드 밖에서, 이 물줄기는 벤젠 냄새가 나는 웅덩이로 모여들었고, 그곳에서는 청둥오리 한 마리가 홀로 수영을 하고 있었다.[18]

18   Sullivan, *Meadowlands*, pp. 96-97.

설리번의 글은 우리에게 생기적 물질성이 절대로 고갈되어 "사라지지" 않는다는 것을 상기시키는데, 왜냐하면, 물질성은 버려지고 쓸모없는 상품에서조차 자신의 활동을 지속하기 때문이다. 그날의 설리번 그리고 6월 아침의 나에게, 사물-권력은 쓰레기 더미로부터 피어올랐다. 플라워 파워도, 블랙 파워도, 걸 파워도 아닌, **사물-권력**이 말이다.[19] 이 사물-권력은 생기를 불어넣는, 어떠한 행위를 하는, 극적이고 미묘한 효과를 생산해내는, 활기 없는 사물들의 기이한 능력이다.

사물-권력 II: 오드라덱의 비유기적인 삶

죽은 쥐, 오크 나무의 꽃가루 일부, 나뭇가지 한 개는 나를 내가 나아가는 길에서 멈추게 했다. 하지만 플라스틱 장갑과 병마개 역시 그러했는데, 이는 유기적이고 비-유기적인 신체 모두로부터 사물-권력이 드러난다는 것을 뜻한다. 이러한 주장을 지지하면서, 마누엘 데란다는 어떻게 심지어 비-유기적 물질조차도 '자기-조직' 활동을 수행하게 되는지에 주목했다.

비-유기적 물질-에너지는 단순한 상전이相轉移, phase transitio가

---

19 [옮긴이] 플라워 파워, 블랙 파워, 걸 파워 운동은 1960년에서 1980년 사이 미국에서 일어난 저항운동을 뜻한다. 미국의 히피운동, 흑인운동, 여성운동은 사회체제에서 온전한 인격체로 대우받지 못했던 주체들, 흑인, 여성, 성소수자 등의 권리를 주장하거나, 폭력과 전쟁을 반대하는 운동을 벌였다. 이 운동은 기존 사회 구조를 비판하거나 부정했고, 그 구조로부터 벗어나고자 했다. 이와 유사하게, 베넷은 사물-권력(thing-power)를 통해 물질을 온전히 다루지 못한 기존의 구조에서 벗어나고자 한다.

아닌, 구조를 만들어내는 광범위한 여러 대안을 자기 안에 품고 있다. (…) 다시 말해, 매우 단순한 형태의 물질과 에너지라 할지라도 그것은 결정의 생성과 관련된 상대적으로 단순한 형식을 넘어선, **자기-조직**의 잠재력을 갖고 있는 것이다. 예를 들어, 솔리톤이라 불리는, 바닷물(이때 그것은 쓰나미라 불린다)에서 레이저에 이르기까지 여러 유형의 물질 내에서 형성되는 가간섭성可干涉性, coherent 파를 생각할 수 있다. 간섭성의 주기적인 활동이 유지될 수 있는 안정된 상태(혹은 어트랙터)가 있는 것이다. (…) 마지막에는, 급격한 변화가 발생할 수 없었던 비선형적 자기-조직이라는 이전의 경우와는 달리, 이전 과정(결정, 가간섭성 펄스, 순환 패턴)에서 나타난 실체들이 개입하는 다른 조합들이 (…) 나타난다. 종합하자면, 이러한 형태의 자발적인 구조의 생성은 비-유기적 물질이 우리가 생각했던 것보다 훨씬 다양하고 창조적이라는 사실을 암시한다. 그리고 물질에 내재하는 창조성에 대한 이러한 통찰은 우리의 신유물론적 철학의 입장에서 온전히 다루어질 필요가 있다.[20]

4장에서 나는 비인격적인 생명 또는 비유기적인 생명에 대한 철학적 고찰을 본격적으로 진행할 것이나, 여기서는 이러한 생각을 문

20　De Landa, *Thousand Years of Nonlinear History*, p. 16.

학적으로 각색한 프란츠 카프카의 짧은 단편 소설 「가장의 근심」의 주인공인 오드라덱에 주목하고자 한다. 오드라덱은 실을 묶는 실패인데, 달리고 웃을 수 있다. 이 영혼을 가진 나무는 생기의 비인격적인 형태로서 작용한다. 데 란다는 전혀 평형하지 않은 상태의 화학 체계가 다른 발달 경로가 아닌 특정한 발달 경로를 선택하는 이해할 수 없는 상황이 나타날 때와 같은, '자발적인 구조의 생성'에 대해 말한다. 이러한 체계와 유사하게, 오드라덱이라는 물질적 배열은 무력한 물질과 생기적인 생명 사이의 선을 가로지른다.

이러한 이유로 카프카 소설의 서술자는 오드라덱에 특정한 존재론적 범주를 부여하는 것을 망설이게 된다. 오드라덱은 문화적 인공물, 즉 일종의 도구인가? 하지만 만약 그렇다면 그 도구의 목적이 애매하다는 문제가 생긴다. "오드라덱은 평평한 별 모양의 실패처럼 보이고, 실제로 실로 덮여 있는 것 같다. 틀림없이 그것은 낡고, 찢어지고, 서로 동여매어져 있는 각양각색의 엉킨 실덩이처럼 보인다. (⋯) 몇몇 이들은 이 형체가 한때 합목적적인 모습을 갖추었고 지금은 깨어부서진 잔해일 것이라 믿고 싶었을 것이다. 하지만 그런 것 같지는 않다. (⋯) 그런 사실을 암시하는 그 어떤 것도 발견되지 않는다. 오드라덱은 그 전체로서 의미가 있는 것 같지는 않으나, 그 나름대로 완결되어 있는 것처럼 보인다."[21]

아니면 오드라덱은 객체가 아니라 유기적인 생물이나 어린아이

---

21   Kafka, "Cares of a Family Man," p. 428.

같은 주체에 가까운 것인가? 하지만 이 경우에는 그의/그녀의/그것의 구체화된 모습이 다소 자연스럽지 않다는 문제가 있다. 별 모양의 오드라덱의 중심에는 자그마한 나무 빗장이 돌출되어 있다. 그리고 "이 막대와 별 모양의 꼭짓점 하나를 통해, 오드라덱 전체는 마치 두 발 위에 있는 것처럼 똑바로 서 있을 수 있다."[22]

한편으로 능동적인 유기체와 같이 오드라덱은 스스로 움직이고 (그는 "매우 민첩하다") 명료하게 말한다. "그는 다락, 계단, 통로, 복도에 번갈아가며 숨는다. 그는 종종 몇 달 동안 보이지 않는다. 아마 다른 집으로 이동했을 것이다. 하지만 그는 언제나 어김없이 우리 집으로 돌아온다. 밖으로 나와 난간에 기대어 있다가 그와 마주치면 그에게 말을 걸고 싶어진다. 물론 그에게 어려운 질문을 하지는 않는다. 그의 왜소함이 그를 어린아이처럼 대하게 만드는 것이다. 그에게 묻는다. '이름이 어떻게 되니?' 그는 답한다. '오드라덱이요.' '어디에 살고 있니?'라 물으면, 그는 웃으며 '정해져 있지 않은 거주지요'라 말한다." 다른 한편으로, 영혼이 없는 대상처럼 오드라덱의 그 웃음은 "폐가 없이도 나올 수 있는" 웃음이며 "낙엽이 바스락거리는 소리 같은 웃음이다. 보통 그것으로 그와의 대화는 끝난다. 더욱이 이러한 답을 항상 얻을 수 있는 것도 아니다. 그는 종종 자신과 비슷해 보이는 막대기처럼 오랫동안 침묵하고 있다."[23]

22   같은 글.
23   같은 글.

나무이지만 활기 넘치는, 언어적이지만 식물이기도 하고, 생기가 넘치지만 무력한, 그러한 오드라덱은 존재론적으로 다자多者, multiple다. 그/그것은 생기적인 물질성이며 질 들뢰즈가 "식물 안에는 일말의 동물적인 것이, 동물에게는 일말의 식물적인 것이 있다"고 말한 것과도 통한다.[24] 생명과 물질 사이의 어떠한 날카로운 구별도 거부했던 19세기 후반의 러시아 과학자인 블라디미르 이바노비치 베르나츠키는 유기체를 "공통 미네랄과 물이 특수하게 분배된 형태"로 정의했다. "석탄이나 산호초 석회암 화석에서 두드러지는, 수중 생명과 암석의 연속성을 강조하면서, 베르나츠키는 이토록 명백히 무력한 지층들이 어떻게 '과거 생물권의 흔적'이 되는지에 주목했다."[25] 오드라덱은 수중 생명과 암석의 이러한 연속성을 보여준다. 그/그것은 사물들의 생성에 대해 명확히 보여준다.

사물-권력 III: 법적 행위소

이전에 나는 또다시 볼티모어에서, 살인으로 재판에 회부된 한 남자 건에 배심원으로 참여했고 거기서 오드라덱과 비슷한 무언가를 보았다. 그것은 접착제로 막힌 금속제 뚜껑을 지닌 작은 유리병, 즉 화약 잔여물 추출검사 장치였다. 이 대상/목격자에는 총격 사건 이후 피고인의 지문이 찍혀 있었고, 피고인이 총을 잡고 있었다는 사실 혹

---

24   Deleuze, *Bergsonism*, p. 95.
25   Margulis and Sagan, *What Is Life*, p. 50

은 충격이 이루어진 지점에서 3피트 이내에 피고인이 있었다는 사실에 대한 증거로서 배심원단에 제출된 상태였다. 감정인은 그 물건이 평결에 불가결해질 때까지 배심원에게 그것을 반복하여 제출했고, 그때마다 그것은 더 많은 힘을 발휘하게 되었다. 여기서 유리, 피부세포, 접착제, 단어, 법, 금속 그리고 인간의 감정으로 이루어진 이 합성물은 행위소가 되었다. 다시 언급하지만 **행위소**란 행위의 원천을 가리키는 브뤼노 라투르의 용어다. 행위소는 인간일 수도 있고, 인간이 아닐 수도 있으며, 대부분의 경우에는 그 둘의 조합일 수 있다. 라투르는 행위소를 "스스로 행위하거나 타자가 활동하도록 하는 어떤 것"이라 정의하는데, "행위소는 개별적인 행위자로서의 인간의 특수한 동기도, 일반적인 인간의 동기도 함의하지 않는다."[26] 행위소는 객체도, 주체도 아닌 '간섭자intervener'라 할 수 있으며,[27] 들뢰즈가 말하는 '준-원인 조작자quasi-causal operator'이기도 하다.[28] 그 조작자는 어떠한 배치 내에서 특정한 위치를 점유했기에 그리고 특정 순간에 특정 위치에 있었다는 우연에 의해, 차이를 만들고 사건을 일어나게 하며 사건을 촉진하는 결정적인 힘이 된다.

　행위소와 **조작자**는 행위자라 불리는 다소 주체-중심적인 언어를 대체하는 단어다. 여기서 행위적 능력은 광범위한 존재론적 유형에

26　Latour, "On Actor-Network Theory".

27　Latour, *Politics of Nature*, p. 75.

28　De Landa, *Intensive Science and Virtual Philosophy*, p. 123.

걸쳐 변별적으로 분배되어 있는 것으로 여겨진다. 이 생각은 1846년에 폐지될 때까지 대략 1200년 동안 영국의 법에 명시되어 있던 '봉납捧納, deodand'이라는 개념에도 반영되어 있다. 인간에게 우연히 부상을 입히거나 죽음을 야기한 비인간 행위소, 가령 인간의 살을 파고든 조각용 나이프나 보행자의 다리를 뭉갠 마차는 봉납되었다(문자 그대로, "그것은 신에게 봉납되어야만 했다"). 그것의 기이한 효과(행위성보다는 덜 오만하지만 저항보다는 더 능동적인 권력)를 고려하여, "인간과 사물 사이에 묶인" 물질성인 봉납품[29]은 그것이 끼친 피해를 상쇄하기 위해 왕에게 넘겨져 이후 경건한 목적으로 사용되거나 판매되었다. 윌리엄 피츠에 의하면, "모든 문화에서는 누군가가 죽은 직접적인 이유가 도덕적인 책임이 있는 인간이 아니라 비인간인 물질적 대상에 있던 경우, 그 죽음의 대가를 치르기 위한 상쇄, 속죄, 형벌에 대한 절차가 정해져야만 했다. 이것이 봉납의 법률에 대한 (⋯) 공적 담론에서 다루어진 쟁점이었다."[30]

당연히 무언가를 찌른 칼과 찌른 사람 사이에는, 검사 장치와 그것에 지문을 남긴 기술자 사이에는, 콜드스프링레인의 배수관에 있던

29　Tiffany, "Lyric Substance," p. 74. 티파니는 수수께끼와 물질성 그 자체(per se) 사이의 유사점을 다음과 같이 이끌어낸다. 둘 다 주체와 객체 사이에 위치하고, 유기적인 것에서 비유기적인 것으로 그리고 세속적인 것에서 신성한 것으로 이루어지는 '실체 변화'에 관여한다. 문학적인 형태의 분석으로부터 그의 유물론을 발전시키면서, 티파니는 과학을 "물질을 결정하는 유일한 중재자"라 간주하는 오래된 규범에 도전한다(p. 75). 그는 "물질적 실체에 대한 문제를 처리할 때 문학적인 비평을 금지하고 있는 작금의 자물쇠"를 풀어내고자 한다(p. 77).

30　Pietz, "Death of the Deodand".

물건과 그것의 생기를 논하는 나 사이에는 차이가 있다. 하지만 나는 이러한 차이가 "평평해질 필요가 있으며, 그것은 존재의 위계로서 수직적으로 해석되기보다는 병치로서 수평적으로 독해되어야만 한다. 사물과 인간을 (…) 구별하고 구별할 수 있는 것은 우리 세계의 특징이다. 하지만 우리가 사는 세계에서는 사물과 인간이 몇몇 성질들을 연속적으로 주고받고 있다'고 말한 존 프로우에 동의한다.[31] 그리고 이러한 사실에 명시적으로 주목하는 것은, 다시 말해 인간과 다른 물질성들 사이의 관계를 보다 수평적으로 경험하는 것은, 보다 생태학적인 감수성을 향해 나아가는 것이다.

사물-권력 IV : 걷고 말하는 무기질

오드라덱, 화약 잔여물 추출검사 장치, 그리고 길에 있는 몇몇 쓰레기들은 사람의 매혹시킬 수 있고 그렇기에 활기를 띠는 것처럼 보일 수 있다. 하지만 이 미미함이 물건 혹은 사람의 성질인가? 내가 조우한 잔해의 사물-권력이 사실은 이 잔해에 대한 나의 생각 주변에 켜켜이 쌓인 주체적이거나 상호주체적인 의미, 기억, 정의 등의 함수는 아닌가? 그날 길에서 나를 일시적으로 멈추게 한 행위자가 실은 **인간적인 것**, 다시 말해 나만의 고유한 역사와 함께해온 '쥐', '플라스틱', '나무'에 대한 문화적 의미는 아닌가? 그럴 수 있다. 하지만 나의 머릿속에서 이루어진 북적거리는 활동 그 자체가, 그 쓰레기까지도

---

31   Frow, "A Pebble, a Camera, a Man," p. 283.

구성했던 생기적인 물질성의 한 사례라고 말한다면 어떤가?

　나는 물질성 그 자체의 생기에 대한 논의를 풍부히 진행할 것이고, 이 과제를 비인간 신체를 강조하는 것을 통해, 그것들을 단순한 객체가 아닌 행위소로 묘사하는 것을 통해 달성하려 한다. 하지만 물질을 능동적인 것으로서 간주하는 것은 인간 행위소의 지위를 재조정하는 작업을 요구한다. 이것은 경탄할 만하고 장엄한 인간의 권력을 부정하는 것이 아니라 그러한 권력을 우리 자신이 생기적 물질성으로 구성되어 있다는 주장에 대한 증거로서 제시하는 작업이 필요하다는 뜻이다. 즉, 인간의 권력은 그 자체로 일종의 사물-권력이라 할 수 있다. 어떠한 면에서는 이러한 주장은 논란의 여지가 없다. 실제로 인간이 여러 가지 물질적 부분들(우리의 뼈의 무기질이나 피에 있는 철분, 뉴런의 전기 신호)로 구성되어 있다는 주장은 받아들이기 쉽지 않은가? 하지만 이러한 물질들을 능동적인 영혼이나 마음 같은 비물질적인 존재의 지시를 받는 기계적이고 수동적인 수단으로 여기지 않는 입장이나 그 물질들을 활기를 지니는 자기-조직적인 물질이라 말하는 입장은 설득력을 갖기 쉽지 않다.

　오랜 시간 동안 숙고한다면 아마도 물질 자체에 생기가 내재해 있다는 주장에 익숙해질 것이다. 예를 들어, 만약 전기(傳記)적 관점이 아니라 진화론적 관점을 받아들일 수 있다면 무기질의 효능이 더 선명해질 것이다. 여기서 뼈가 형성되는 과정에 대한 데 란다의 설명을 살펴보자. "연조직(젤라틴, 에어로졸, 근육, 신경)은 500억 년 전까지 세상에 군림했다. 당시, 생명을 구성하고 있던 신체의 물질-에너지 복합체

일부가 갑작스러운 **무기화 과정**에 놓였고, 생명체를 구성하는 새로운 물질인 뼈가 새롭게 창발했다. 그것은 마치 생물체 창발의 근간이 되는 무기질의 세계가 스스로 힘을 발휘한 것처럼 보인다."[32] 무기화 과정은 뼈를 생성하는 창조적 행위성을 드러내며, 그렇게 생성된 뼈는 "동물들이 새로운 형태의 움직임을 제어하는 일을 가능하게 했고, 이를 통해 동물들은 여러 제약에서 벗어날 수 있었으며, 하늘에서, 물에서, 땅에서 이용할 수 있는 모든 환경을 극복하고 정복할 수 있도록 문자 그대로 움직일 수 있게 되었다."[33] 길고도 느린 진화가 이루어지는 동안, 무기 물질은 자발적 행위를 수행하는 자신의 엄청난 능력과 함께, 스스로 움직이고 주변을 뒤흔드는 자로서, 능동적인 권력으로서, 인간으로서, 그리고 그 **자신의** 산물로서 나타나게 되었다.[34] 베르나츠키는 인류를 무기질이 두드러지게 강력히 혼합된 형태라 말하며 이러한 관점을 지지하고 있다. "베르나츠키를 가장 사로잡은 것은 지표면의 물질이 누적되고 중첩되어, 번식과 성장을 통해 광범위하게 물질을 형성하고 파괴하는 존재가 탄생했다는 것이다. 예를 들어, 인간은 산소와 (…) 지각의 여러 구성 요소들을 재분배하고 집중시켜, 여기저기를 걸어 다닐 수 있는 놀라운 능력을 지닌 그리고 지구의 표면을 파헤치고 수많은 방식으로 변화시킬 수 있는 두 개의 다리를 가진 직

---

32 De Landa, *A Thousand Years of Nonlinear History*, p. 26; 강조는 인용자.

33 같은 책, pp. 26-27.

34 2장에서 논할 것이지만, 이 효능이 무기물에만 속한다고 말하는 것보다는 행위적 배치로서 작용하는 다양한 신체들과 힘들이 결합되어 있는 활동에 속한다고 말하는 것이 더 정확할 것이다.

립 형태를 만들어낸다. 우리는 걷고 말하는 무기질이다."[35]

카프카, 데 란다, 베르나츠키는 개별적 인간은 생기적 물질로 구성되어 있으며, 우리의 권력은 사실 사물-권력이라고 말한다. 이 생기적 유물론자들이 인간과 뼈 사이의 차이가 없다고 말하는 것은 아니며, 그들은 단지 이러한 차이를 설명하면서 인간을 존재론적 중심 혹은 위계적 구조의 꼭대기에 위치시킬 필요는 없다고 주장하는 것이다. 그 대신, 장 프랑수아 리오타르가 언급한 것처럼, 인간은 물질들이 **특별히 풍부하고 복잡하게 모인 집합체**로 여겨질 수 있다. "인류는 복잡한 물질 체계로 여겨진다. 인간의 의식은 언어의 효과로, 그리고 언어는 매우 복잡한 물질 체계로 여겨진다."[36] 이와 비슷한 견지에서 리처드 로티 역시 인간을 "'지성' 또는 '이성적인 영혼'이라 불리는 추가적인 외부 요소를 지닌" 동물이 아닌, 매우 복잡한 동물로 정의한다.[37]

많은 이들이 인간의 특별함과 고유함을 포기하는 것을 두려워하면서, 내가 지지하는 관점이 인간을 단순한 물건으로 간주하는 입장에 힘을 실어준다고 비판한다. 다시 말해, 그들은 인간의 도구화를 막기 위해 주체와 객체 사이의 강력한 구분이 필요하다고 주장한다. 그들은 말한다. 맞습니다. 그러한 비판은 유효합니다. 객체는 행위를 하는 특정한 권력을 갖고 있고(박테리아나 약이 인간의 몸 안에서 적대적으로

---

35   Margulis and Sagan, *What Is Life*, p. 49; 강조는 인용자.
36   Lyotard, *Postmodern Fables*, p. 98.
37   Rorty, *Rorty and Pragmatism*, p. 199.

행동하거나 공생할 때처럼), 주체 대 주체의 어떠한 대상화는 허용될 수 있습니다(사람들이 성적 유희를 위한 수단으로써 사용되거나 그러한 사용에 동의할 때처럼). 하지만 사람과 사물 사이의 **존재론적** 구별은, 인간이 세균보다 특권을 갖고 있다는 것을 긍정하거나 인간 대 인간의 유해한 도구화(권력을 가진 사람이 불법체류자, 가난한 사람, 아동 그리고 다른 약자를 착취할 때처럼)를 비난할 **도덕적** 근거가 사라지면 안 되므로, 계속 유지되어야 합니다.

이러한 중대한 지적에 대해 생기적 유물론자들은 어떻게 답할 수 있는가? 첫 번째 방법은 주체와 객체를 나누는 구도가 때로는 확실히 인간이 겪을 고통을 예방하고 개선하며 인간의 행복과 복지를 증진시킨다는 점을 인정하는 것이다. 두 번째 방법은 그러한 구도를 통한 성공에는, 그 자체로 비윤리적일 수 있으며 장기적으로는 인간의 이익을 훼손할 수 있는 비인간 자연의 도구화라는 대가가 따른다는 점을 지적하는 것이다. 세 번째 방법은 인간을 언제나 목적-그-자체로 간주하며 단순한 수단으로는 간주하지 않는 칸트식 정언명령이 인간의 고통을 막거나 인간의 행복을 증진시키는 것에 실패해온 역사를 기술하는 것이다. 사물들 사이의 본질적인 **위계** 질서라는 이미지에 의존하지 않는 윤리적 실천의 형식을 위한 공간을 열어내기 위해서는, 그것의 실제의 역사적인 효과에 대한 질문을 제기하는 것이 중요하다.

여기서 유물론자들은 인간을 목적-그-자체로 간주하기보다는 [이로써 인간을] 온전히 만들며 권능을 부여하는 도구화를 추구하고자 하는데, 왜냐하면 인간 자아의 복합적인 본성에 직면하게 되면 단일한 목적-그-자체라는 개념을 받아들이는 일이 어려워지기 때문이다. 그 대신 서로 대립하는 무수히 많은 목적이 개개인 내에서 동시에 추구된다는 점, 그리고 그것 중 일부는 전체에 유익하고, 일부는 그렇지 않다는 점이 드러난다. 여기서 니체와 스피노자의 윤리학을 수용하는 생기적 유물론자들은 생리학적 기술어descriptor를 도덕적 기술어보다 선호하는데, 왜냐하면 그들은 도덕주의가 그 자체로 불필요한 인간 고통의 원천이 될 수 있다고 여기기 때문이다.[38]

이제 우리는 인간의 행복과 안정을 증진시키는 또 다른 방법을 제시할 수 있는 위치에 서게 된다. 바로 **우리를 구성하는 물질성의 지위를 격상하는 것**이다. 각각의 인간은 경이롭게 생동하는 동시에 위험스럽게 생동하는 물질로 이루어진 이질적인 합성체다. 만약 물질이 그 자체로 활력을 지닌다면, 주체와 객체 사이의 차이가 최소화될 뿐 아니라 모든 사물들이 공유하는 물질성의 지위가 격상될 것이다. 저항력과 변화무쌍한 행위성, 즉 사물-권력이 두드러짐에 따라, 모든 신체는 단순한 대상 이상이 된다. 생기적 유물론은 인간성personhood에 대한 특수한 모델(유로-아메리칸, 부르주아, 신본주의 등)을 인정하지 않기 때문에, 칸트식 윤리가 기준이 되는 세계 내에서 계속하여 고통받는

---

38   2장의 마지막 부분에서, 나는 사회적 문제를 다룰 때 도덕주의가 갖는 효능이 과대 평가되었음을 언급할 것이다. 생기적 유물론에 담긴 함의 중 하나인 반도덕주의는 매우 위험하며, 그렇기에 나는 반도덕주의를 논리적 극단으로 몰고 가지는 않으려 한다. 나는 도덕적 판단과 관련된 실천을 제거하고자 하는 게 아니라, 도덕적인 반성에 반하는 마찰을 증가시키고자 한다.

인간에게 일종의 안전망을 제공할 수 있다. 윤리적 목적은 그러한 신체들에게 가치를 더 관대하게 분배하는 것이 된다. 이렇게 물질과 물질의 권력에 새롭게 주목하는 접근이 인간 착취나 억압의 문제를 해결할 수는 없지만, 이 같은 접근을 통해 우리는 모든 신체가 관계들의 빽빽한 네트워크 속에서 불가분하게 얽혀 있다는 점에 주목할 수 있다. 그리고 생동하는 물질이 서로 엮인 세계에서, 연결망의 한 부분에 해를 끼치는 것은 당연하게도 그 자신에게 해를 끼치는 것과 같다. 이렇게 이기심을 바라보는 새롭고도 확장된 개념은 **인간에게도 유익하다.** 8장에서 더 자세히 논하겠지만, 생기적 유물론은 자아와 이해利害에 대한 더 넓은 정의의 계발을 추구하기는 하나, 윤리적 행위의 동기로서의 이기심이라는 개념을 거부하지는 않는다.

사물-권력 V: 사물-권력과 아도르노의 비동일성

하지만 사물-권력이나 생동하는 물질이라는 아이디어는 너무 많은 것을, 그러니까 알 수 있는 것 이상을 알려는 시도로 여겨질 수 있다. 혹은 테오도르 아도르노의 용어로 말하자면, 그러한 아이디어는 개념과 실재, 대상과 사물 사이의 간극을 극복하는 것에 끊임없이 실패해온 서양 철학의 폭력적인 오만함을 보여주는 것이 아닌가? 아도르노에게 이러한 간극은 절대 지워질 수 없는 것이며, 사물에 대해 기껏해야 확실히 말할 수 있는 것은 그것이 개념에 의한 온전한 포착을 회피한다는 것이며 언제나 사물과 그에 대한 표상 사이에는 '비동일성'이 있다는 것이다. 하지만 내가 보기에 아도르노조차도 비록 모호하고, 조악하고, 잠깐이지만, 이 외-부에 접근하기 위한 방법을 찾으려 노력하고 있다. 『부정변증법』의 다음 인용구에서 이를 확인할 수 있다. "우리가 물자체라 부르는 것은 직접 현존하는 것도 아니고 긍정적인 것도 아니다. 그것을 알기 원하는 자는 그 이상으로 사유해야 한다."[39] 아도르노는 직접적이고 감각적인 이해의 가능성을 분명 거부하고 있으나("물자체는 직접 현존하는 것도 아니고 긍정적인 것도 아니다"), 모든 양식의 조우를 거부하지는 않으며, 적어도 그것을 보장할 수 있는 하나의 방법으로서 "그 이상으로 사유해야 한다"고 말한다. 이 절에서 나는 아도르노의 비동일성과 나의 사물-권력 사이의 유사성 그리고 더 일반적으로 그의 '특수 유물론specific materialism'(ND, 203)과 생기적 유물론 사이의 유사성을 짚어볼 것이다.

비동일성nonidentity은 지식에 종속되지는 않으나 모든 개념과 '이질적인' 무언가를 가리키는 아도르노의 용어다. 하지만 이 규정하기 힘든 힘은 인간의 경험에서 완전히 벗어난 영역에 있지 않으며 아도르노는 비동일성이 우리에게 영향을 미치는 존재라고 설명하고 있다. 그는 망각되거나 버려진 무언가에 대한 고통스럽고 끊임없이 지속되는 느낌에 우리 같은 인식하는 이들이 사로잡힌다고 말한다. 표상을 부적절하다고 느끼는 이 당황스러운 감각은, 누군가의 개념이 정교화되거나 분석적으로 정확해지는 여부와는 상관없이 잔존하는 것이다.

---

39   Adorno, *Negative Dialectics*, p. 189. 이후 본문에서 이 출판물을 인용할 때는 *ND*라 표기한다.

아도르노는 이러한 불만족스러운 경험을 **강조하고** 그것에 의미를 부여하기 위한 방법으로서 '부정변증법'을 고안했다. 적절히 수행될 수만 있다면, 부정변증법을 통해 우리가 어렴풋이 느끼고 있던 비동일성에 대한 감각은, "대상들은 그에 대한 개념에 온전히 동화되지 않는다"는 것 그래서 삶은 언제나 우리의 지식과 통제를 초월한다는 것에 대한 강력한 감각으로 전환될 수 있다. 아도르노의 말대로, 위대한 윤리적 기획은 이를 잊지 않고 수용하는 방법을 배우는 것이다. 그렇게 하면 우리가 간절히 열망하는 '화해'를 거부하는 세계와 맞서 싸우는 것을 멈출 수 있게 될 것이다(ND, 5).[40]

하지만 생기적 유물론자에게 윤리의 시작은 '화해'가 불가능하다는 사실을 수용하는 것이 아니라, 공유되어 있는 생기적 물질성에 인간이 참여하고 있다는 것을 인정하는 데 있다. 우리는 생기적 물질성**이며**, 비록 우리가 언제나 인식하는 것은 아니지만 그것은 우리를 언제나 에워싸고 있다. 내가 지금 당장 말하고자 하는 윤리적 과제는 비인간의 생기를 식별하는 능력을 계발하는 것 그리고 그것에 지각적으로 열려 있는 것이다. 이와 유사하게, 아도르노의 '특수 유물론' 또한 비동일성을 감지하고 받아들이기 위한 훈련으로서 일련의 실천적 기술들을 제시한다. 다시 말해, 부정변증법은 아도르노의 유물론 내

---

40   로맨드 콜스는 아도르노를 윤리적 이론가로서 일관되게 해석해오고 있다. 부정변증법은 타자 그리고 본디 비동일적인 것에 대한 관용을 기를 수 있는 '사유의 도덕'이다. 콜스는 아도르노가, 모든 사물을 이해하고 통제하려는 노력이 주는 고통 그리고 개념화가 야기하는 폭력을 인정함으로써 그것을 완화하는 방법을 찾고 있다고 주장한다. Coles, *Rethinking Generosity*, chap. 2.

의 교육학인 것이다.

이 교육학은 지적인 운동만이 아니라 미적인 운동까지 포함한다. 지적인 실천은 개념화의 과정을 사고의 명시적인 대상으로 만들고자 하는 시도와 관련된다. 여기서의 목표는 개념화 과정이 그 개념이 부적절하다는 사실을 곧바로, 자동적으로 가려버린다는 것을 인식하는 데 있다. 아도르노는 비판적인 반성을 통해 이러한 은폐가 이뤄지는 과정을 드러내어 비동일성의 존재를 더 강하게 느끼는 일이 가능하다고 주장한다. 이는 일종의 동종요법이라 할 수 있다. 우리는 개념화의 오만함에서 벗어나기 위해 비동일성이라는 **개념**을 발달시켜야만 한다. 그러한 치료법이 작동할 수 있는 이유는 다소 부정확하기는 하나 개념들이 여전히 "비개념성과 연관되기" 때문이다. 이것은 또한 "개념들이 그 자체로 개념 형성을 강요하는 현실의 계기들이기 때문에"(ND, 12) 그러하다.

본래 개념들을 통해 사물들을 명확하고 명료하게 이해하는 것은 불가능하지만, "물질에서 또 그것의 개념에서 가장 미세한 것 내지 개념으로부터 빠져나가는 것까지도 구분할 수 있는 사람"(ND, 45)은 사물들을 향해 손짓할 수 있는 사람일 것이다. (부정변증법에 익숙한) 날카로운 식별 능력이 있는 사람은 자신의 개념화 과정에 2차적인 반성을 수행할 수 있으며 동시에 대상의 "질적인 순간들"(ND, 43)에 **미적인** 주의를 기울일 수 있다는 점에 주목하라. 왜냐하면 이것들은 비동일성으로의 창을 열어내기 때문이다.

아도르노의 교육학이 제시하는 두 번째 기술은 비현실적인 상상력을 키우는 것이다. 부정변증법자는 개념화의 왜곡이 가리는 것을 상상을 통해 재창조해야만 한다. "부정변증법은 현실이 대상을 기만해왔음에도 불구하고 대상 하나하나에서 여전히 드러나는 가능성을 통해 경직된 그 대상들에 파고 든다."(ND, 52) 비동일성은 이렇게 부정된 가능성들 안에, 대상들의 세계를 둘러싸고 그 세계에 파고드는 보이지 않는 비가시적인 장 안에 머무른다.

세 번째 기술은 자신의 사고 과정에서 "유희의 계기 및 순간"이 나타난다는 것을 인정하고 기꺼이 바보처럼 유희하고자 하는 것이다. 부정변증법자는 자신이 비동일성을 인식하는 것에 "얼마나 접근하지 못하는지 알면서도 언제나 그것을 완전히 파악하는 것처럼 말해야 한다. 이 때문에 그는 어릿광대와 가까워진다. 이러한 어릿광대와 같은 특징들을 통해서만 그는 자신에게 거부된 것에 대한 희망을 얻을 수 있기에, 그것들을 부인해서는 안 된다"(ND, 14).

개념화에 대한 자기-비판, 대상의 질적 특이점들에 대한 감각적 주의, 비현실적인 상상력의 훈련, 어릿광대짓을 하는 용기. 이러한 실천을 통해 우리는 비동일성에 대한 "분노"를 그에 대한 존중으로 전환할 수 있고, 모든 것을 지배하려는 우리의 의지를 반성할 수 있다. 아도르노에게 그 분노는 잔인하고 폭력적인 인간 사이의 행위 이면에 있는 원동력이었다. 아도르노는 거기서 더 나아가 부정변증법은 비동일성에 대한 분노를 정치적 행위를 개선시키려는 의지로 전환할 수 있어야 한다고 주장했다. 다시 말해, 사물은 개념적이고 실질적인 지배에 대한 우리의 욕망을 좌절시키며 이러한 거부는 우리에게 분노를 불러일으킨다. 하지만 동시에 그것은 우리에게 다음과 같은 윤리적인 지령을 내린다. "고통은 사라져야 하고 사물들은 달라져야만 한다. 고통은 말한다. '나아가라'고. 따라서 특수 유물론은 비판적 요소 내지 사회적인 변혁에 대한 실천으로 수렴하게 된다."(ND, 202-203)[41]

아도르노는 자신이 제시한 지적이고 미적인 감수성에 대한 윤리가, 그것의 대상을 명료하게 보는 것에 언제나 실패할지라도, 보기 위해 신경을 곤두세우는 신체들에 긍정적인 효과를 줄 수 있다는 윤리학을 정립한다. 아도르노는 이후 내가 사물-권력이라 부른 것, 하지만 그가 "대상의 우선성"(ND, 183)이라 말한 것을 탐구하면서 어릿광대와 같이 유희하는 걸 꺼리지 않았다. 인간은 비인간 물질성이 권력

---

41 아도르노는 이 고통을 "이미 다른 삶을 질식시키는 삶의 죄"라 표현한다(ND, p. 364). 콜스는 이를 "우리의 비판적 노력을 간청하는 지속적인 불편함"이라 말한다(Coles, *Rethinking Generosity*, p. 89). 아도르노는 개념적 실패가 주는 고통이 사회적 불평등의 고통을 경감시키는 윤리적인 의지를 촉발하거나 자극할 수 있다는 자신의 주장을 정교화하거나 방어하지 않았다. 하지만 분명 어느 정도의 방어는 필요했을 것인데, 왜냐하면 비록 비동일성의 고통이 자아 안에 "상황이 달라져야만 한다"는 생각을 불러일으킬지라도, 이 도덕적 자각이 "실제 사회의 변화"로 언제나 이어지는 것은 아니라는 점을 역사가 보여왔기 때문이다. 다시 말해, 개념과 사물 사이의 간극뿐 아니라 함께 강조되어야 할 두 번째 간극, 즉 타자의 고통을 인식하는 것과 그것을 개선하고자 하는 행위 사이에는 간극이 있는 듯하다. 다른 글에서 나는 그에 요구되는 에너지의 한 가지 원천이 세계에 대한 사랑, 혹은 생기적 물질성의 세계에 대한 매혹이라 말한 바 있다. 아도르노는 고통과 상실의 감각 안에서 더 윤리적인 잠재력을 보았던 것 같다. 그는 "삶의 충만"에 대한 경험이 "폭력행위와 억압을 내포하는 욕망과 (…) 구분될 수 없으며 (…) 힘의 관리 없이는 어떠한 충족도 없다"고 주장하면서, "긍정으로 넘어가는 것을 경멸했다"(ND, p. 385, 378). 비동일성은 어둡고 음울하다. 그리고 분명히 구별되지 않은 저항, 고통, 통증이라는 느낌의 형태로 최소한의 왜곡이 일어난 채로 스스로를 드러낸다. 생기적 유물론자의 관점에서 아도르노는 토머스 덤이 "우리가 (사물의) 알 수 없는 광대함에 접근할 때마다 우리를 궁지에 빠뜨리는 압도적인 상실감"이라 묘사하는 것의 가장자리에 아슬아슬하게 서 있다(Dumm, *Politics of the Ordinary*, p. 169).

을 갖는 세계와 조우하게 되는데, 이 권력은 자율성을 주장하는 "시민적 자아"가 부정하는 권력이다.[42] 이 지점에서 아도르노는 자신의 부정변증법을 유물론으로 간주한다. "대상의 우선성으로 이동함으로써 변증법은 유물론이 된다."(ND, 192)

아도르노는 분명 사물-권력과 유사한 존재를 긍정하고 있으나, 그에 대해 **충분히** 다루고 유희하는 것을 원하지 않는 듯하다.

그는 아주 잠깐 동안만 생기적 유물론자의 관점에 서서, 대상이 언제나 인간의 주체성과 '뒤엉켜' 있다는 점을, "주체가 차지했던 빈 왕좌를 대상에게 넘겨주고 싶지 않으며 그럴 경우 대상은 우상에 지나지 않게 될 것이다"(ND, 181)라는 점을 독자에게 상기시킨다. 아도르노는 비인간 생기에 대해 더 많이 말할수록 그것으로부터 멀어진다는 점 때문에 그에 대해 충분히 논의하지 않는다. 그럼에도 불구하고 아도르노는 이 소외된 실재를 부정변증법을 통해 어떻게든 다루려 노력한다. 부정변증법은 부정신학과 유사성을 갖는다. 부정변증법은 마치 누군가가 불가지한 신을 찬미하듯이 비동일성을 존중한다. 아도르노의 '특수 유물론'은 뒤로 물러나는 실재의 뒤 또는 안에 일종의 신성이 있다고 가정한다. 그는 세계를 설계한 자애로운 신과 같은, 초월성에 대한 진부한 그림을 그려내는 것을 거부한다(아우슈비츠 이후로 "형

---

42   "대상을 우선시하는 것은 모든 까다로운 철학이 의구심을 표하는 생각이다. (…) [그러한] 단언은 (…) 굽어터지려는 의심, 즉 타율적인 것이 칸트가 (…) 말한 자율성보다 더 막강하다는 의심을 묵살하고 싶어 한다. (…) 그러한 철학적 주관주의는 시민적 자아에 (…) 이데올로기적으로 수반된다."(ND, p. 189)

이상학이 부활할 수는 없다"[ND, 404]). 하지만 그는 초월성에 대한 욕망은 완전히 제거될 수 없다고 믿는다. "삶에 대해 초월적인 그 무엇도 약속하지 않는 것은 진정 살아 있는 것으로 경험될 수 없을 것이다. (…) 초월적인 것은 존재하기도 하고 또 존재하지 않기도 한다."(ND, 375)[43] 아도르노는 비동일성을 **부재하는** 절대적인 것으로서, 메시아의 약속으로서 찬미한다.[44]

아도르노는 인간 개념에 저항하는 **물질적인** 힘을, 하지만 도래할 절대적인 것에 대한 흐릿한 약속이라는 점에서 **영적인** 힘을 설명하려 노력한다. 이에 비해 생기적 유물론은 보다 철저히 무신론적이다. 외-부는 메시아의 약속과는 상관이 없다.[45] 하지만 비동일성의 철학

---

43   개념과 사물 사이의 간극은 절대로 없어지지 않는다. 그리고 알브레히트 벨머에 따르면, 아도르노는 이러한 화해의 결여가 오직 "비록 암흑 속에서 자신을 분명히 드러내지 않을지라도 무는 아닌 절대라는 **이름** 안에서"만 극복될 수 있다고 믿는다. "절대적인 것의 존재와 비-존재 사이에는 그것을 통해 어렴풋한 빛이, 아직 존재가 되지 않은 절대의 빛이 세계로 나아가게 되는 매우 좁은 금이 있다."(Wellmer, Endgames, p. 171; 강조는 인용자)

44   라스 퇴네르는 내가 아도르노 사유의 메시아적 차원에 주의를 기울일 수 있도록 해주었다. 여기서 혹자는 아도르노가 초월을 원칙상 접근 불가능한 것이라 여기는 동시에 그것에 중요한 역할을 할당하는 방식을 제시했다고 본 칸트에게 보내는 찬사에 주목할 수 있을 것이다. "초월성에 대해 유한한 것이 말하는 바는 초월성의 가상이다. 하지만 칸트도 잘 알았듯이 그것은 필연적 가상이다. 따라서 미학의 대상인 가상의 구제는 비교 불가능한 형이상학적 중요성을 지닌다."(ND, p. 393) 아도르노는 "형이상학적 이념들 가운데 최상의 이념인 진리의 이념 (…) 때문에 신을 믿는 자는 신을 믿을 수 없다. 신의 이름이 나타내는 가능성은 믿지 않는 자가 고수하게 된다"고 생각한다(ND, pp. 401-402). 콜스에 의하면 아도르노에게 초월적 영역이 실제로 존재하는지 아닌지는 크게 중요하지 않다. 중요한 것은 그것의 약속에 의해 "사유에 놓인 (…) 요청"이다(Coles, Rethinking Generosity, p. 114).

45   물론 존재론적 가상을 증명할 명확한 방법은 없다. 모턴 스쿨먼은 초월의 신성한 권력의 가능성을 명시적으로 열어둔 아도르노의 접근이 그러한 질문에 닫혀 있는 것처럼 보이는 유물론에

과 생기적 유물론은 외-부에 대해 보다 세심히 주의를 기울여야 한다고 주장하는 점에서 교집합을 가진다.

생기적 유물론의 소박한 야심

아도르노는 인간이 모호하거나 아포리아적인 방식으로만, 또는 안정적이지 않은 이미지와 인상을 통해서만 외-부를 경험할 수 있으며, 그러한 경험은 언제나 간접적일 수밖에 없다고 주장한다. 하지만 그가 왜곡된 개념조차 여전히 "비개념성과 연관되는데, 왜냐하면 개념들 자체가 개념의 형성을 강요하는 현실의 계기들이기 때문이다"(ND, 12)라고 말할 때, 아도르노는 인간이 능동적이고, 강력하고 (유사)독립적인 외-부와 조우하는 경험을 할 수 있다고 인정하는 것이다. 이 외-부는 마치 우리가 비동일성이 주는 불편함을 느낄 때처럼 혹은 소크라테스의 데몬demon의 회의하는 음성을 들을 때처럼 혹은 루크레티우스가 싸우고 저항할 수 있는 "우리 가슴 속의 무언가"라 묘사한 것에 감동을 받을 때처럼,[46] 우리의 신체와 어느 정도의 거리를 두고 작동할 수도 있고, 신체들 내부에서 낯선 권력으로서 작동할 수도 있다.

근대적이고 세속적이며 교육 수준이 높은 인간들은 그러한 징후를 그것의 궁극적인 근원이라 간주되는 인간 행위성의 영역으로 회

비해 더 바람직하다고 주장한다. 스쿨먼, 『이성과 공포(Reason and Horror)』를 참조할 것.

46   Lucretius, "On the Nature of the Universe," p. 128.

부하는 경향이 강하다. 이렇게 사물-권력의 표현을 문화의 효과 그리
고 인간 권력의 작동으로서 해석하는 문화적이고 언어적이며 역사적
인 구성주의에 대한 충동은, '자연'에 대한 도덕주의적이고 억압적인
접근을 정치화한다. 이것은 바람직한 일이다. 하지만 세계에 대한 구
성주의자의 태도에는 사물-권력이 있을 법했던 모든 광경을 흐릿하게
만드는 경향이 있다. 따라서 방법론적으로 세련되지 않았던 순간에
대해, 대상에 대한 계보학적 비판의 유예에 대해 논의해볼 필요가 있
다.[47] 아마도 이러한 유예는 비인간 생기가 존속하는 세계가 나타나도
록 했을 것이다. 여기서 '나타나도록 한다는 것'은 형상을 받는 것과
받아진 그 형상에 참여하는 것 모두를 의미한다. 나타나는 것은 인간
을 통해 도래하지만, 전적으로 인간만을 통해 도래하는 것은 아니다.

그래서 생기적 유물론자들은 그들이 대상에 매료되는 것을 깨닫
는 그 순간에 더 오래 머무르려 하며, 그러한 순간들을 그들이 대상
과 공유하는 물질의 생기에 대한 단서로서 간주한다. 외-부와의 기이
하고도 불완전한 공통성에 대한 이러한 감각은 생기적 유물론자가 비

---

47   "언젠가 이 시대는 들뢰즈의 시대로 알려질 것이다"라고 말한 푸코의 말에 응답하면서, 들뢰
즈는 자신의 작업을 '원시적'이라고 표현했다. "(푸코의 말은) 아마도 내가 우리 세대의 가장 원시적
인 철학자였음을 의미하는 것이다. 우리 모두는 다양체, 차이, 반복 같은 주제를 알고 있다. 하지만
나는 이러한 것들에 대해 거의 정제되지 않은 개념들을 내세우고 있으며, 반면에 다른 이들은 더 매
개적인 수단들을 통해 그에 대해 다루고 있다. 나는 형이상학을 넘어서는 것을 우려한 적이 없으며
(⋯) 일종의 경험주의를 단념하지도 않았다. (⋯) 아마 그것이 푸코가 말하고자 했던 것일 거다. 내
가 다른 이보다 더 나은 게 아니라, 일종의 아르 브뤼(art brut, 전통에 기반하지 않은 예술)를 만들
어내는, 더 원시적인 입장에 서 있을 뿐이다. 다시 말해, 나는 가장 심오한 자가 아니라 가장 순진한
자라 할 수 있다."(Deleuze, *Negotiations*, 88-89) 이 참고문헌에 대해 폴 패턴에게 감사를 보낸다.

인간인 것들을, 가령 동물, 식물, 지구, 인공물, 상품을 보다 주의 깊게, 보다 전략적으로, 보다 생태학적으로 다루도록 유도한다. 하지만 이러한 능력을 소박하게라도 발달시킬 수 있는 방법은 무엇인가? 그에 대한 전략 중 하나는 "미신, 애니미즘, 생기론, 의인관 그리고 다른 전근대적 태도에서 기인하는 위험을 감수"하면서, 다소 신빙성이 떨어지는 것으로 여겨지는 자연철학을 다시 살펴보고 그것에 잠시 물드는 것이다.[48] 이후 5장과 6장에서 생기론에 대해 자세히 다룰 것이나, 일단 여기서는 잠시 로마의 에피쿠로스주의 신봉자였던 루크레티우스의 고대 원자론에 대해 논하려 한다.

그는 허공으로 떨어지는 신체에 대해, 생명이 없는 물체가 아니라 배치를 향해 나아가고, 배치를 이루고, 배치에서 떠나가는 신체에 대해, 각각이 서로에게 깃드는 그러한 신체에 대해 말한다. "아주 불특정한 시간 불특정한 장소에서 자기 자리로부터 조금, 단지 움직임이 조금 바뀌었다고 말할 수 있을 정도로 비껴났다는 것을. [만일 그들이] 방향을 바꾸지 않았다면 (…) 모든 것은 아래로, 마치 빗방울처럼 아래로 깊은 허공을 통하여 떨어질 것이고 기원들 사이에 충돌도 생기지 않았을 것이고, 타격도 일어나지 않았을 것이다. 그렇다면 결국 자연은 아무것도 창조해내지 못했을 것이다."[49] 루이 알튀세르는 정치

---

48   Mitchell, *What Do Pictures Want*, p. 149.

49   Lucretius, "On the Nature of the Universe," p. 126. 루크레티우스는 초자연적인 신체나 힘을 상정하지 않는다. 그리고 우리가 때때로 영적인 경험을 하는 것처럼 느껴지는 것은 단지 몇몇 종류의 신체들과 신체들의 집합이 인간의 감각 지각의 문턱 아래에 존재하고 있기 때문이다.

적 사건이 원자들의 우연한 만남으로부터 비롯된다고 보며, 이를 '마주침의 유물론'이라 말한다.[50] 기원들의 일탈이 의미하는 것은 세계가 결정된 것이 아니라는 것, 우연이라는 요소가 사물의 중심에 위치하고 있다는 것만이 아니라, 영혼이 없다고 여겨지는 사물이 실은 생명을 갖고 있다는 것을, 사물의 깊숙한 곳에는 설명할 수 없는 생기 또는 에너지가 있다는 것을, 우리와 다른 신체들로부터 독립하여 작용하는 순간과 그것에 저항하는 순간에 대해 긍정한다는 것이다. 즉, 그것은 사물-권력을 긍정한다.

루크레티우스의 『사물의 본성에 관하여』의 수사는 실재론적이고, 권위 있는 목소리로 전달되며, 우리 이전에 존재했고 더 오래 존재해온 자연을 설명하고 있다. 여기에는 존재의 가장 작은 구성 성분('기원')이 있으며 그것들을 지배하는 연합의 원칙이 있다.[51] 이러한 실재론을 비판하는 건 쉬운 일이다. 루크레티우스는 물자체에 대해 탐구하지만, 그것은 이미 거기에 없다. 혹은 적어도 우리에게는 그것을 이해하거나 알 수 있는 방법이 없는데, 왜냐하면 사물이 이미 인간에 의해 포착되고 적응되었기 때문이다. 사물이 대상으로 전환되는 것은

---

50   Althusser, "Underground Current of the Materialism of the Encounter," p. 169. "이탈과 마주침이 없다면 기원은 단지 **추상적인** 원소일 뿐이다. (…) **이탈과 마주침** (…) (에 앞서) 그것들은 단지 환영과 같은 존재에 지나지 않았다고 말할 수 있을 정도로 말이다."(같은 글).

51   루크레티우스의 물리학은 종교를 거부하는 그의 입장, 본질적인 물질의 운동성을 통해 필연적으로 형성되는 기원의 재형성으로서 죽음을 바라보는 그의 주장, 그리고 누군가가 현재의 물질적 배열 내에 존재하는 동안 도덕적으로 어떻게 살아가야 하는지에 대한 그의 윤리적 조언의 기초가 된다.

무언가가 우리의 의식에 나타나기 시작하는 바로 그 짧은 순간에 발생한다. 아도르노는 마르틴 하이데거의 현상학도 이러한 접근을 취하고 있다고 명시적으로 지적하는데, 그는 하이데거의 현상학을 "이차적 본성으로 된 주관적 정립들이라는 중간층, 즉 사유가 자기 주위에 쌓은 벽들을 깨뜨리려 하는 실재론"이라 해석했다. 하이데거의 목적인 "아무 형식 없이 순수하게 사물들만을 근거로 철학을 하려는 것"[52] (ND, 78)은 아도르노에게는 달성할 수 없는 시도라 여겨지며, 그러한 시도는 비동일성에 대한 폭력적인 '분노'를 생산하게 된다.[53]

하지만 카프카의 이야기, 설리번의 여행기, 베르나츠키의 사유, 그리고 콜드스프링레인의 배수관에 대한 나의 설명과 같이, 루크레티우스의 시는 우리에게 물질의 생기에 대해 감각적이고, 언어적이고, 상상적인 주의를 기울이도록 하는 잠재력을 갖는다. 단순하지만 야심만만한 그러한 이야기들의 이점은, 비록 그것들이 "물질성을 다룬 인간의 결과물에 수반된 비유적 작업, 심리학적 작업, 현상학적 작업을 인정하지 않지만," "우리에게 더 친숙한 페티시화, 즉 주체, 이미지, 단

52   아도르노는 "인식의 주관적 감옥에 대한 권태"가 하이데거에게 "주관성을 초월하는 것이 인식에 대해 직접적이며, 인식이 개념을 통해 초월적인 것을 오염시키지 않으리라는 확신을 불러일으킨다"고 말한다(ND, p. 78). 하지만 나는 하이데거가 직접성에 대한 주장을 한다고 생각하지 않는다. 하이데거의 『사물이란 무엇인가(What Is a Thing)』를 참조할 것.
53   마르크스 역시 소박한 실재론은 극복되어야 하는 철학이라고 주장했다. 그는 데모크리토스의 '형이상학적 유물론'에 대한 그의 박사학위 논문에서 소박한 객관주의에 반대하며 결국 자신의 '사적 유물론'을 정의하는 것에 이른다. 사적 유물론은 물질이 아니라 인간의 권력이 좌우하는 사회경제적 구조에 주목한다.

어의 페티시화를 통해 너무나도 손쉽게 배제되어온 질문들의 힘을 공언한다는 명목을 내세우며" 그렇게 한다는 데 있다.[54]

54   이것은 「사물 이론(Thing Theory)」 pp. 6-7에 있는, 아르준 아파두라이의 『사물의 사회적 삶 (The Social Life of Things)』에 대한 빌 브라운의 설명이다.

2장 배치들의 행위성

아마도 **사물-권력**이 갖는 수사적인 이점은, 생기를 갖는 모든 존재, 그중 일부는 인간이고, 일부는 인간이 아닌, 일부는 유기적이고 일부는 무기적인 존재들로 가득한 세계에 대한 어린 시절의 감각을 불러일으킨다는 것에 있다. 사물-권력은 대상이 표현하거나 종속하는 인간의 의미, 설계, 목적을 초월하여 대상의 효능에 주의를 기울이도록 한다. 따라서 사물-권력은 생명-물질의 이분법 그리고 성인의 경험을 지배하는 조직 원리를 넘어서서 사고하도록 하는 좋은 출발점이 될 수 있을 것이다. 하지만 그 용어의 단점이 있다면, 물질성에 대한 고정된 안정성이나 사물성을 과장하는 경향이 있다는 점인데, 이와 달리 나의 목적은 실체, 물질, 연장$_{extension}$뿐 아니라 힘, 에너지, 강도라는 점에 초점을 맞추어 물질성을 이론화하는 것이다. 여기서 **외-부**라는 용어를 쓰는 것이 더 적절할 수 있다. 스피노자의 돌, 절대적 야생, 부드러운 목초지, 영리한 오드라덱, 움직이는 봉납품, 어떠한 과정에 놓인 무기질, 예상할 수 없는 비동일성 등, 이것들은 전부 수동적인 객체나 고정된 실체가 아니다(그것들은 의도하는 주체 역시 아니다).[1] 그것들은 전부 생동하는 물질을 암시하고 있다.

---

[1]　이 목록은 모리스 메를로퐁티의 방사하는 물질까지도 포함할 수 있다. 예를 들어 "주체

사물-권력이 갖는 두 번째 단점은 그것이 함의하고 있는 개체주의적 관점, 다시 말해, '사물'이라는 용어가 행위성에 대한 집합적 이해보다는 원자론적인 이해를 하도록 만들 위험이 있다는 점이다. 매우 작고 간단한 신체나 조각이 생기적 자극, 코나투스 혹은 **클리나멘** clinamen 등을 표현할 수 있을지는 몰라도, 행위소는 절대 홀로 작용하지 않는다. 그것의 효능이나 행위성은 언제나 수많은 신체와 힘의 상호작용적인 간섭, 협력, 공동 작용에 의존한다. 비인간 사물들이 사회적 구성물이 아니라 행위자로 간주된다면 또는 인간 그 자체가 자율적인 존재가 아닌 생기적 물질성들로 간주된다면, 행위성 개념에 많은 변화가 일어날 것이다.

이 장에서 나는 2003년 북아메리카에서 5000만 명에게 영향을 미친 정전 사태를 분석하며 **분산된** 행위성에 대한 이론을 전개할 것이다. 나는 전기 송전선망을 행위적 배치로서 간주하며 분석할 것이다. 배치의 행위성을 우리에게 더 익숙한 행위를 다루는 이전 이론들, 가령 인간의 의지나 의도 또는 상호주관성이나 (인간의) 사회적이고 경제적이고 담론적인 구조를 중심에 두는 이론들과 어떻게 비교할 것인가? 인간과 비인간 요소의 연합으로서 행위성을 이해하는 일이 도덕

에 대하여 행동으로서 스스로를 드러내는" 가위와 가죽 조각 혹은 어떠한 주관적 결정으로도 환원할 수 없는 방향적 힘을 지닌 인간 팔의 '운동 지향성' 같은 것들 말이다(Merleau-Ponty, *Phenomenology of Perception*, p. 106, 110). 우리는 여기에 나이키 광고에 등장하는 운동과 관련된 실체들(체조선수처럼 움직이는 농구공, 그리고 농구공처럼 움직이는 체조선수, **혹은 새떼**처럼 움직이는 일군의 사이클 선수들, 그리고 일군의 사이클 선수처럼 움직이는 새떼)도 포함할 수 있다. 이 광고에 주목할 수 있도록 조언한 매슈 슈어러에게 감사를 표한다.

적 책무와 정치적 책임에 대한 기존의 개념을 어떻게 전환시킬 수 있
는가?

이러한 질문에 답변하는 데에는 두 가지 철학 개념이 요긴하다.
하나는 스피노자의 '정동적' 신체이고 다른 하나는 질 들뢰즈와 펠릭
스 가타리의 '배치'다. 따라서 나는 이 두 가지 개념을 먼저 간략히 조
망한 뒤, 대규모 정전 사태에 대한 분석을 통해 외-부를 심도 있게 다
루고 '행위성'의 분산된 특징에 집중하고자 한다.

정동적 신체들

스피노자의 의욕적 신체는 지속적으로 다른 신체들에 의해 변용
되고 다른 신체를 변용시키는 신체의 본성을 강조하는, **연합적인** 신
체 또는 (또 다른 표현으로는) **사회적** 신체라 할 수 있다. 들뢰즈는 이 부
분에 대해 다음과 같이 자세히 설명하고 있다. 다른 신체들을 변용시
키는 신체의 권력은 그 스스로도 변용하고 "[다른 신체들에] 대응하며
분리되지 않는" 역량을 포함한다. "두 가지의 동등한 현실적인 권력이
있는데, 하나는 행위하는 힘이고, 다른 하나는 행위를 견뎌내는 힘이
다. 두 가지는 서로가 서로에게 반대로 작용하지만, 그것의 합은 일정
하고 동시에 끊임없이 유효하다."[2] 스피노자가 말하는 의욕적인 그리
고 서로 조우하는 경향을 지닌 신체 개념은, 모든 사물이 동일한 '실
체'의 '양태들'이라고 보는 존재론적 시각이라는 맥락에서 연원한 것

---

2   Deleuze, *Expressionism in Philosophy*, 93

이다.[3] 모든 구체적인 사물은, 가령 "신발, 배, 양배추, 왕"(마틴 린이 제시한 항목들)[4] 또는 장갑, 쥐, 병뚜껑 그리고 그것의 생기를 논하는 인간 화자(내가 제시한 항목들)는 주체도 객체도 아니고, 단지 스피노자가 'Deus sive Natura'(신 또는 자연)이라 말한 것의 한 양태인 것이다.[5]

스피노자는 모든 양태는 그 자체로 많은 단일한 신체들의 모자이크 조직 또는 배치라고 주장하는데, 들뢰즈가 지적했듯이, 스피노자에게 "다른 어디선가에서 유래한" 부분들, "무수히 많은 연장된 부분들로 실제 구성되지 않은 양태들은 없다."[6] 흥미롭게도 루크레티우스 역시 모자이크형을 사물들이 본질적으로 존재하는 방식이라 보았다. "그것의 본성을 바라볼 수 있는 모든 사물들 중 그 어떤 것도 하나의 종류의 기원만으로 구성된 것은 없으며 잘 뒤섞인 씨앗으로 창조되지 않은 것도 없다. 이러한 진리를 확실히 봉인하고 보관해둘 것을 명심하고 기억해두어라." 루크레티우스는 내적 다양성의 정도를 사물이 소유한 **권력**의 정도와 연결시킨다. "그리고 자신 안에 더 많은 힘을 갖고 있는 것이라면 그 무엇이든지 가장 다양한 종류의 기원으

3   스피노자에 의하면, 실체는 "그 밖의 어떤 것으로부터도 산출될 수 없다. 왜냐하면 자연에는 실체와 그것의 변용들 이외에는 아무것도 존재하지 않기 때문이다"(Ethics, pt. 1, proposition 6, corollary). 또한 "실체란 그 자체 안에 있으며 그 자체에 의하여 파악되는 것이다"(Ethics, pt. 1, definition 3).

4   Lin, "Substance, Attribute, and Mode in Spinoza," p. 147.

5   "개개의 사물들은 신의 속성의 변용들, 또는 신의 속성이 일정하고 결정적인 방식으로 표현된 양태들일 뿐이다."(Ethics, pt. 1, proposition 25, corollary)

6   Deleuze, Expressionism in Philosophy, p. 201

로 만들어지며 다양한 모양을 취한다는 것을 알 수 있다."[7] 곧 살펴보 겠지만, 스피노자 역시 비슷한 부분을 지적한다.

스피노자는 단일한 신체들(아마 **원시-신체**들이 더 적절한 용어일 것이 다)과 그러한 신체들이 형성하는 복합적이고 모자이크형인 양태들 모 두가 의욕적이라고 본다. 전자의 경우, 코나투스는 완고함 혹은 버티 려는 관성적 경향으로 표현되며, 후자의 경우 코나투스는 부분들 사 이에 존재하는 '움직임과 정지'의 특수한 관계 그리고 양태를 있는 그 대로 규정하는 관계를 유지하기 위해 필요한 노력을 뜻한다.[8] 이러한 지속은 언제나 지속적인 창조를 수반하기에, 동일한 것이 단순히 반 복되는 과정으로 여겨질 수 없다. 왜냐하면 각각의 양태들은 다른 양 태들이 자신에게 가하는 행위를, 각각의 양태를 특징짓는 움직임과 정지의 관계를 와해시키는 행위를 겪어내고, 모든 양태는 자신이 지 속하기 위해서 자신들이 겪어내는 변화와 변용을 창조적으로 상쇄하 기 위한 새로운 마주침을 추구해야만 하기 때문이다. 여기서 '양태'라 는 말은 연합들을 형성하고 배치들에 진입하는 것을 뜻한다. 그것은 다른 양태들을 변화시키고(양태화하고) 다른 양태들에 의해 변화된다. 그러한 변화의 과정은 하나의 양태의 제어하에 일어나는 게 아니다. 어떠한 양태도 위계적인 의미를 지닌 행위자가 아니다. 언제나 우연이 라는 요인에 종속되어 있으며 모든 마주침에 내재하는 우연성에 종

---

7   Lucretius, "On the Nature of the Universe," p. 135.

8   Deleuze, *Expressionism in Philosophy*, p. 230을 참조할 것.

속되어 있는 (변화하는 하나의 집합으로서의) 다른 양태들의 (변화하는) 변용에 맞서 각각의 양태들이 견디고 다투기 때문에, 긴장이 없는 변화 과정은 없다.[9]

의욕적인 실체는 그 자체로 연합하는 신체로, 다시 말해, 자신의 권력을 향상시키기 위한 목적 아래 서로 군집하려는 복합적인 신체들로 변한다. 예를 들어 스피노자는 한 신체가 연합할 수 있는 다른 신체들의 종류가 많을수록 좋다고 말한다. "왜냐하면 외부의 신체들로부터 많은 방식으로 자극받아 변화하는 데 유능하면 할수록 정신은 사유하는 데 더욱더 유능해지기 때문이다"[10]

내가 풍부하면서도 논쟁의 여지가 있는 스피노자의 철학으로부터 가져오고 싶은 핵심 아이디어와 생기적 유물론을 주장하기 위해 다루고자 하는 아이디어는, 신체들은 **이질적인 배치로서 혹은 이질적인 배치 내에서** 자신의 권력을 향상시킨다는 것이다. 이렇게 **행위성**에 대한 개념을 새롭게 규정함으로써 말하고자 하는 바는, 여태껏 그 말을 통해 나타내고자 했던 일종의 효능이나 효과가, 인간의 신체 내부

---

9   로지 브라이도티는 스피노자주의에서 갈등의 장을 강조한다. "스피노자의 코나투스를 나타내는 다른 단어가 있다면 (…) 자기-보존일 것인데, 그것은 개체주의적 의미가 아니라 (…) 본질의 현실화 혹은 생성하려는 존재론적 충동의 현실화라는 의미를 갖는다. 이 과정은 다른 힘과 상호 연결되어 갈등과 충돌이라는 결과를 낳기 때문에, 자동적이거나 본질적으로 조화로운 과정이라 말할 수 없다. 지속할 수 있는 생성의 흐름을 위한 디딤돌로서 교섭이 이루어져야만 한다. 주변 환경과 신체적 자아의 상호작용은 신체의 코나투스를 증가시키기도, 감소시키기도 한다."(Braidotti, "Affirmation versus Vulnerability," p. 235)

10   Spinoza, *Ethics*, pt. 4, appendix, no. 27.

의 역량 혹은 (오직) 인간의 노력만을 통해 집단적으로 생산되는 역량으로 간주되는 것에서 벗어나, 존재론적으로 이질적인 장에 분배되는 것이 되었다는 점이다. 이 책의 문장들 역시 수없이 많은 거시적이고 미시적인, 분투하는 행위소들의 연합적인 행위성으로부터 창발한 것이라 볼 수 있다. 다시 말해, 관여하는 행위소 중 일부만을 나열해보자면, 이 책의 문장들은 '나의' 기억, 의도, 견해, 장내 세균, 안경, 혈당뿐 아니라 플라스틱 컴퓨터 키보드, 열린 창에서 들려오는 새의 지저귐, 방의 공기와 미립자로부터 창발한 것이다. 이 페이지의 내용들은 특정한 정도의, 어느 정도 지속하는 권력을 지닌 동물-식물-무기물-목소리가 이루는 집단이다. 즉, 여기서 전개되는 내용은 들뢰즈와 가타리가 말하는 배치다.

배치란 무엇인가?

20세기 말, 많은 이들은 군대에서 '작전 구역'이라 말하는, 여러 사건이 펼쳐지는 장소가 극적으로 확장되기 시작했다고 보았다. '세계화'가 나타났고 지구 그 자체가 사건들이 일어나는 하나의 장이 되기 시작한 것이다. 이러한 거대한 전체의 각 부분은 서로 밀접히 연결되어 있으며 강하게 대립한다. 이렇게 각 부분 사이의 상호의존성 및 마찰과 폭력이 서로 공존한다는 사실은 부분-전체 관계에 대한 새로운 개념화가 필요하다는 결론으로 이어진다. 각 부분이 전체에 복종한다고 말하는 유기체 모델은 여기서 거부된다. 일시적이지만 어느 정도 전체로서 작용하는 부분들 사이의 관계를 지칭하는 새로운 방식으로 네트워크, 그물망, 제국을 생각해볼 수 있다.[11] 나는 들뢰즈와 가타리를 따라, 사건이 일어나는 공간 그리고 그것이 구조화되는 양식을 설명하기 위한 요량으로 **배치**라는 용어를 선택한다.

배치는 여러 종류의 생동하는 물질들 그리고 다양한 요소들을 일시적으로 묶은 것이다. 배치는 그것들 내부에서 배치를 혼란스럽게 만드는 지속적인 에너지의 존재에도 불구하고 기능할 수 있는 살아 있는 연합이자 진동하는 연합이다.

다양한 정동과 신체가 지나가는 길의 몇몇 지점 중 일부가 다른 곳에 비해 훨씬 혼잡하다는 점, 그래서 권력이 배치의 표면에 동등하게 분배되어 있지 않다는 점 때문에, 배치는 평평하지 않은 지형으로 여겨진다.

배치는 중심적인 지휘자에 의해 지배되지 않는다. 집단의 궤도나 영향을 지속적으로 규정할 수 있을 정도로 충분한 능력을 가진 물질의 유형이나 물질성은 없다. (새로운 유물론으로의 변화, 정전 사태, 허리케인, 테러와의 전쟁 같은) 사건을 발생시키는 배치의 능력이 서로 고립되었다고 여겨지는 하나하나의 물질성이 지닌 생기적인 힘의 합과 구별된다는 점에서, 배치를 통해 생성되는 효과는 창발된 성질이라 할 수 있다. 배치를 이루는 각각의 구성 요소 및 원시-구성 요소는 전부 특정한 생기적 힘을 갖고 있으나, 그러한 요소 간 묶음의 고유한 효과 역

---

11   라투르의 『사회적인 것의 재구성(*Reassembling the Social*)』, 바렐라의 「유기체(Organism)」, 하트와 네그리의 『제국(*Empire*)』, 『다중(*Multitude*)』을 참조할 것.

시 존재한다. 그것이 바로 배치의 행위성이다. 그리고 각각의 구성-행위소가 지닌 힘의 진동이 배치의 힘의 진동과 살짝 '어긋나기' 때문에, 배치는 둔감하고 안정적인 덩어리가 될 수 없으며, 언제나 개방되어 있고 집단적인 '통일할 수 없는 합'이라 할 수 있다.[12] 따라서 배치는 다른 것과 구별되는 형성의 역사를 갖고 있을 뿐 아니라 동시에 유한한 수명을 갖는다.[13]

전기 송전선망은 배치의 좋은 사례다. 그것은 서로 연합된 대전체帶電體 부분들이 이루는 물질적인 집단으로, 망의 각 부분은 특수한 효과를 내기에 충분한 근접성과 상호조정을 유지하고 있다. 비록 각 부분의 조정이 유기체 수준에 다다르지는 못하지만, 배치의 각 요소는 공동으로 작동한다. 그러한 배치가 어느 정도 안정화되면, 그것은 자신으로부터 벗어나려 하고 내부로부터 자신을 방해하려는 에너지와 내부 분열을 견뎌낸다. 또 나의 목적과 관련하여 특히 주목하고 싶은 부분은, 이러한 배치의 요소들이 인간과 인간의 (사회적이고 법적이고 언어적인) 구성물뿐 아니라 전자, 나무, 바람, 불, 전자기장 같은 매우

---

12   이 용어는 패트릭 헤이든의 「질 들뢰즈와 자연주의(Gilles Deleuze and Naturalism)」에서 가져온 것이다. 베르그송에게도 우주는 통일할 수 없는 합이자 "주어지지 않은 전체"로 여겨지는데, 왜냐하면 우주의 진화는 새로운 구성 요소를 생성하고 그렇기에 끊임없이 변화하는 일련의 효과를 만들어내기 때문이다. 세계는 움직임과 창조의 "불가분적 과정"이고, "그 과정에 극단적 우연성이 있고, 선행하는 것과 잇따르는 것 사이에 통약불가능성이 존재한다. 즉, 거기에는 지속이 있다". 베르그송의 『창조적 진화(Creative Evolution)』의 p. 29n1 그리고 이 책의 4장을 참조할 것.

13   마크 본타와 존 프로테비는 배치(agencement)를 "'일관성' 또는 창발적 효과로 맞물리는 이질적인 물질들의 자기 정렬적인 힘의 능력을 통해 창발하는 효과를 드러내는 강도적 네트워크나 리좀"이라고 정의한다(Bonta and Protevi, Deleuze and Geophilosophy, p. 54).

능동적이고 강력한 비인간 요소를 포함한다는 점이다.

배치를 형성하는 정동적인 신체들의 이미지를 통해, 나는 행위에 대한 인간-중심적인 이론의 한계를 강조할 수 있게 되었고, 인간과 비인간의 구별을 횡단하는 행위와 책임에 대한 이론, 대중문화, 사회-과학적 탐구의 몇몇 실천적인 함의를 탐구할 수 있게 되었다.

정전 사태

정전 사태가 일어난 다음 날,《인터내셔널 헤럴드 트리뷴》은 "송전선들, 발전 장치들 그리고 변전소들로 이루어진 광대하면서도 어슴푸레한 이 연결망은 (…) 그것이 만들어진 이래로 가장 거대한 장치였다. (2003년 8월 14일) 화요일, 연결망의 심장은 불규칙하게 진동했고 (…) 그것은 심지어 전문가들에게도 이해할 수 없을 정도로 복잡했으며, (그 연결망은) 자신의 신비로운 규칙에 따라 살아나기도 때때로 죽기도 한다"고 보도했다.[14] 연결망의 "심장이 불규칙하게 진동했다"라는 표현 그리고 "자기 자신의 규칙에 따라 살아나고 죽는다"라는 표현은 의인화된 표현이다. 8장에서 더 자세히 논할 예정이나, 이러한 의인화는 분명 그 나름의 장점을 가진다. 여기서는 이러한 표현을 통해 연결망을 단순히 기계나 도구로 여기는 시각이 부적절하다는 사실을, 다시 말해 연결망을 외부의 목적에 종속되고 외부로부터 조직된 일련의 고정된 부분들로서 간주하는 시각이 부적절하다는 사실을 강조할 수

---

14   Glanz, "When the Grid Bites Back".

있다는 점만 지적하도록 하자.

생기적 유물론자에게 전력망은, 일부의 행위소만 나열하자면, 석탄, 습기, 자기장, 컴퓨터 프로그램, 전자류, 이윤 동기, 열, 생활양식, 핵연료, 플라스틱, 숙련이라는 환상, 정전기, 법률, 수분, 경제 이론, 전선, 나무 등으로 이루어진 불안정한 혼합물로 더 잘 이해된다. 각 부분 사이에는 언제나 어느 정도의 충돌이 존재했으나, 2003년 8월 며칠 동안 미국과 캐나다에서의 불협화음은 매우 거대했고, 그 결과 각 부분 사이의 조화가 불가능한 지경에 이르렀다. 북아메리카의 정전 사태는 전압 붕괴 그리고 전력망으로부터의 자기-방어적 후퇴, 그리고 인간의 결정 및 소홀함으로부터 비롯된 캐스케이드의 마지막 지점이었다.[15] 그 전력망에는 과도한 열이 발생할 징후가 생길 때마다 배치의 각 부분 사이의 연결을 끊는 여러 밸브와 회로차단기가 존재했다. 예를 들어, 발전 장치는 '완전 여기勵起, excitation'[16] 상태로 진입하기 직전이나 "시스템 전압이 너무 낮아 팬, 분쇄기, 펌프 같은 발전기의 보조 장치에 전력을 제공하지 못할 때" 정지한다.[17] 8월의 그날에 일어났을 법한 일을 서술하자면, 오하이오 주와 미시간 주에서 일어난, 처음에

---

15 [옮긴이] 캐스케이드는 여러 개체가 직렬적으로 연결되어 있는 구조에서 각 개체가 연쇄적으로 움직이며 계단식으로 다음 개체에 영향을 미치는 것을 뜻한다. 가령, 1-2-3-4-5의 구조에서, 1의 영향이 2에, 1, 2의 영향이 3에, 1, 2, 3의 영향이 4에, 1, 2, 3, 4의 영향이 5에 미친다는 것이다. 정전 사태는 여러 개체의 영향이 연쇄적으로, 계단식으로 이어진 마지막 결과다.

16 Nosovel, "System Blackout Causes and Cures".

17 U.S.-Canada Power Outage Task Force, "Initial Blackout Timeline".

는 관련이 없었던 발전기의 여러 중단 사태가 송전선의 전자류 패턴의 변화를 야기했다. 뒤이어서 하나의 송전선을 태운 소규모 화재가 이후 여러 묶음의 배선에 영향을 미친 뒤에 그러한 변화가 다른 전선들에 연속적인 과부하를 일으켰으며 그 결과 선들 사이의 연결이 끊기는 일이 계속하여 발생하게 되었다. 그렇게 발전기 하나가 전력망으로부터 분리된 이후, 나머지 발전기들은 더 많은 압력을 받게 되었다. 불과 1분 사이에, "이리호 주변의 (2174MW의 부하를 받은) 20개의 발전기가 작동을 중단하게 되었다."[18]

전문가들은 그 캐스케이드가 대략 2만 4000평방킬로미터에 있는 5000만 명의 사람들에게 영향을 미치고 22개의 원자로를 포함하여 100개가 넘는 발전 장치를 중지시킨 이후 스스로 멈춘 이유를 여전히 이해하지 못하고 있다.[19] 미국-캐나다 정전 사태 조사단의 보고서는 행위자가 작용한 여러 장소를 지적하면서 그 캐스케이드가 어떻게 시작되었는지에 대해 확신하고 있다.[20] 그것에는 다음과 같은 것들이 포함되는데, 우선, '유효전력'과 '무효전력'으로 내적 분화하게 된 **전기**(이에 대해서는 이후 자세히 언급할 것이다), 그것을 구성하는 기계장치들

---

18   같은 글, p. 6. 노소벨에 의하면, "이번 소동을 살펴본 결과 보호 시스템이 정전 사태와 관련된 사건의 70%와 관계되어 있음이 밝혀졌다"(Novosel, "System Blackout Causes and Cures," p. 2).

19   Di Menna, "Grid Grief!"

20   조사단은 캐나다의 총리 장 크레티앵과 미국의 대통령 조지 부시가 지명했다. 조사단의 첫 번째 보고서(2003년 9월 12일 제출)는 2003년 8월 14일 미국의 동부 시각을 기준으로 오후 2시 2분에서 오후 4시 11분까지 발생한 20건의 전력망 '사건'을 다루고 있다.

은 과도하게 보호받았지만 관리 인원이 부족했던 **발전 장치**. 어느 정도 이상의 열을 받으면 전자류를 전송할 수 없게 되는 **송전선**. 오하이오 주에서 일어난 **소규모 화재**. 합법적이고 불법적인 수단을 통해 기반 시설을 유지, 보수하지 않은 채 연결망을 착취에 가까울 정도로 이용한 엔론의 **퍼스트에너지**와 그 밖의 전력 회사들. 그것이 불러올 결과를 고려하지 않은 채 전기를 더 많이 사용하도록 장려한 정부로부터 영향을 받아 전기 수요량을 늘린 **소비자**. 1992년 에너지정책법에 따라 연결망에 대한 규제를 철폐하여, 전기의 송전 및 배급과 생산을 분리시키고 전력민영화를 가속화한 **연방 에너지규제위원회**. 배치 내의 이러한 의욕적인 신체들에 대해 이제부터 좀 더 자세히 논할 것이다.

첫 번째로, 비인간인 전기에 대해 살펴볼 것이다. 전기는 암페어라는 단위로 측정되는, 전류 안에서 움직이는 전자의 흐름이다. 그 전류(선을 통해 그것을 밀어내는 압력)의 힘은 볼트라는 단위로 측정된다. 북아메리카의 전력망 같은 시스템에서, 전류와 전압은 한 쌍의 파동처럼 계속하여 진동한다.[21] 두 파동이 서로 위상이 맞게 되면(정확히 같은 시간에 상승하고 하락하게 되면), 파동은 램프나 헤어드라이어, 다른 전자기구에서 주로 이용되는 전력인 유효 전력을 갖게 된다. 그러나 (냉장고나 에어컨에 있는 전동기 같은) 몇몇 장치의 경우는 파동들이 서로 동시

---

21   해당 전력망은 AC(교류) 시스템이다. 전기 시스템의 발달에 대한 흥미로운 역사적 설명을 원한다면 존스의 『빛의 제국(*Empires of Light*)』을 참조할 것.

에 진동하지 않을 때 나타나는 무효전력에도 의존한다. 무효전력 자체가 모터를 물리적으로 회전시키는 데 도움을 주는 것은 아니지만, 무효전력은 전체 시스템이 요구하는 전자기장을 유지하는 데 필요한 전압(전기의 압력)을 유지하기 때문에 그것에 수반하는 유효전력의 유지에 있어 매우 중요하다. 너무 많은 장치가 무효전력을 필요로 하는 경우에는 결손이 발생한다. 무효전력의 결손은 정전 사태를 유발한 원인 중 하나다. 그러한 결손이 어떻게 발생했는지 이해하기 위해, 우리는 연방 에너지규제위원회 같은 다른 행위소를 고려해야만 한다.

1992년 연방 에너지규제위원회는 전기의 생산과 배급을 분리하는 법안에 대한 미국 의회의 승인을 얻어내는 데 성공했다. 그 결과 전력회사들은 특정 지역의 어느 발전소에서 전기를 구입하여 그것을 다시 지리적으로 멀리 떨어져 있는 공공시설에 판매할 수 있게 되었다. 결국 장거리 전력 거래량은 늘어났으며 송전선에 걸리는 부하가 크게 증가했다. 하지만 여기서 문제가 생긴다. "송전선들에 걸리는 부하가 더 늘어날수록, 그것들은 적절한 송전 전압을 유지하기 위해 요구되는 무효전력을 보다 많이 소비하게 된다."[22] 무효전력은 거리가 멀어짐에 따라 급격히 소산되므로 먼 거리에 있는 곳에 공급하기 힘들고, 그래서 무효전력은 사용될 곳 주변에서 생산하는 것이 가장 바람직하다.[23] 발전소는 기술적으로 많은 양의 무효전력 여분을 생산할 수

22   U.S.-Canada Power Outage Task Force, "Initial Blackout Timeline," p. 2.
23   Novosel, "System Blackout Causes and Cures," p. 2.

있지만, 무효전력의 생산이 판매 가능한 전력 생산량을 **줄이기** 때문에, 발전소로서는 그렇게 할 금전적 유인이 없다. 더욱이 새로운 규제 하에서 송전 회사는 필요한 양의 무효전력을 만들어내기 위해 발전소를 짓도록 강요할 수가 없다.[24]

전체 전력망에 필수적인 무효전력의 수익성이 이렇게 떨어졌기에, 무효전력의 공급량은 곧 부족해질 수밖에 없었다. 여기서 개릿 하딘이 말한 공유지의 비극이 나타났다. 무효전력을 소비하는 각각의 사용자가 무료로 제공되는 그 상품을 더 많이 소비하는 것은 합리적이나, 전체적으로 봤을 때 그러한 행위는 자원을 고갈시킨다는 점에서 비합리적이다. 유한한 자원의 세계에서, "공유지의 자유는 모두에게 파멸을 안겨줄 따름이다".[25]

무효전력이 고갈된다는 상황은, 에너지를 거래하는 대륙 규모의 거대한 시장을 만들어낸, 규제를 옹호했던 사람들이 예상하지 못했던 사태였다. 그들의 행위는 예기치 않은 결과로 이어졌다. 혹은 생기적 유물론의 용어로 표현하자면, 그들은 "행위에 의한 약간의 놀라움"을 겪었다. 이 구절은 브뤼노 라투르의 것인데, 이는 행위 자체에 고유한 효과를 가리키는 것이고, 그것은 오직 행동이 실제로 이루어질 때만 나타나기에 원리상 행위소의 모든 목적, 경향, 특징에 독립적이다. "객체도 주체도 없다. (⋯) 오직 사건들만이 있다. 나는 절대 **행위하지 않**

---

24   Lerner, "What's Wrong with the Electric Grid?"
25   Hardin, "Tragedy of the Commons".

는다. 나는 항상 내가 한 것에 의해 약간 놀란다."[26]

라투르의 말대로, 행위에 의한 약간의 놀라움은 인간의 행위에 제한되는 게 아니다. "나를 통해 행위하는 것 역시 내가 하는 것에 의해, 변형할 수 있고 변화할 수 있고 분기할 수 있는 우연에 의해 (…) 놀라게 된다."[27] 앞서 살펴본 사례에서도, 전기 역시 행위소로 작용했으며 그것의 분투 역시 우발적인 효과를 낳았다. 예를 들어, "태평양 연안 북서부에서 유타 주로 전력 수송을 하는 경우, 33%는 남부 캘리포니아를 지나고 30%는 애리조나 주를 통과하는데, 이것은 우리가 상상할 수 있는 모든 계약 경로와는 거리가 멀다."[28] 2003년 8월, "이리 호의 남부 호숫가에 있는 송전선들의 연결이 끊어진 이후, 그 경로를 따라 흘렀던 전력은" 극적이고 매우 놀라운 방식으로 자신의 행동에 변화를 주었다. 그것은 "즉시 **방향을 전환하여** 펜실베이니아에서 뉴욕, 온타리오를 지나 미시간 주를 향해 **반시계 방향으로 거대하게 회전하며 흐르기 시작했다**."[29] 오하이오 주를 기반으로 하는 회사로서, 그 회사의 이스트레이크 발전소가 캐스케이드를 처음 유발한 행위소였기에 비난의 첫 대상이 되었던 퍼스트에너지의 대변인은 정전 사태에 대한 회사의 책임을 최소화하기 위해, 정전 사태를 분석할 때에는 "판매자에게서 구매자에게 공급된 전력이 정해진 경로를 벗어나 다른

26   Latour, *Pandora's Hope*, p. 281. 이 책의 7장에서 내가 제기한 논의도 참조할 것.

27   같은 책.

28   Casazza and Loehr, *Evolution of Electric Power Transmission*.

29   U.S.-Canada Power Outage Task Force, "Initial Blackout Timeline," p. 7; 강조는 인용자.

경로를 따를 때 발생하는 폐회로 유랑 현상을, 다시 말해 남쪽으로부터 북쪽으로 이루어진 예기치 못했던 전력의 움직임을 중요히 고려해야 할 필요가 있다"고 말했다.[30] 전자라는 생기적 물질성들의 흐름인 전기는 언제나 움직이고 있으며, 비록 완전히 예측할 수 있는 건 아니지만 언제나 어딘가를 향해 나아가고 있다. 전기는 때로는 우리가 보내고자 하는 곳을 향해 흘러가지만, 때로는 자신이 만나게 되는 다른 신체들에 그리고 그러한 신체들과 행위하고 상호 작용할 수 있는 놀라운 기회들에 즉각적으로 반응하며 나아갈 길을 스스로 선택한다.

정전 사태에 대한 이러한 선택적인 설명에서, 연속체를 따라 분배되어 있는 것으로 여겨지는 행위성은, 변덕스러운 전자의 흐름과 연속적인 화재에서부터 시장의 자기-규제에 대해 신자유주의적 믿음을 가진 의회 의원에 이르기까지 다양한 장소에서 분출한다. 행위자가 무엇인지, 행위자가 무엇을 할 수 있는지에 대해 내가 제시하는 관점과 다른 관점들을 어떻게 비교할 수 있을까?

30   Wald, "Report on Blackout". 퍼스트에너지는 7개의 사업체(Toledo Edison, Cleveland Electric, Ohio Edison, Pennsylvania Power, Pennsylvania Electric, Metropolitan Edison, Jersey Central Power and Light)가 합병하여 생긴 회사이며, 조지 W. 부시와 매우 긴밀한 관계를 맺어왔다. 타이슨 슬로컴이 지적했듯이, "퍼스트에너지의 회장 앤서니 알렉산더는 2000년 대선 당시 부시의 후원자였으며(이는 그가 적어도 10만 달러를 모금했다는 것을 뜻한다) 에너지 부서 인수위원회의 일원으로서 활약했다. 회사의 최고 경영자이자 이사회의 회장인 피터 버그는 2004년 부시와 체니를 위해 50만 달러 이상을 모금한 6월 행사를 주최했다"(Slocum, "Bush Turns Blind Eye to Blackout Culprit").

자발적인 주체와 상호주관적 장

나는 인간-비인간 배치에 의한 작용과 영향으로서의 행위(정전 사태)의 배후에 한 명의 행동가(행위자)가 있다고 말할 수 없다고 주장했다. 이 행위소들의 연합은 도덕적 책임이라는 개념이 잘 들어맞지 않으며 비난의 대상을 특정하기 힘든 정체불명의 생물이다. 평소에는 잘 드러나지 않지만, 어느 정도의 느슨함과 헐거움은 보다 인간중심적인 행위성 개념의 특징이다. 예를 들어, 아우구스티누스는 도덕적 행위성을 자유의지와 연결시켰는데, 『고백록』에서 그가 언급했듯이 인간의 의지는 타락 이후 자신으로부터 분리된다. 의지는 의지의 다른 부분이 신의 뜻과 충돌할 때조차도 거리끼지 않는다. 더욱이 자발적인 행위자는 오직 악의 도움 속에서만 자유롭게 행위할 수 있다. 그들 자신만의 힘으로는 선을 행할 수 없는데, 왜냐하면 그것은 인간의 제어를 넘어선 힘인 신성한 은총의 개입을 언제나 필요로 하기 때문이다. 아우구스티누스에게 행위성이란 명료한 개념도 아니고 자족적인 권력도 아닌 것이다.[31]

칸트에게도 사정은 비슷하다. 그는 행위성을 (인간 이성에 각인된 형태인) 도덕 법칙에 복종하는 인간의 자율적인 의지라는 측면에서 정의하고 싶어 했다. 하지만 윌리엄 코놀리가 지적했듯이, 결국 칸트 역시 악에 대한 타고난 '성벽性癖, propensity'에 의해 의지가 자기 자신으로

---

31   아우구스티누스의 『고백록(Confessions)』 4장 「습관과 의지」를 참조할 것. 이 책의 1장에 있는 주석 7도 참조할 것.

부터 분리된다는 걸 알았고, 거기서 의지는 [악으로의] 성벽에서 나온 준칙에 복종하게 된다.[32] 이것은 단순히 자발적이지 않은 '감성'의 압력에 맞서 의지가 싸운다는 뜻이 아니라, 악에 대한 성벽이 의지 그 자체에 내재해 있다는 것이다. 비록 그 대안을 자유로운 인간의 행위성 또는 수동적이고 결정론적인 물질로 환원했을 때 그에 대한 딜레마와 혼란을 쉽게 피할 수 있음에도 불구하고, 여기서 다시 인간의 행위성은 매우 골치 아픈 개념임이 드러나게 된다.

행위성을 설명하려는 몇몇 신-칸트주의자들은 도덕적 의지보다 고의성(목표를 세우고 규정할 수 있는 권력)을 강조하는데, 여기서 의문은 세계의 다른 힘들이 인간에게 속하는 의도적이거나 목적적인 행동의 몇몇 특징과 유사한지 아닌지의 여부다.[33] 이러한 것들, 그러니까 이러한 종류의 사물-권력을 인정하는 일은, 때로는 인간의 목적과 부합하고 때로는 그것과 대항하는 강력한 실체로서 구조를 묘사하는 사

---

32   Connolly, *Why I Am Not a Secularist*, 166. 코놀리는 칸트의 다음 문장을 인용하고 있다. "이제 그러한 성벽이 인간의 자연본성 안에 놓여 있다면, 인간 안에는 악으로의 성벽이 있는 것이다. 그리고 이러한 성벽 자체를, 결국에는 자유로운 의사 안에서 찾을 수밖에 없고, 그러니까 책임을 물을 수 있는 것이므로, 도덕적으로 악한 것이다. 이러한 악은 **근본적인** 것이다. 왜냐하면 그것은 모든 준칙들의 근거를 부패시키기 때문이다. 또한 동시에 그것은 자연본성적 성벽으로서 인간의 힘으로는 **절멸할 수 없다.** 이것을 절멸시키는 일은 선한 준칙들에 의해서만 일어날 수 있을 터인데, 모든 준칙들의 최상의 주관적 근거가 부패한 것으로 전제된다면, 이러한 일은 일어날 수가 없기 때문이다. 그럼에도 불구하고 악으로의 성벽은 **극복** 가능한 것임에 틀림없다. 왜냐하면 이 성벽은 자유롭게 행위하는 자인 인간 안에서 발견되기 때문이다."(Kant, *Religion within the Limits of Reason Alone*, p. 18)

33   이 부분과 관련하여 카우프만의 『신성의 재창조(*Reinventing the Sacred*)』 6장을 참조할 것.

회과학의 '행위성 대 구조' 논의에서 효력을 가질 수 있다. 하지만 '구조'라는 범주를 통해서는 사물의 힘을 제대로 다룰 수 없다. 왜냐하면 구조는 인간의 행위성에 대한 제약으로서 부정적으로만 작용하거나 행위성의 배경 또는 맥락으로서 수동적으로만 작용할 수 있기 때문이다. 여기서 능동적인 행위나 행위성은 오직 인간에게만 속한다. 왜냐하면 "인간이 인간의 목적을 정의하고 행위를 제한하는 사회문화적이고 생태학적인 주변 환경에 종속된 사회적으로 구성된 존재"라는 사실을 받아들이더라도, "모두가 행위성이 그들 자신의 목적을 실현하기 위해 행동을 취할 때 그들이 내린 의도적인 선택을 의미한다는 주장에 동의할 것"이기 때문이다.[34] 행위자는 '사회적으로 구성되어' 있지만, 구조의 '구성적인' 힘 또는 생산적인 힘은 구조 내에 있는 인간의 의지나 의도로부터 유래한다. 여기서 배치에 고유한 행위성은 없으며, 오직 홀로 행위하거나 서로 협력하는 개별적인 행위성이 드러날 뿐이다. 구조, 환경, 맥락은 분명 결과에 영향을 미치지만, 그것들을 온전히 생동하는 물질이라고는 할 수 없다.

내가 생각하기에 모리스 메를로퐁티가 언급한 행위성에 대한 현상학적 이론 역시 같은 문제를 지적하고 있다. 그의 『지각의 현상학』은 인간의 의지나 지향성 또는 이성에 너무 큰 비중을 두는 것을 피

---

34   Brumfield, "On the Archaeology of Choice," p. 249. 또는 사회학자 마거릿 아처가 지적했듯이, 인간 행위자는 "자유로우며 속박당해 있다. 그것은 우리 자신의 미래를 조형할 능력을 지니지만 동시에 터무니없는 (…) 제약에도 직면하게 된다"(Archer, *Realist Social Theory*, p. 65).

하고자 했다. 그 대신 그는 운동지향성motor intentionality[35]이라는 개념을 통해 인간 행위의 체화된 특징에 집중하고, 상호주관적 장이 제공하는 행위적 기여에 주목한다.[36] 메를로퐁티의 작업에 주목한 다이애나 쿨은 독립적인 행위자와 그러한 개념에 '잔존하는 개인주의'를, 때로는 개별적 인간 내에, 때로는 인간의 생리적 과정 또는 운동지향성에, 때로는 인간의 사회적 구조 또는 '상호세계'에 거주하는 '행위적 능력들'의 '스펙트럼'으로 대체한다. "나는 (행위적 능력의 스펙트럼의 한 극단에서) 전-인격적이고 비-인지적인 신체적 과정을 그려내고, 다른 극단에서는 상호세계를 뒷받침하는 초인격적이고 상호주관적인 과정을 상상한다. 그것들 사이에 특이성들이 있다. 즉, 어떤 것은 상대적으로 개별적이고, 다른 어떤 것은 상대적으로 집단적인 정체성을 가진 현상이 나타나는 것이다."[37]

여태껏 개인적이고 이성적인 주체가 독점해온 행위성을 구출해내려는 쿨의 작업은, 그의 스펙트럼을 더 확장하여 인간의 신체와 상호주관적인 장을 넘어서 생기적 물질성과 인간-비인간의 배치로 나

---

35   "가위, 바늘 그리고 손에 익은 작업 앞에 놓인 주체는 손이나 손가락을 찾을 필요가 없다. 왜냐하면 이것들은 대상이 아니라 (⋯) 가위나 바늘에 대한 지각에 의해서, 이 가위나 바늘을 주어진 대상에 연결하는 '지향적 실마리'의 중심 말단에 의해서 이미 동원된 잠재력들이기 때문이다."(Merleau-Ponty, *Phenomenology of Perception*, p. 106)

36   다이애나 쿨이 언급했듯이, "정치에서 행위적 능력들의 작용은 언제나 이성적인 주체가 발휘하는 행위성을 초월하게 되는데" 왜냐하면 후자가 "그것들의 상호주관적 맥락에 의존하는 변별적인 행위적 능력을 얻게 되기 때문이다"(Coole, "Rethinking Agency," pp. 125-126).

37   같은 글, p. 128.

아가고자 하는 나의 작업에 매우 중요한 기준을 제공한다. 쿨이 제시한 스펙트럼이 개별적 인간에 특권을 부여하지 않는 것은 사실이나, 그 스펙트럼은 인간의 생물학적이고 신경학적인 과정, 인간의 인격, 인간의 사회적 관습과 제도 같은 **인간**의 권력만을 다루고 있다. 쿨이 특히 정치적인 종류의 행위성에 관심을 기울였다는 점 그리고 그녀의 정치학이 주로 인간 문제를 다루었다는 점을 생각해보면, 그녀가 이러한 방식으로 스펙트럼을 제한한 이유를 알 수 있다. 나는 이에 동의하지 않으며, 7장에서 더 자세히 논하겠지만 인민$_{demos}$에 비인간을 포함시키는 것이 가능하다고 생각한다. 예를 들어, 미래의 정전 사태를 예방하는 일은 일련의 협력적인 노력들에 의존할 것이다. 의회는 더 많은 공동선을 추구하는 것과 대치하는 사측의 요구에 맞서 싸울 수 있는 용기를 내야만 할 것이다. 하지만 무효전력 역시 너무 먼 거리를 이동하도록 요구받지 않는다는 조건 아래서 자신의 역할을 다해야만 할 것이다. 비록 메를로퐁티가 그의 유고인 『보이는 것과 보이지 않는 것』에서 자신의 입장을 선회했지만, 생기적 유물론은 인간 주체에 대해 현상학보다도 더욱 급진적인 입장을 취한다.

그 책에서 메를로퐁티는 인간이 행위성의 유일하고도 궁극적인 원천이라는 자부를 무효화하면서 논의를 시작한다. 이는 인간의 활동들, 상호주관적인 신체들, 단어들, 규제들을 따라, 실험적인 파리 대중교통 시스템의 자동차, 전기, 자석이 (단순히 제약으로서가 아니라) 어떻게 긍정적으로 행위하는지를 보여주는 라투르의 『아라미스』도 마찬가지다.[38] 라투르의 후기 작업은 사람들에게 필수품 운반 설비, '인간의 독창성'이 담긴 '플라스틱' 차량, 또는 '사회의 차별을 공고히 하는 순백색의 장막'의 역할 말고도 사물들의 다른 역할에 대해 상상하도록 요청한다.[39]

생기적 유물론자는 원시-신체들의 다른 집합들로 구성된 다양한 물질성들이 서로 다른 힘을 드러낸다는 것을 인정해야만 한다. 예를 들어 인간은 의도를 스스로 정립하는 존재이며 행위 이후 자신의 행위로부터 떨어져 그에 대해 반성할 수 있는 존재로서 여겨진다. 하지만 이러한 경우조차도 인간의 의도적인 반성 역시 인간과 비인간 힘의 상호작용의 산물이라 보는 것이 타당하다. 베르나르 스티글러는 자신의 연구에서 도구를 사용함으로써 내면을 가진 존재, 다시 말해 내면의 심리학적 지형을 가진 존재가 어떻게 생겨나는지 보여주었다. 스티글러는 (원시) 인간의 의식적인 반성이 석기를 이용하면서 처음으로 나타났다고 주장하는데, 왜냐하면 석기의 물질성이 과거의 필요성에 대한 외부 기록으로서, 석기의 기능에 대한 '기록 보관소'로서 작용하기 때문이라는 것이다. 석기(석기의 질감, 색, 무게)는 석기를 이용하는 방식을 계획하도록 하고 다시 떠올리도록 유도하면서, 반성이 이루어지는 최초의 장소를 만들어냈다.[40] 인간성과 비인간성은 언제나 서

---

38   라투르의 『아라미스(*Aramis*)』를 참조할 것. 『아라미스』에 대해 로리에와 필로가 "X-Morphising"에서 제시한 명쾌한 설명도 참조할 것.

39   Latour, Barron, "Strong Distinction," p. 81에서 재인용.

40   스티글러의 『기술과 시간(*Technics and Time*)』을 참조할 것. 나는 여기서 벤 코르손에게 감사를 표한다. 그의 「속도와 기술성(Speed and Technicity)」을 참조할 것.

로 뒤얽히며 약동한다. 인간의 행위성은 언제나 인간성과 비인간성이 뒤얽힌 네트워크였다. 오늘날 이러한 뒤얽힘은 더욱더 무시할 수 없게 되었다.

효능, 궤적, 인과성

테오도르 아도르노는 하나의 개념을 그 개념을 구성하는 부분들로 '풀어놓는 것' 또는 해부하고 분석하는 것이 불가능하다고 주장했다. 우리는 아마도 우리가 어지러움을 느낄 때까지 혹은 비동일성을 더는 무시할 수 없는 지점에 도착할 때까지 개념의 주변을 '선회할' 수 있을 뿐이다. 그런데 우리가 개념의 주위를 선회할 때, 그 개념과 관련된 여러 용어가 무리 지어 우리의 시야에 나타나곤 한다. 행위성을 생각하는 경우에는 (여러 용어 중에서) 효능efficacy, 궤적trajectory 그리고 인과성casuality 같은 용어가 의식에 떠오르게 된다.[41]

효능은 행위성의 창조성 그리고 무언가가 새로 나타나거나 발생하도록 만드는 능력을 뜻한다. 행위성을 **도덕적** 능력으로 정의하는 전통하에서, 그러한 새로운 효과들은 이전의 계획이나 의도에 따라 나타나는 것으로서 이해되는데, 왜냐하면 행위성은 "단순한 움직임이 아닌, 오직 **주체**가 의욕하여 혹은 의도했을 때의 움직임"과 관련된 것

---

41   이 아이디어를 아도르노의 '성좌' 개념과 비교하는 것도 흥미로울 것이다. 아도르노의 『부정변증법(*Negative Dialectics*)』, p. 166을 참조할 것.

이기 때문이다.[42] 이와는 달리, 분산된 행위성에 대한 이론은 주체를 그러한 효과를 야기하는 근본 원인으로 상정하지 않으며, 언제나 작동하는 한 무리의 생기성이 있다고 주장한다. 이 이론의 과제는 그러한 무리의 윤곽을, 그 무리를 이루는 조각들 사이에서 유지되는 관계의 종류를 확인하는 것이다. 여러 효과를 만들어내는 원천을 하나의 무리로서 파악하는 것은 인간의 의도를, 언제나 작용하는 다른 수많은 것들과의 경쟁 관계에 있는 것으로 또는 연합 관계를 맺는 것으로 바라보는 것과 같은데, 왜냐하면 의도는 호수에 던져진 조약돌 혹은 전선이나 신경망을 따라 흐르는 전류와 같기 때문이다. 그것은 다른 흐름과 함께 진동하고 다른 흐름과 합쳐지며, 다른 것을 변용시키면서 또 다른 것에 의해 변용한다. 행위성을 이렇게 이해하는 것은 의도라 불리는 힘의 존재를 부정한다기보다는, 의도를 결과를 내는 상대적으로 덜 결정적인 요인으로 바라본다는 것이다. 이러한 접근은 효능과 도덕적 주체 사이에 있다고 여겨졌던 강한 관계를 완화하여, 반응을 수반하는 차이를 만들어내는 권력의 구상을 효능에 더 밀접히 연결짓는다. 그리고 스피노자와 그 밖의 이론가들을 따라, 나는 비인간 신체 역시 이러한 힘을 소유하고 있다고 주장하려 한다.

행위성은 효능이라는 발상 말고도, 심지어 나아가는 방향이 명확하지 않거나 부재한 경우까지도 포함하는, 어딘가에서 **벗어나는** 방향성 또는 움직임을 뜻하는 궤적이라는 아이디어와도 밀접한 관계를

---

42   Mathews, *For Love of Matter*, p. 35.

가진다. 도덕 철학은 이 궤적을, 무언가를 선택하고 의도할 수 있는 능력을 지닌 (인간이나 신적인) 정신이 유발하는 목적성 또는 목표-지향성으로 바라보는데, 이와는 달리 자크 데리다는 궤적을 '메시아성 messianicity'으로서 바라보며 위와 같은 의식-중심적 접근에 대한 대안을 제시한다. 메시아성은 언제나 열려 있고 **약속되어** 있는 특징을 지닌 주장, 이미지, 또는 실체를 뜻한다. 데리다에게 이 구체화되지 않은 약속은 현상성의 가능성에 대한 근본 조건이다. 세계의 사물들은 우리를 애태우고 우리를 미정의 상태로 놓아, 어디에나 있는 충만함과 앞으로 명백히 도래할 미래를 암시하며 우리 앞에 나타난다. 데리다에게 이러한 약속 어음은 상환할 수도 상환될 수도 없는 것이다. "사건을 향한 긴장감"은 절대로 경감되지 않는다. 살아 있다는 것은 "결정된 모든 기대를 초월하고 놀라게 하는 (…) 누군가 또는 무언가가 발생하는 것을 기다리는 것이다".[43] 충족될 수 없는 약속을 무언가가 도래할 조건이라 말하며, 데리다는 생기적 유물론자가 어떠한 궤적의 존재를 긍정하는 방법을 혹은 의도나 목적성을 상정하지 않은 채로 배치로의 충동을 논하는 방식을 제공한다.

세 번째 요소인 인과성은 행위적 무리를 이루는 요소들 중 가장 모호한 것이다. 행위성이 분배되어 있거나 연합된 것이라면, 작용적

---

43   Derrida, "Marx and Sons," p. 248. 실망은 메시아성의 절대적인 본질이다. "약속은 그것의 헌납물의 철회 가능성이라는 전제하에서만 주어진다."(Hamacher, "Lingua Amissa," p. 202) 데리다는 언어만이 이러한 논리에 복종하는 유일한 현상이 아니라는 점을, 그래서 사유 역시 약속이라는 양식 아래서만 작용한다고 주장한다(Derrida, "Marx and Sons," pp. 253-256).

인과성의 예시로서 일련의 단순한 신체들이 이후의 결과를 낳는 유일한 자극으로 작용하는 경우를 찾기는 거의 불가능할 것이다. 조지 W. 부시는 미국의 이라크 침공의 원인인가? 오사마 빈 라덴의 경우는 어떤가? 만약 우리가 시간을 매우 천천히 흐르게 하여 행위가 이루어지는 과정을 자세히 관찰하게 되면, 심지어 매우 순간적인 행위라 해도 그로부터 인과성을 마치 당구공이 서로 충돌하여 튀어나가는 사건으로 바라보는 관점을 유지하기는 힘들 것이다. 단일한 인간 행위자의 주변과 내부에는 부분적이고, 서로 겹쳐지고, 서로 충돌하는 다양한 수준의 힘과 효력을 지닌 이질적인 일련의 행위소들이 작동하고 있다.

여기서 인과성은 작용적이기보다는 창발적이고, 선형적이기보다는 프랙털적이다. 하나의 결과를 하나의 결정 요소에 종속시키는 대신, 우리는 원인과 결과가 서로 자리를 바꾸며 서로에게 되돌아가는 순환을 바라볼 수 있다. 기존의 작용적 인과성 개념이 여러 행위소의 등급을 매겨 그중 일부를 외적 원인으로 다른 일부를 그에 종속되는 결과로 바라봤다면, 창발하는 인과성은 과정 그 자체를 행위소로 간주하고 그것에 집중하며, 다양한 수준의 행위적 능력을 가진다. 코놀리에 따르면,

창발하는 인과성은 (한) (…) 단계에서의 움직임이 다른 단계에서 결과를 가진다고 바라본다는 점에서 (…) 인과적이다. 그러나 우선 그것은 두 번째 단계에서 창발하는 결과

를 보기 전까지 활동의 (…) 특징을 자세히 (…) 알 수 없다
는 점에서 창발적이다. (더욱이) (…) 새로운 결과가 두 번째
단계에서 바로 그 (…) 조직에 **융합되어** (…) 원인과 산출된
결과가 완전히 구분된다고도 확언할 수 없다. (…) 셋째, 안
정화된 결과를 만들어내기 위해 일련의 (…) 순환 고리가
첫 번째 단계와 두 번째 단계 사이에서 작동한다. 새롭게
창발된 것은 그것에 스며드는 외부 힘만이 아니라 **이전까**
지는 드러나지 않았던 자신의 수용 능력과 자기-조직 능력
에 의해서도 형성된다.[44]

이렇게 원인과 결과를 같이 용해시키는 관점은 **行爲者**라는 용어
의 일상 용법에서도 표현되는데, 그 용어는 결과를 낳는 유일하고도
근원적인 창조자인 인간 주체('도덕적 행위자'에서처럼)와 다른 존재의 의
지에 종속되는 단순한 수단 혹은 수동적인 대리자('작가 대리인' 또는 '보
험 대리인'에서처럼)를 동시에 가리킨다.
일상 언어가 비선형적이고 비위계적이고 주체-중심적이지 않은
양식의 행위성의 존재를 드러낸다면, 해나 아렌트는 전체주의에 대
한 논의에서 '원인'과 '기원'을 명시적으로 구별하고 있다. 원인이 결과
를 낳는 단일하고, 안정적이고, 능숙한 창시자라면, 기원은 복잡하고,
유동적이고, 균일하지 않은 힘을 요구하는 자다. "전체주의의 요소들

44   Connolly, "Method, Problem, Faith," pp. 342-343.

은 그것의 기원을 형성하는데, 그 기원을 따르면 우리는 '원인'을 이해할 수 없다. 언제나 하나의 사건이 원인이 되고 또 다른 사건에 의해 설명될 수 있는 사건들의 과정의 결정인자인 인과성은 역사 및 정치 과학의 영역에서 완전히 이질적이고 그릇된 범주일 것이다. 요소들은 스스로 어떠한 것의 원인이 되지 못할 것이다. 그것들은 고정되고 명확한 형식으로 결정화될 때 비로소 사건의 기원이 된다. 그러고 나서야 비로소 우리는 그들의 역사를 거꾸로 거슬러 올라갈 수 있다. 사건은 자신의 과거를 비추지만, 절대로 그 과거로부터 연역되지 않는다."[45]

아렌트에게 전체주의의 원인을 미리 식별하는 일은 불가능하다. 그 대신 다른 모든 정치적 현상에서처럼, 그것의 근원은 오직 소급적으로만 드러날 수 있다. 이 근원들은 '결정화' 과정이 시작되기 이전에는 독립적인 요소들로 구성되며, 필연적으로 다양하다. 사실 사건을 발생하게 만드는 것은 여러 요소를 하나로 합치는 우연성이다. 여기서 아렌트의 관점은 분산된 행위성 개념과 일치한다. 하지만 그러한 결정화를 촉진하는 것에 대한 그녀의 생각을 살펴보게 되면, 그녀가 전통적이고 주체-중심적인 개념으로 후퇴한다는 점을 알 수 있다. 분산된 행위성의 이론가들이 그 어떠한 것이라도 결정화 과정(소리, 마지막 부가물, 신발, 정전 사태, 인간의 의도)을 촉진할 수 있다고 말하는 반면,

---

45   Arendt, "On the Nature of Totalitarianism". 이 참고문헌을 언급해준 존 도커에게 감사를 표한다. 그의 「전쟁 이후(Après la Guerre)」도 참조할 것.

아렌트는 사건의 '의미'가 "결정화를 궁극적으로 유발한 의도"를 넘어설 수 있다고 말하면서도 결국 의도를 사건의 핵심으로 간주하고 말았다. 여기서 인간의 의도는 예외적인 종류의 권력을 품은 것으로, 다시 말해 모든 행위적 요소 중에서 가장 핵심적인 요소로 여겨지게 된다.[46]

기세

배치의 **행위성**에 대해, 아니면 더 온건하게, '문화'를 형성하고 '자기-조직'하며 결과에 '관여하는' 능력을 논해야만 하는 이유는 무엇인가? 왜냐하면 물질적 행위성을 강조하는 것은 인간예외주의에 대한 강력한 저항이기에, 다시 말해 사람, 동물, 인공물, 기술, 자연의 힘이 권력을 공유하고 서로 조화되지 않은 채 공동으로 작동한다는 것을 과소평가하는 인간의 경향에 대한 강력한 저항이기 때문이다. 그 누구도 인간의 행위성이 무엇인지 또는 인간이 행위자로서 행위할 때 실제 인간이 하는 것이 무엇인지에 대해 정확히 알지 못한다. 분석하려고 할 때마다 인간의 행위성은 언제나 신비로운 것으로 남는다. 인간 행위성이 작동하는 방식에 대해 알지 못한다면, 어떻게 우리가 인간 행위성의 작동 과정과 비인간이 작용하는 과정이 질적으로 다르다고 확신할 수 있겠는가?

배치의 행위적 능력은 배치를 구성하는 물질성의 생기를 통해

46   Arendt, "On the Nature of Totalitarianism".

가능하다. 이러한 집합적 행위성의 예시를 중국 전통의 **기세**[47]에서 찾을 수 있다. **기세**는 "담론에서 포착하기 어려운 것들을 조명하는 데 도움을 준다. 다시 말해, 그것은 인간의 계획에서 유래한 것이 아니라 사물들의 배열로부터 유래한 일종의 잠재력을 조명하는 데 도움을 준다."[48] **기세**는 사물들의 특정한 배열에 내재한 양식, 에너지, 성향, 궤적, 활력élan이다. **기세**는 본래 군사 전략에서 사용된 단어로부터 유래했는데, 분위기, 기미, 역사적 흐름, 무기의 배열이 지닌 **기세**를 읽고 그것의 흐름에 올라탈 수 있는 훌륭한 장군을 설명할 때 주로 쓰였다. 결국 **기세**란 공간적이고 시간적인 배열로부터 발산한 역동적인 힘을 뜻하는 것이지, 배열 안의 특수한 몇몇 요소들로부터 나타난 힘을 뜻하는 게 아니다.

다시 한번 강조하자면, 배치의 **기세**는 생동한다. 그것은 시간에 따라 변화하고 그 자체로 내적 변화를 겪는 구성원을 갖는 개방된 전체의 분위기 혹은 양식이다. 각 구성원은 "자율적이고 창발적인 성질들을 가지며, 그렇기에 그러한 성질들은 독립적인 변이가 가능하며 시간이 흐름에 따라 위상이 변화한다."[49] 자기-변질 과정에 놓인 구성요

47   [옮긴이] 여기서 기세는 shi의 번역어다. 중국 병법에서 기세는 종종 물이나 불 같은 물질의 흐름으로 비유된다. 장군이 전쟁을 승리로 이끌기 위해서는 전투가 발생하는 지형, 적군의 움직임 같은 인간-비인간 배치의 기세를 포착할 수 있어야 한다. 저자는 장군이 기세를 읽듯이, 독자에게 인간-비인간 배치의 기세에 주의를 기울일 수 있어야 한다고 주장하고 있다.

48   Jullien, *Propensity of Things*, p. 13.

49   Archer, *Realist Social Theory*, p. 66.

소-행위소가 (이전의) 자신과 조화되지 않고 변화할 때, 혹은 그것이 서로 반발적인 권력의 상태에 놓일 때,[50] 그것은 배치 내에 새로운 관계들의 집합을 형성할 수 있게 되며 다른 연합체를 향해 휩쓸리게 된다. 개방된 전체의 구성원들은 집단적인 신체로 완전히 용해되지 않으나, 그 대신 **기세**와 조화되지 않은 채 잠재적으로 에너지를 보존한다. 들뢰즈는 이러한 종류의 부분-전체 관계를 설명하기 위해 '흡착 adsorbsion'이라는 용어를 만들었다. 흡착은 각각의 요소의 행위적 충동을 보존하면서 연합체를 형성하는 방식으로 여러 요소를 모으는 것을 뜻한다.[51] 오직 저항성 및 방해 능력이라는 조건에서만 효능을 갖는 안정적인 전체를 의미하는, 사회 구조라는 용어를 통해 배치의 행위성을 설명하는 것이 적절하지 않은 것은, 행위소들 **내에서** 창조적인 활동이 이뤄지기 때문이다.

환경의 **기세**는 명백하게 드러날 수도 포착하기 어려울 수도 있다. 그것은 인간의 지각이 시작되는 지점에서도 작동할 수 있으며 더 격렬히 작용할 수도 있다. 커피숍이나 학교 건물은 사람들, 곤충들, 향기, 잉크, 전류의 흐름, 기류, 카페인, 테이블, 의자, 액체, 소리의 유동적인 배열이다. 그것들의 **기세**는 어떤 시점에서는 마치 좋은 분위기가 한순간 부드럽게 방출되는 것처럼 느껴지다가도, 다른 시점에서는 장

---

50   무효전력이 전자의 흐름 속에서 전류 및 전압의 파동이 90도만큼 벗어났을 때 나타난다는 점을 상기하라.

51 — Hayden, "Gilles Deleuze and Naturalism," p. 187.

폴 사르트르와 시몬 드 보부아르가 있던 파리 카페에서 그랬던 것처럼 혹은 20세기 후반 파키스탄의 이슬람교도 학교에서 그랬던 것처럼 철학적이거나 정치적인 움직임을 유발할 수 있는 보다 극적인 힘으로 느껴질 수 있다.

정치적 책임과 배치의 행위성

정전사태를 통해 전력망은 공공 기반시설의 열악한 조건, 암흑 속에서 살아야 했던 뉴욕 거주자들의 준법의식, 북아메리카 사람들에 의한 에너지 소비의 불균형 및 가속화, 서로 교차하고 공명하는 요소들로 구성된 예측 불가능한 배치의 요소들을 드러냈다. 즉, 전력망이 말한 것이다. 혹자는 그것이 의사소통의 중요성을 드러난 사례라 말할 것이다. 여기서는 그러한 의사소통이 오직 인간이라는 매개를 통해서만 가능하다는 것에 반대한다. 하지만 언어적 의사소통조차도 필연적으로 매개물을 수반한다는 점을 고려해보면 이것을 진정 반대라 할 수 있는가? 예를 들어, 나의 글쓰기는 나의 뇌와 컴퓨터의 전기는 물론이고 내 연필의 흑연, 내가 속한 인도-유럽어족의 수많은 사람, 살아 있는 것 그리고 죽어 있는 것에 의존한다(인간의 뇌는 적절히 연결될 수 있다면 15와트 전구를 켤 수 있다). 인간과 비인간은 모두 언어 행위에 개입하는 부가물들의 '매우 복잡한' 집합에 의존한다.[52]

누르테 마레스는 "무언가를 발생시키는 행위성의 원천을 이해하

---

52   Latour, *Politics of Nature*, p. 67.

는 것은 어려우며" 이러한 "이해 불가능성이야말로 행위성의 (본질적인) 측면이다"라고 올바르게 지적했다.[53] 하지만 우선 정치적 책임의 장소가 인간-비인간의 배치라는 가정에 대해 먼저 다루는 것이 나을 것 같다. 면밀한 조사를 통해, 결과를 낳는 생산적인 힘이 집단적이라는 사실이 드러날 것이며, 그 안의 인간 행위소가 그 자체로 도구, 미생물, 소리 그리고 다른 '외부의' 물질성들의 연합체라는 것이 드러날 것이다. 인간의 의도는 그러한 분배를 통해서만 행위적으로 창발할 수 있다. 배치의 행위성은 아우구스티누스랑 칸트(또는 전능한 신)가 열망했던 강하고 자율적인 행위성이 아니다. 왜냐하면 경향과 결과 또는 궤적과 효과 사이의 관계가 서로 침투 가능하고 애매하며, 그렇기에 간접적이기 때문이다.

구조적 제약에 종속된 행위성 같은 행위적 능력의 스펙트럼을 설명하면서 쿨은, 인간-비인간 배치의 행위성을 인정하지 않는다. 이 것은 어느 정도는, 인간이 물질적 자연의 질서 외부에 존재하는 **특별한** 존재라는 믿음과는 별개로, 행위성을 이론화하는 것이 어렵다는 점에서 기인하는 현상이다. 존재론적 유형들의 연속체를 따라 분산된 생기를 긍정하고 행위성의 장소로서 인간-비인간의 배치를 확인하기 위해서는 이러한 믿음을 뒤흔들 필요가 있다. 그런데 행위성을 분배되고 합성된 것으로 받아들인다면, 우리는 개인에게 자신의 행위에 대한 책임을 물도록 해야 한다는 주장이나 공인이 대중에게 책임이

---

53   Marres, "Issues Spark a Public into Being," p. 216.

있다는 주장을 포기해야만 하는가? 퍼스트에너지의 책임자들은 대책위원회 보고서에서 누구도 비난할 수 없다는 이러한 결론을 내기 위해 애썼다. 그들이 나의 생기적 유물론에 동의했다고 볼 수는 없지만, 나 역시 그들에게 가장 강하고 징벌적인 도덕적 책임을 묻기는 힘들다고 생각한다. 내게 자율성과 강한 책임은 경험적으로 그릇된 것으로 보이며, 그렇기에 자율성과 강한 책임을 갈구하는 것은 불의로 점철되어 있다고 여겨진다. 행위의 총체적인 본성 그리고 인간과 사물의 상호연결성을 강조하면서, 생동하는 물질을 다루는 이론은 개인이 결과에 대한 **전체** 책임을 질 수 없는 존재라고 주장한다.

연합된 행위성이라는 개념은 확실히 책임공방 게임을 약화하지만 그렇다고 하여 그것이 (아렌트가 말했던) 해로운 결과의 근원이 무엇인지를 확인하는 기획을 폐기하는 것은 아니다. 오히려 연합된 행위성이라는 개념은 그러한 근원들을 찾아내기 위한 탐색 범위를 확장한다. 장기간 일어나는 일련의 사건들을 보자. 이기적인 의도들, 에너지 거래와 관련된 수익 창출 기회를 제공하지만 동시에 공유지의 비극을 만들어내는 에너지 정책, 미국의 에너지 사용, 미국의 제국주의, 반미주의 등이 서로 연결되어 있다는 점을 인정하는 것에 대한 심리적 반감, 여기에 더해 고소비 사회 기반 시설에 대한 고집스러운 지향, 불안정한 전자 흐름, 자연발화되는 들불, 준교외 지역의 주택 공급 압력, 그리고 그것들이 이루는 배치까지. 이 목록에 있는 각각의 항목마다 인간과 인간의 의도가 관여하지만, 그것이 배치의 유일한 행위소라거나 가장 강력하게 작용하는 행위소라고 말할 수는 없다.

규제 완화와 기업의 탐욕이 정전 사태를 유발한 장본인이라 주
장하는 것은 물론 즐거운 일일 것이나, 내 생각을 솔직히 밝히자면,
기업들은 인간의 노력을 통해 개혁할 수 있는 여러 장소 중 하나에
지나지 않고, 기업 규제는 의도적으로 캐스케이드 효과를 시행할 수
있는 하나의 장소에 불과하다. 아마도 개별 인간의 윤리적 책임은 자
신이 배치에 관여하고 있다는 사실을 알고 있는, 배치에 대한 그의 반
응에 달려 있다고 할 수 있을 것이다. 나는 궤적이 해로울 것이라 예
상되는 배치로부터 나 자신을 따로 떼어놓아야만 하는가? 나는 그것
의 복합적인 효과가 숭고한 목적의 규칙 제정을 향하는 경향이 있는
배치를 향해 다가가야만 하는가? 행위성은 모자이크형 조직의 이곳
저곳에 분배된다. 하지만 배치 내에서 인간이 수행할 수 있는 노력이
있다고 말하는 것도 가능하다. 아마도 이러한 노력은 자갈길에서 자
전거를 타고 있는 모델을 통해 더 잘 이해될 수 있을 것이다. 우리는
우리의 체중을 특정 방향으로 실어 자전거를 한 방향으로 나아가게
할 수 있고 특정한 궤적을 따라 움직이게도 할 수 있다. 하지만 자전
거를 타는 사람은 움직이는 전체 내에서 작동하는 하나의 행위소일
뿐이다.

분산된 행위성의 세계에서, 단일한 요소에 비난을 돌리는 것을
주저하는 태도는 사실상 하나의 덕목이다. 물론 때로는 플라톤이 **투
모스**thumos라 말한 것과 유사한 도덕적 분노가 민주 정치 혹은 일반
정치에 필수적으로 요구될 수도 있다. 이 책이 출판되는 기간에 내게
그러한 분노를 불러일으킨 몇몇 사건들이 있었다. 선제공격이라는 신

조, 관타나모 기지에서 행해진 제네바 협약 위배와 인권 침해, 용의자 인도라 불리는 정책을 따라 이라크에서 죄수들을 고문했던 사건, 부시 대통령을 비판하기 위해 '자유 발언 지역'에 있던 시위자들을 텔레비전 카메라의 밖으로 밀어내며 통제했던 사건, 이라크 민간인 사망자 수를 집계하지 않겠다는 미군의 정책 등 말이다. 그러한 분노는 사라지지도 않고 사라져서도 안 되나, 도덕적 비난에 필요 이상으로 집착하거나 행위적 능력들의 망을 정교하게 식별하는 데 충분치 않은 정치는 바람직하지 않다. 선과 악을 논하고 자신의 죄에 책임을 져야만 하는 단일한 행위자(빈 라덴, 사담 후세인, 부시 등을 떠올려볼 수 있다)를 상정하는 도덕주의 정치는, 그것이 복수를 정당화하고 일차적 수단으로서 폭력을 이용하는 정도에 따라 역으로 비윤리적으로 여겨지게 된다. 따라서 행위성을 분산된 것으로, 연합된 것으로 이해하는 입장은 도덕주의로부터 윤리를 분리시키고 생기적이고 종횡무진하는 힘의 세계에 적절한 행위가 무엇인지 안내할 필요가 있다는 사실을 우리에게 호소한다.

이러한 주장은 분명 논쟁의 여지가 있으며, 서로 다른 배치들에 얽혀 있는 여러 행위소들이 정치적이고 그것 자체의 문제에 대해 서로 다른 진단을 내놓을 것이라는 점 역시 분명하다. 오늘날 정치적인 판단의 문제는 더 중요해지고 있다. 우리는 인간-비인간 배치들이 권력을 강조하고 비난의 정치에 저항하기 위해 분산된 행위성이라는 특질을 인정해야만 하는가? 아니면 특정한 인간의 책임을 드높이기 위해 물질적 행위성에 대해 말하는 걸 전략적으로 삼가야만 하는가?

3장 먹을 수 있는 물질

쓰레기, 기계 장치, 전기, 불이 정치와 관련되어 있다는 점이나 그러한 사물들이 정치적인 행위자로서는 자격이 없다고 생각하더라도 인간의 행위가 이루어지는 환경을 형성한다는 점 또는 행위의 수단이나 제약으로서 작동한다는 점에 대해서는 부정하기 힘들 것이다. 하지만 맥락, 도구, 제약이라는 범주들만으로 비인간 신체가 소유하는 권력 전체를 포착할 수 있는가? 이번 장에서 나는 비인간 신체들 중 우리가 먹을 수 있는 것들에 대해 다루려 한다. 나는 음식을 (한 인간의 '고유한' 신체 같은) 집단적인 신체 내에서 서로 경쟁하거나 다른 신체들과 경쟁하는, 의욕적인 신체로서 간주할 것이다. 맥락, 도구 그리고 제약(또는 배경, 자원, 한계)으로서의 역할 말고도 나는 행위소로서의 음식의 역할을 조명할 것이다. 이를 통해 음식이 의도를 설정하고, 도덕에 복종하거나(불복종하고), 언어를 사용하고, 반성을 통제하며, 문화를 만들어내는 인간 존재의 안과 옆에서 작동하는 행위소라는 사실이 그리고 중요하고 공적인 결과를 낳는 유도자이자 생산자라는 사실이 드러날 것이다. 우리는 이러한 인간과 비인간의 신체를 통해 형성되는 배치를 '미국인의 소비'라고 그리고 그것의 효과 중 하나를 '비만의 위험'이라 말할 수 있을 것이다.

음식을 이러한 배치의 참여자로서 바라보는 나의 주장은 두 가지로 구분하여 살펴볼 수 있다. 첫 번째는 식이지방이 (단지 신체의 크기나 부피에 미치는 영향이 아닌) 인간의 기분과 인지적 성향에 미치는 효과에 관한 과학적 연구로부터 도움을 받는 것이다. 두 번째는 19세기에 활발히 이루어졌던 식사의 도덕적이고 정치적인 효능에 대한 논의를 다시 다루는 것이다. 여기서 나는 식사가 인간과 비인간 물질 사이의 상호변형 과정을 구성한다고 말한 프리드리히 니체와 헨리 데이비드 소로의 작업으로부터 몇몇 주제를 이끌어낼 것이다. 그리고 물질을 "조직되지 않고 활동하지 않는 균질적인 것"[1]이라 바라보는 주장에 맞서, 먹을 수 있는 물질에 더 민감하게 주의를 기울이는 일이 생기적 물질 이론에 어떻게 기여하는지를 살펴보면서 장을 마무리할 것이다.

지방의 효능

1917년 영국의 생리학자 윌리엄 베일리스는 "모든 이가 진심으로 불필요한 음식 섭취를 피하려는 욕망을 갖고 있다"고 말했다.[2] 이러한 가정은 많은 선진국에 더는 적용되지 않는다. 예를 들어, 여론조사기

---

1   Mario Bunge, *Causality and Modern Science* (1979). De Landa, *Intensive Science and Virtual Philosophy*, p. 137에서 재인용. 번지는 적나라한 물질이라는 믿음이 "모든 원자 단위 현상을 만들어내는 실험자인 양자 이론가들에게 여전히 지지받고 있다"는 점에 주목했다. 그리고 데 란다는 이에 더해 "모든 현상이 사회적으로 구성된다고 주장하는 과학 비평가들 역시" 그러한 믿음을 갖고 있다고 말한다(같은 책).

2   Bayliss, *Physiology of Food*, p. 1.

관 로퍼의 최근 보고서는 70%의 미국인들이 "원하는 것보다 훨씬 많이" 먹는다고 말하며, 미국인들이 하루에 평균 52티스푼의 설탕과 옥수수 조미료,[3] 0.5파운드 이상의 고기,[4] 0.2파운드의 버터와 기름[5]을 섭취한다고 지적했다. 1950년대와 비교하여 오늘날의 미국인들은 전반적으로 하루에 500에서 800칼로리 정도를 더 많이 섭취하고 있다.[6]

이를 통해 이전보다 미국인들의 신체가 더 크고 무거운 이유를 설명할 수 있다. 여기서 우리는 미셸 푸코가 음식의 "생산적인 권력"이라 부른 것의 진부한 예를 발견할 수 있다. 일단 소화가 되면, 즉, 손과의 협업을 통해 음식이 입에 들어가면, 창자, 췌장, 신장의 작용과 신체 움직임의 문화적 실천을 통해 음식은 새로운 인간의 조직을 생성할 수 있게 된다. 가령 감자칩을 먹는 상황을 생각해보면, 감자칩이 스스로 신체의 움직임을 촉발하거나 불러일으키는 것으로 여겨지기

3   워너의 「누명을 뒤집어 쓴 감미료(Sweetener with a Bad Rap)」에 따르면, 이는 1950년에 비해 39% 증가한 것이며, 1인당 연간 12온스들이 캔 440개를 포함하는 것이다.

4   1950년에 비해 연간 7파운드의 붉은 고기와 46파운드의 가금류 고기를 더 소비한다는 걸 의미한다.

5   1950년에 비해 67% 증가한 양이다.

6   모든 음식 관련 통계는 별도의 언급이 없는 한 미국 농무부, 오프컴, 「미국의 음식 소비 프로파일링(Profiling Food Consumption in America)」에서 가져온 것이다. 이 내용이 실린 『농업 사실 보고서(Agriculture Fact Book)』에서 소비라는 용어는 공급된 음식 총량 중 실제로 이용된 양을 뜻한다. "부패, 남은 음식 그리고 (…) 다른 손실" 때문에 '소비'량은 실제로 인간의 신체에 소화되거나 섭취된 양보다 더 많을 수 있다. 예를 들어, 미국인이 53티스푼의 설탕 중 20티스푼을 남긴다면 실제로 섭취한 설탕의 양은 1인당 하루에 32티스푼 정도일 수 있다는 것이다. 첨가 지방이라는 용어는 "상업적으로 조리된 쿠키, 페이스트리, 튀김 음식에 사용되는 쇼트닝과 기름뿐 아니라 빵에 올리는 버터와 같이 소비자가 직접 사용하는" 지방을 뜻한다. "우유와 고기와 같이 음식에 자연적으로 포함된 모든 지방은 제외된다."

때문에, 손의 행위는 유사-의도적이거나 반꾸-의도적인 것으로 간주하는 게 적절해 보인다. 칩을 먹는다는 것은, 그 속에서 내가 가장 결정적인 작용자라 말할 수 없는 배치 안으로 진입하는 것과 같다. 감자칩은 로퍼 보고서에 전제되어 있는, 사람들이 '원하는' 것은 그들 스스로 결정한 개인적 선호라는 생각에 의문을 던진다.

음식이 사람들을 더 거대하게 만들 수 있다는 사실은 너무나도 자명하여 그것이 비인간 행위성이 작동하고 있는 사례라는 점을 인지하기란 쉽지 않다. 이러한 사실은 우리가 지금까지 인지하지 못했던 식이지방의 권력에 대해 주목할 때, 특히 양적인 차이 말고도 질적인 차이를 만드는 식이지방의 능력에 주목할 때 더 명백해진다. 최근 몇몇 연구는 지방(감자칩에 있는 지방이 아니라 몇몇 야생 어류에 풍부한 오메가-3 지방산을 말한다)이 죄수들에게 폭력적인 행위를 덜 하도록 만들고, 부주의한 초등학생을 더 집중할 수 있게 하며, 양극성 사람들을 덜 우울하게 만든다는 사실을 보여주고 있다. 널리 인용된 2002년 연구인 「231명의 청소년 수감자에게 시행된, 이중맹검법, 의약조절법, 무작위법을 이용한 영양제 공급 이전과 이후 징계 횟수 비교 연구」는 오메가-3 지방산을 섭취한 영국 죄수들의 징계 횟수가 35% 감소했음을 보여준다.[7] 이와 유사하게 설계된, "학습, 행동 그리고 심리사회적

---

7   Gesch et al., "Influence". 현대 서양의 식사와 관련하여 "어마어마한 종자 기름 소비의 증가가 이루어졌다. 그 기름의 고도 불포화 지방산 성분은 오메가-3 대신 대부분 오메가-6로 이루어져 있다"(Hallahan and Garland, "Essential Fatty Acids and Mental Health," p. 277).

적응에 어려움"을 겪는 아이들을 대상으로 지방산을 보충제로 제공한 연구는 지방산 공급 이후 아이들의 독해, 맞춤법, 행위에서 '상당한 개선'이 일어났다는 점을 지적하고 있다.[8] 한 신경심리 약리학 학술지 의 연구는 만성 조현병을 앓던 서른 살 임산부가 오메가-3 보충을 통 해 "긍정적이고 부정적인 조현병 증상과 관련하여 매우 극적인 개선" 을 보였다는 점을 보고하고 있다.[9]

"국가 간 60배 차이가 나는 주요 우울증의 연간 발병률과 국가 별 생선 소비 사이에는 매우 강한 역의 상관관계가 존재한다. (…) 양 극성 정동장애의 경우, (…) 연간 생선 섭취량이 1인당 대략 75파운 드 밑으로 내려가는 순간 발병률이 급격히 상승하는 모습을 보인다. 대만에서는 발병률이 (…) 0.04%인 반면(1인당 81.6파운드) 독일에서는 6.5%이다(1인당 27.6파운드)."(2000년의 미국인은 1인당 대략 15파운드 정도를 섭취한다)[10] 다른 지방의 경우 부정적인 인지 효과를 유발하는 것으로 보인다. 높은 수준의 경화 유지를 함유한 음식물을 섭취한 '중년의 쥐 들'은 기억력이 감퇴했고 "뇌에 염증성 물질이 만들어지는" 모습을 보 였다.[11]

8   Richarson and Montgomery, "Oxford-Durham Study".

9   Su, Shen, and Huang, "Omega-3 Fatty Acids".

10   "포유류 뇌의 건조중량이 대략 80%의 지질이라는 사실(이는 모든 장기 중 가장 높은 것이 다)"이라는 점을 고려해보면, 아마 오메가-3, 정신 건강, 그리고 인지적 기능 사이의 이러한 관련 성은 그리 놀라운 일은 아닐 수도 있다(Hallahan and Garland, "Essential Fatty Acids and Mental Health," p. 186).

11   Carroll, "Diets Heavy in Saturated Fats".

이 같은 결과들은 이후의 추가 연구를 통해 더 자세히 다루어져
야 하고 그에 대한 다양한 해석 역시 가능하겠지만, 특정 지방질이 특
정한 인간의 기분이나 정동적인 상태를 촉진한다는 생각을 뒷받침하
고 있다. 나는 이러한 결과를 기계론적 인과 관계로 바라보아서는 안
된다고 생각하며, 이러한 결과를 통해 특정 지방을 정량화할 수 있고
이것이 불변하는 특정한 인지적 효과와 행동 효과의 원인임을 보증할
수 있는 영양학을 언젠가는 이끌어낼 수 있다고 주장하는 것도 원하
지 않는다.

여기서 나는 창발하는 인과성에 대해 말하려 한다. 즉, 비록 완
전히 예측해낼 방법은 없으나, 서로 다른 신체에서 다른 방식으로 작
용하며, 같은 신체 내에서라고 해도 다른 시간대에는 다른 강도로 작
용하는 특정한 지방이 효과들의 패턴을 만들어낸다는 것이다. 이것은
먹고 먹히는 복합체에서의 작은 변화 하나가 그것의 패턴이나 기능에
상당한 분열을 불러오기 때문에 나타나는 일이다.[12] 아마도 사람과 지
방이 그 구성요소가 되는 배치는 비선형적 체계로서 더 잘 묘사될지
도 모른다. "선형적인 체계에서, 두 개의 서로 다른 원인을 갖는 공동
행위의 최종 결과는 단순히 각각의 원인이 불러오는 결과를 (…) 개별
적으로 더한 것에 지나지 않는다. 하지만 비선형적 체계에서, 이미 존
재하던 것에 작은 원인이 더해지게 되면 그 원인의 진폭과 어떠한 공

---

12   나는 신체-피부-정신-음식 배치에서 계속되는 다툼의 비선형성에 주목하게 한 존 부엘에게
서 이러한 논점을 잡게 되었다(email correspondence, 2008).

약수도 갖지 않는 극적인 결과가 만들어지게 된다."[13] 비선형적 배치
에서 '결과들'은 그것의 '원인들'과 공명하기도 하고 그것에 반하기도
하는데, 그래서 우리는 추가된 임의의 요소(오메가-3 지방산)나 요소들
의 집합(오메가-3 함유 생선 식이요법)의 효과를 즉시 이해할 수 없다. 그
대신 추가된 요소(들)의 행위성은 오직 "배치의 이질적인 요소들 사이
의 상호적응을 통해 배치가 스스로 안정화됨에 따라 서서히 드러나
게 된다."[14]

특정 요소는 배치 내에 우연히 잘 배열될 수 있고, 그 결과 그
요소의 권력은 전체 배치의 방향이나 기능을 전환시킬 수 있을 정도
로 거대해질 수 있다. 1장에서 이미 살펴보았듯이, 질 들뢰즈와 펠릭
스 가타리는 그러한 특수한 효능을 갖는 요소를 언급하기 위해 '조작
자operator'라는 용어를 제안했다. 그들은 하나의 예시로서 구애춤을 출
때나 둥지를 만들 때 되새류가 이용하는 한 줌의 풀에 주목한다. 풀
잎은 "영토적 배치와 구애의 배치 사이의 이행의 성분으로 작용하게
된다. (⋯) 풀잎은 탈영토화된 성분이다. (⋯) 그것은 오래된 습관의 흔
적도 아니며 부분 대상이거나 과도적 대상 또한 아니다. 풀잎은 조작
자이며, 벡터다. 요컨대 **배치의 변환기**assemblage convertor인 것이다."[15]

몇몇 먹을 수 있는 것들은 '배치의 변환기'로서 행위할 수 있는

13   Grégoire Nicolis and Ilya Prigogine, *Exploring Complexity: An Introduction* (1989). De
Landa, *Intensive Science and Virtual Philosophy*, p. 131에서 재인용.

14   De Landa, *Intensive Science and Virtual Philosophy*, p. 144.

15   Deleuze and Guattari, *Thousand Plateaus*, pp. 324-325.

데, 이는 미셸 세르가 '열 자극제'라 말한 것과 유사하다. 세르는 열 자극제가 배치 내로 진입할 때 그것이 배치를 극적으로 전환시키진 않는다고 말한다. 그 대신에 열 자극제는 "배치의 상태를 미분적으로 변화시킨다. 그것은 배치를 기우뚱하게 한다. 그것은 에너지 분배의 평형 상태를 불안정하게 만든다. 그것은 배치에 영향을 미친다. 그것은 배치를 자극한다. 그것은 배치를 흥분시킨다. 종종 이러한 성향이 결과로 이어지지 않을 수 있다. 하지만 그것은 연쇄반응이나 재생 작용을 통해 거대한 결과를 만들어낼 수 있다".[16]

비인간 지방의 효능을 진지하게 고려하게 되면, 무엇을 행위자로 간주해야 하는지에 대한 생각을 전환할 수 있게 될 뿐 아니라 요소 각각으로부터 배치의 행위소로 우리의 주의를 전환할 수 있게 된다. 따라서 비만 문제를 다룰 때는 과체중의 인간과 그에 따른 경제-문화적 부가물들(기업식 농업, 과자 자동판매기, 인슐린 주사, 비만 수술, 제공량, 음식 마케팅과 유통 체계, 전자레인지)의 지표를 확인하는 것만이 아닌, 지방이 인간의 의지, 습관, 생각의 권력을 약화하거나 향상시킬 때의 작용과 궤적 역시 드러낼 필요가 있다.

16   Serres, *Parasite*, 191. 세르는 **인간**이 먹고 먹히는 관계에서 수동적인 존재라고 주장한다. 그에게 있어 먹는 자는 식량에 전적으로 의존한다(즉, 식량에 '기생하는' 관계를 맺는다). 우리는 우리의 숙주인 다른 이를 희생해야만(그에게 비용을 청구해야만) 먹을 수 있다. "숙주가 먼저 나타나고 그에 기생하는 존재가 뒤따른다."(p. 14) 그래서 먹는 자는 먹히는 자에게 **빚을 지고 있다.** (아마 이것이 많은 이가 식전에 감사 기도를 드리는 이유일 것이다.) 나는 식사에 수반하는 도덕적 의무에 주목한 세르가 옳다고 생각하지만, 이 기생하는 존재의 모습은 너무 극단으로 나갔다고 생각한다. 이러한 주장은 인간 신체의 능동적인 권력이나 어떠한 행위적 능력도 인정하지 않는다.

니체, 전사의 음식, 바그너의 음악

음식의 성분이 능동적인 권력(권력을 드높이는 다른 생기적 물질성들의 집합과 연합할 때 활성화되는 어떤 잠재력)을 갖고 있다는 주장에 대한 대부분의 근거는 위에서 인용한 자연과학이나 생명과학의 실험 결과로부터 가져온 것이다. 사회과학과 인류가 음식에 대한 질문을 다룰 때, 그들은 인간의 행위에만 주목하곤 하는데, 예를 들어 그들은 의미 있는 음식 대상이 만들어지는 사회문화적 의식에, 요리에 대한 자기-표현의 수사법에, 새로운 음식에 대한 열망을 만들어내는 미적이고 상업적인 기술에 주로 주목한다. 재료의 색, 질감, 향에 집중하는 요리책의 저자나 식당 평론가들을 제외하면, 음식에 대한 글은 대부분 물질의 힘에 주목하지 않는다. 데이비드 굿맨이 사회학에서의 농식품 연구에 대해 비평했던 것처럼, 음식을 "존재론적으로 실재하는 것으로, 능동적이고 활기 넘치는 존재로" 간주하는 연구는 매우 드물다.[17]

하지만 19세기에는 음식이 인간과 국가의 성향을 조형하는 권력을 갖고 있다고 믿었던 철학자들이 드물지 않았다. 이 사상가들은 식사에 대한 체험을 탐구했고 먹는 자와 먹히는 것 사이의 깊은 상호관계를 발견했다. 예를 들어 니체는 (이중맹검법과 무작위법을 이용하지는 않았으나) 섭취된 음식을 통해 심리적이고 인지적이고 미적이고 도덕적인 복합체가 전환되고 변화한다고 주장했다. 그는 "부적합한 식이요법 (중세의 알코올 중독, 채식주의자의 불합리한 식이요법)"이 "깊은 우울증, 무기

---

17   Goodman, "Ontology Matters," p. 183.

력한 피로, 생리적으로 억제된 어두운 우울감"을 유발하는 하나의 근원이라 보았다.[18] 그는 "개인이 서로 다른 느낌과 취향을 갖는 (…) 이유를 그들의 특정한 삶의 양식, 영양 섭취, 소화에서 찾을 수 있다고, 아마도 피나 뇌에 있는 비유기적 소금의 결핍이나 과잉에서 찾을 수 있다"고 믿었다.[19] 이러한 '암시'들은 그의 윤리학에서 찾아볼 수 있다. "간식도 금지하는 바이며 커피도 안 된다. 커피는 우울함을 확대시킨다. 홍차는 (…) 조금이라도 약하기만 해도 대단히 건강을 해치며 사람을 온종일 창백하게 한다."[20] 차라투스트라의 "원기와 힘을 북돋아주는 잠언들"과 "새로운 욕망들"은 "배를 부풀리는 푸성귀"가 아니라 (불특정한) "전사의 음식과 정복자의 음식"[21](아마도 날고기?)으로부터 영양을 공급받았기에 가능했던 것이다.

이 인용구에서 우리는 니체가 알코올이나 카페인 같은 약물만이 아니라 모든 음식에 대해 논하며 일종의 **물질적** 행위성에 주목하고 있다는 것을 발견할 수 있다. 음식에 대해 그가 언급한 몇몇 파편들로부터 그가 그려낸 모습을 보면, 먹을 수 있는 물질은 강력한 행위자로

---

18   Nietzsche, *On the Genealogy of Morals and Ecce Homo*, third essay, sec. 17, p. 130.

19   Nietzsche, *Daybreak*, p. 39.

20   Friedrich Nietzsche, "Why I Am So Clever," *On the Genealogy of Morals and Ecce Homo*, sec. 1, p. 239.

21   전체 인용구는 다음과 같다. "남자답게 해주는 내 음식, 원기와 힘을 북돋아주는 내 잠언이 효력을 발휘한다. 그리고 진실로, 나는 배를 부풀리는 푸성귀 따위는 대접하지 않았다! 그보다는 전사의 음식과 정복자의 음식을 내놓았다. 나는 새로운 욕망을 일깨웠다"(Nietzsche, *Thus Spoke Zarathustra*, pt. 4, "The Awakening").

서, 그와 접촉하는 인간이라는 물질을 변화시키는 것으로서 나타나고 있다(여기서 니체의 사유는, 신체의 권력이 향상되는 경우에 한해 다른 물질과 연합하며 작용하는 스피노자의 의욕적인 신체라는 개념과 공명하고 있다).

니체가 주목했듯이, 하나의 음식이 지닌 효능은 식사할 때 섭취하는 그 밖의 음식에 따라, 음식을 섭취하는 인간의 특정 신체에 따라 그리고 식사가 이루어지는 문화나 국가에 따라 매우 다양하게 나타난다. 예를 들어, 그는 당대의 유명한 식이요법에 관한 서적인 루이지 코르나로의 『장수의 기술La vita sobria』에 대해 논의한다. 코르나로 (1464~1566)는 하루에 ("빵, 달걀 노른자, 약간의 고기와 스프"[22] 같은) 고형식 12온스와 와인 14온스만을 먹으며("물이 제아무리 다른 것과 섞이거나 조제된다고 해도, 그것은 와인만큼 효험을 지니지 않으며 나의 고통을 경감시키지 못한다"[23]) 102살까지 살았다. 니체는 코르나로가 "그의 빈약한 식사를 장수와 행복한 삶, 그리고 고결한 삶을 위한 조리법으로 권고"하긴 했으나, 그러한 식사법은 오직 **몇몇** 신체의 생기를 드높일 수 있는 것에 지나지 않는다고 비판했다. 니체는 하나의 식사법이 모든 이에게 효과가 있진 않다고 말했다. "신진대사가 특히 느린" 코르나로 같은 사람에

---

22   Cornaro, *Art of Living Long*, p. 55. 코르나로는 "86세에 쓴 두 번째 담론"에서 자신의 식사목록에 대해 더 자세히 적고 있다. "첫째로, 빵, 다음으로 판코토 또는 달걀이 들어간 가벼운 수프 혹은 이와 비슷한 종류의 훌륭한 가벼운 음식을 먹는다. 그리고 고기에 대해 말하자면, 나는 송아지 고기, 새끼 염소, 양고기를 먹는다. 나는 자고새와 개똥지빠귀 같은 새들뿐 아니라 모든 종류의 가금류를 먹는다. 골드니 같은 바닷물고기도 먹는다. 그리고 여러 민물고기 중에서는 강꼬치고기 등을 먹는다."(p. 87)

23   같은 책, p. 94.

게는 빈약한 식사가 좋은 효과를 불러일으킬 수 있으나, "신경성 활력을 빠르게 소비하는 **오늘날**의 학자에게 코르나로의 식이요법은 마치 자살하는 것과 같다."[24]

분명 음식이 가져오는 효과는 신체에 따라 다르지만, 코르나로에 대한 니체의 논의에서 가장 흥미로운 것은 '같은' 음식이 '같은' 신체 안에서 불러일으키는 효과 역시 행위소가 그 장소에 진입하고 떠나는 시간에 따라 다르다는 것이다. 전사를 만들어내기 위해서, "전사의 음식"은 다른 모든 행위소와 함께 힘을 모아야만 한다. 니체는 비스마르크의 독일에서 나타난 반유대주의에 대한 그의 논의에서, 음식-인간-소리-국가 배치의 행위성을 언급한다. 그는 맥주를 중요한 자원이라 말했지만, 동시에 맥주는 "신문과 정치와 (⋯) 바그너의 음악"으로 구성된 식단의 일부라고 말했다.[25] 마찬가지로 오직 가톨릭의 채식주

---

24   Nietzsche, *Twilight of the Idols*, sec. 1, p. 47. 니체는 코르나로의 책을 자세히 읽지 않은 것으로 보인다. 왜냐하면 코르나로는 분명히 그의 특수한 식단이 모두에게 적합한 것이 아니라고 말하고 있기 때문이다. "그 누구도 내가 그랬던 것처럼 적은 양의 식사를 해야 할 필요는 없다. (⋯) 내가 적게 먹게 된 이유는 그러한 식사법이 나의 작고 약한 위에 딱 알맞았기 때문이다"(Cornaro, *Art of Living Long*, p. 62). "나는 어쩔 수 없이 내가 먹는 음식과 주류의 양과 질에 심혈을 기울일 수밖에 없었다. 하지만 튼튼한 체질을 가진 축복받은 이는 나와는 다른 음식과 주류를 택할 수 있을 것이며, 더 많이 먹을 수도 있을 것이다."(같은 책, p. 97)
25   전체 인용문은 다음과 같다. "나는 (⋯) 이상주의를 믿는 저 최근의 사색가를 싫어한다. 그리고 가장 값싼 선동 수단인 도덕적 자세를 매스껍게 남용함으로써 민족 속에 있는 명청이 족속을 모조리 선동하려는 (⋯) 반-유대주의자를 싫어한다(오늘날 독일에 있어 **모든** 종류의 정신적 사기, 협잡이 성공을 거두고 있다는 사실은 명백히 독일 정신의 뚜렷한 정체 현상과 관련되는 것이다. 내가 보기에 이 정신의 정체 현상의 원인은 신문과 정치와 맥주와 바그너 음악만을 과도하게 섭취한데 있다)."(Nietzsche, *On the Genealogy of Morals and Ecce Homo*, third essay, sec. 26, pp. 158-159; 강조는 인용자)

의가 다른 행위자들의 특정한 집합과 만났을 때, 즉 배를 부풀리는 푸성귀가 "단식 (…) 성적 금욕 (…) '황야로의' 도피 (…) (그리고) 성직자의 전반적인 반육욕적인 형이상학"[26]과 함께 작용할 때만이, '육식 금지'가 성직자의 르상티망$_{ressentiment}$의 근원으로 작용하게 된다고 보았다.

니체는 음식이 도나 해러웨이가 '물질적-기호적 행위자'[27]라 말한 것에 해당하는 특정 신문들, 바그너의 음악 그리고 금욕주의에 대한 신체적 실천으로 이루어진 물질성의 존재 안에서 활기를 띠어 권력을 발휘하게 된다고 주장했다. 따라서 식사에 대한 과학은 소화액이나 미생물 같은 다른 신체들과의 연합체 내에서 음식이 작동하는 방식을 다뤄야 하고, 지각, 믿음, 기억으로 기술되곤 하는 강도$_{intensity}$들과 음식이 맹렬히 상호 작용하는 방식에 대해서도 다루어야만 한다. 니체는 "영양, 장소, 기후…가 모두가 매우 중요하다고 여기는 (…) (예를 들어) '신' '영혼' '덕목' '죄' '내세' '진리' '영생' 같은 것보다 훨씬 중요하다"[28]고 말하며, 후자를 전자에 비해 '더 높은' 형상으로 간주하는 것을 비판했다.

러시아의 **마트료시카** 인형처럼, 배치는 일련의 더 작은 배치들을

---

26 Nietzsche, *On the Genealogy of Morals and Ecce Homo*, first essay, sec. 6, p. 32.

27 해러웨이, 『겸손한_목격자@제2의_천년(*Modest_Witness@Second_Millennium*)』, p. 2를 참조할 것.

28 Nietzsche, "Why I am So Clever," *On the Genealogy of Morals and Ecce Homo*, sec. 10, p. 256.

포함하고 있다. 즉, 더 크고 더 복잡한 집합체 안에서 몇몇 행위소들이 집단적으로 기능하고 있는 것이다. 하지만 니체는 소화의 배치를 창발의 결과가 아닌 계산 가능한 현상이라 생각했고, 그 체계에 대한 우리의 지식이 더 정교화되고, 갱신되고, 넓어짐에 따라 그 결과에 대한 예측 가능성 역시 증가한다고 믿었다. 여기서 니체는 생리학에 대한 기계론적 모델로 회귀하는 경향을 보인다. 나는 기계론을 신뢰할 수 있다고 이처럼 가정하는 것이, 신체의 몇몇 부분(눈, 의지)이 무엇을 얼마나 섭취하고 흡수해야 하는지에 대해 다른 부분들(팔, 입, 손가락)에 명령을 내리도록 하는 행동의 계획과 계획적인 소화 체계를 추구하고 고안할 때 필요한 하나의 환영이 아닐까 생각한다.

소로, 죽은 고기, 베리

음식, 음료, 인간의 소화, 신진대사의 공동 작용과 강도에 대한 아이디어에 대해 숙고하면서, 니체는 정교한 식사 프로그램을 만들기 시작했다. 대서양 반대편에서 소로 역시 다른 효과를 유도해내기 위해 설계된 자신만의 식이요법을 고안하고 있었다. 두 실험주의자 모두 생기적이고 능동적인 음식의 권력을 통해 몸과 마음의 건강을 추구하고자 했다. 니체는 채소가 금욕적인 행위, 종교적인 르상티망과 연계되는 경우에 그것을 거부했다. 이러한 경우에 채소가 위험할 수 있다는 것이다. 소로 역시 채소의 생기를 긍정했으나, 그는 그것을 그의 신체에 다른 종류의 결과를, 그러니까 병원균에 대해 더 주의를 기울이고 저항하는 사회적 관습을 낳는 또 다른 배치에 위치시켰다.

어느 날 밤, "생선 꿰미"를 들고 집으로 돌아오는 길에 소로는 "길을 막아선 마멋을 언뜻 보았다. 그리고 나는 야만적인 기쁨이 주는 기묘한 황홀감에 휩싸였으며, 그 마멋을 날 것 그대로 탐식하고자 하는 강한 충동을 느꼈다. 그때 나는 그것이 드러내는 야생에 대한 강한 갈망을 느꼈다. 그때 나는 그것이 표현하는 야생성 말고는 그 무엇도 먹고 싶지 않았다".[29] 야생에 대한 갈망, 소로는 처음에 마멋을 탐식하려 했고 **그것**의 생기를 **그의 것**으로 만들려 했다. 하지만 거기서 소로는 잠시 멈춰서 고민했다. **이러한 변화가 어떻게 가능했던 거지?** 물질적 신체들을 몇 년 동안 섭취한 이후, 마침내 그는 식사가 작동하는 방식을 묻기 시작했다. **이 신체들이 나의 신체와** 뒤섞일 때 실제로 무엇이 발생하는가? 이후 월트 휘트먼은 그의 시집 『풀잎』에서 이와 비슷한 사색을 하며 다음과 같이 말했다. "누가 그곳에 가는가? 갈망하는, 무성하고, 신비롭고, 적나라한 그곳에. 어떻게 내가 먹는 고기로부터 내가 힘을 얻어낼 수 있는가?"[30] 소로는 결국 야생의 고기를 '탐식하는 것'이 실은 그의 고유한 활력으로 이어지지 않으며 그의 상상력의 유실, 부패로 이어진다고 결론지었다.

이에 대한 경고 신호는 소로의 소화기관에서 처음 나타났다. '해마다' 소로의 내장은 생선과 고기를 거부하기 시작했다. 결국 그는

---

29   Thoreau, *Walden and Resistance to Civil Government*, p. 140.

30   Whitman, "Song of Myself," lines 389–390, *Leaves of Grass*. 이 문헌을 언급해준 해들리 리치에게 감사를 표한다.

"육류(의) (…) 식사에서 본질적으로 불결한 무언가"[31]를 인지하게 되면서 "동물성 식품(그리고 차와 커피)"을 먹는 것을 그만두었다. 활기 넘치는 마멋의 저항할 수 없던 야생성은 이제 (더럽고 불쾌하며 끈적거리는) 시체의 역겨운 불결함으로 돌변했다. 소로는 이것을 '실천적 혐오'라 불렀다. 육류는 걸쭉한 액체를 흘리고 떨어뜨리지만, "약간의 빵이나 감자는 그에 비해 덜 성가시며 덜 더럽다."[32] 하지만 이것은 단순한 살림의 문제를 넘어선다. 그는 고기가 "나의 상상에 부합하지 않다"고 선언했다. "최고의 상태를 유지하고 더 높은 요건과 시적인 능력을 보존하려는 열망을 품은 모든 사람은 특히 육류를 자제하려는 입장에서 있다고 믿는다. (…) 나의 상상이 살과 지방과 조화되지 않는 이유를 묻는 건 의미 없는 일일 것이다. 그저 나는 그러한 부조화에 만족할 뿐이다."[33]

육류에 대한 소로의 혐오감으로부터, 변하는 것에 대한 플라톤적 반감을, 순간적인 물질 너머의 영원한 형상에 대한 플라톤적 선호를 발견할 수도 있으나, 이는 비록 동물의 지방만큼이나 **물질적**이고

---

31   Thoreau, *Walden and Resistance to Civil Government*, p. 143. 소로는 그의 일기에서 비록 자신의 "거칠고 성급한 야외 활동이 내가 식단에 주의를 기울이지 못하게 (…) 하지만," "내 일에 전념하기 위해서는 나는 절대로 고기를 (…) 먹어서는 안 된다"고 말했다(Robinson, Thoreau and the Wild Appetite, p. 9에서 재인용).

32   Thoreau, *Walden and Resistance to Civil Government*, p. 143. "대부분의 남성이 날마다 다른 이가 준비해온", 즉 여성이 준비해온 붉은 육류로 차린 저녁을 "스스로 준비하게 되는 순간 부끄러움을 느끼게 될 것이다"(p. 144).

33   같은 책, p. 144.

썩기 쉬우나 소로에게 바람직한 효과를 만들어내는 **다른** 음식에 대한 소로의 찬양으로 반박된다. 그는 부패하는 동물의 끈적거리는 점액질을 먹으려 하지 않았으나, 그의 살에 생기를 주고 그의 상상력을 개선시키는 음식은 바라마지 않았다. 이러한 음식으로 그는 "약간의 빵과 감자" 그리고 무엇보다도 베리를 선택했는데, 이 베리는 "형편없지 않고 질이 좋은 월귤나무의 열매"[34]였다. 소로는 "내가 산비탈 위에서 먹은 몇몇 베리가 나의 천재성을 키워왔다는" 사실에 "전율했다."[35]

소로는 일부는 단단하고 일부는 성긴, 그리고 그의 신체를 더 예민하고 야위게 만들며 사물의 힘을 더 잘 식별할 수 있게 만드는 일련의 신체들과 연합하는 것을 열망했다. 예를 들어, 그는 베리의 권력이 다양하게 현실화된다는 것을 알게 되었다. 그가 페어헤이븐 언덕의 덤불에서 서슴없이 먹어치운 베리와 달리 시장에서 파는 월귤나

34 왜 베리처럼 보잘것없는 것을 그토록 마음에 두는지 궁금해하는 이에게 소로는 다음과 같이 자신 있게 응답한다. 순응주의자에게 "위대한 것은 실은 위대하지 않으며 **조잡하다.** (…) 보잘것없는 것들은 실은 보잘것없지 않으며 훌륭하다. 바로 월귤나무 열매처럼 말이다"(Keiser, "New Thoreau Material," pp. 253–254에서 재인용).

35 Thoreau, *Walden and Resistance to Civil Government*, p. 146. 그는 블루베리를 '베리 중의 베리'라 말한다. 하지만 그는 야생의 블랙베리, 블루베리, 산딸기, 월귤나무 열매, 덩굴월귤, 딸기에도 찬사를 보낸다. 로빈슨은 "소로가 어떤 베리를 가장 아꼈는지 판단하는 것은 어렵다"고 말한다. 베리와 베리 섭취에 대한 소로의 무차별적 사랑을 보면서 로빈슨은, 소로가 스스로에 대해 "샘물에서 샘물로 이동하고, 그의 손은 야생의 딸기로 인해 연속적인 샘물들 사이에서 새로이 붉어진다"고 쓴 표현에서 "이교도적 행복감이 나타나는 일종의 의례 행사"를 발견했다(Robinson, *Thoreau's Wild Appetite*, p. 22).

무 열매나 블루베리는 "자신의 진정한 풍미를 내지 않는다. (⋯) 내가 먹었던 것과 같은 베리를 거둬보지 못한 자가 월귤나무 열매의 맛을 안다고 말하는 것은 통속적인 오류다. (⋯) 과일의 진미와 진수는 시장 수레에 올려져 있다가 잎이 떨어져버리면 사라져버린다. 그리고 그것들은 그저 메마른 음식물이 된다."[36] 우리는 씨리얼의 베리와 야생의 베리가 같은 방식으로 작동하지 않는다고, 가공된 치즈와 살균되고 여과된 와인이 살균되지 않고 여과되지 않은 치즈와 와인에 비해 더 수동적이고, 덜 생기적이고, 더 예측 가능하다고 말할 수 있을 것이다.[37]

허기진 영혼

니체와 소로에게 식사는 인간의 신체와 비인간 신체들 사이에서 양방향으로의 만남이 이루어지는 장이었다. 차, 커피, 채소, 맥주, 음악, 베리, 생선, 마멋, 메마른 소로의 신체, 병약한 니체의 신체는 모두 어느 정도의 생기적 힘을 갖고 있다. 레온 카스는 그의 유명한 책『굶주린 영혼: 식사와 자연의 완전함』에서 이와는 매우 대조적인 식사 모델을 논했다. 카스는 일상적인 식사 행위가 창조물의 계급에 대해 무언가를 드러낸다고 보았다. 그 무언가는 신체들의 자연적 위계를 드러내는데, 여기서 물질이 가장 아래이고, 유기체가 중간이며, 인간은

---

36   Thoreau, *Walden and Resistance to Civil Government*, pp. 116-117.
37   이에 대해서는 패첸 마켈에게 감사를 표한다.

가장 위에 위치한다.

카스는 다음과 같이 말하며 논의를 시작한다. "우리는 우리가 먹는 것이 되지 않는다. 그보다 먹을 수 있는 것들이 우리에게 동화되는 것이다. (…) 먹을 수 있는 대상은 먹는 자에 의해 철저히 변형되고 먹는 와중에 다시 형성된다."[38] 어떻게 그 자체로 먹을 수 있는 물질인 인간의 신체가 다른 모든 신체에 완전히 우위를 점할 수 있는가? 카스는 그 무엇과도 비길 데 없이 강력한 인간 신체의 권력을, 인간의 신체가 하나의 유기체라는 사실로부터 찾을 수 있다고 주장했다(나중에 살펴보겠지만, 그것만으로 완전히 설명되지는 않는다). 카스는 유기체를 '생명'이라는 비물질적인 부가물과 혼합된 물질적인 신체라 정의한다. '생명'은 단지 물질의 기계적 작용과는 질적으로 다른 힘이다. 생명은 "신진대사의 결과가 아니라 원인이다. 왜냐하면 영양 공급을 통한 지속은 물질 혼자서는 할 수 없는 것이며 **조직된** 유기체의 **성취**이기 때문이다."[39] 인간만이 아니라 모든 유기체들은 생명의 힘을 통해 생기를 얻고, 그래서 모든 유기체는 비-유기적인 물질이나 죽은 고기에 '형상'을 부여하는 권력을 가진다. 생명이라 불리우는 신비로운 힘은 "먹을 수 있는 대상을 (…) 먹는 주체"로 "철저히 변형시킨다".

카스는 여기서 더 나아가 인간 유기체는 이러한 생명의 힘을 특

---

38   Kass, *Hungry Soul*, pp. 25-26. 조지 W. 부시는 카스를 부시 행정부의 생명윤리 자문위원으로 임명했고, 카스는 자문회의 장을 한 번 맡았다.

39   같은 책, p. 55.

별하게 부여받았다고 주장한다. 이에 대해 혹자는 인간이 신이 고안한 유기체 중 가장 높은 등급의 유기체로서 '영혼'을 갖고 있기에 인간이 **특별한** 활기를 갖고 있다고 말할 수 있다. "높게 솟아오른 꼭대기에서, 올라오면서 지나쳐온 자신의 고유한 경로만이 아니라 세계 전체를 응시하는" 영혼을 가진 유기체는 "그가 먹는 것을 신성하게 만드는 형상들을 받아들일 수" 있다.[40]

카스는 유기적 물질과 비유기적 물질 사이의 강한 구별을 받아들였고, 단순한 물질에 활기를 불어넣는 비물질적인 힘의 존재를 자신 있게 긍정했으며, 인간만이 갖는 생명력, 즉 영혼의 유일함을 찬양했다. 그렇게 함으로써 그는 일종의 생기론을 긍정했다. 복음주의적 기독교인이었던 카스는 『허기진 영혼』에서 명료하고, 대담하고, 당당한 주장들을 개진했다. 그래서 그는 우리가 문화 속에 더 넓게 퍼져있는, 더 온건하고 함축적인 생기론자의 주장들을 식별할 수 있도록 도움을 주었다. 나는 5장과 6장에서 이마누엘 칸트, 한스 드리슈, 앙리 베르그송이 지지한 생기론의 여러 다른 형태들 그리고 이러한 생기론이 **그 자체로** 능동적이고 생동하는 권력인 물질성에 대한 이론과 소통할 수 있는 공간에 대해 고려할 때, 이 주제로 다시 되돌아올 것이다.

카스는 인간의 식사에 대한 정복자 모델을 제안했는데, 여기서 동물, 식물, 박테리아, 금속, 합성 호르몬, 미량 영양소, 다이옥신, 그리

---

40 같은 책, p. 15.

고 다른 산업 폐기물들로 이루어진 섭취되는 신체들은 인간의 사용을 위한 비활성화되고 형성적인 물질로서 간주된다. 소로, 니체 그리고 오메가-3와 경화 유지에 관한 최근의 연구는 이러한 정복자 모델과 그 모델의 핵심인 형상-물질의 이분법에 의문을 제기한다. 그 대신에 그들은 음식에 내재하는 생산적인 권력을 포착하는데, 이것은 먹을 수 있는 물질이 우리의 상상력을 악화시키거나 개선할 수 있도록 만들며, 르상티망, 우울증, 활동항진, 우둔함, 폭력을 유발하거나 억제하는 성향을 부여할 수 있게도 만든다.

그들은 전부 어느 정도의 행위적 능력을 지닌, 인간과 비인간 요소들의 배치가 형성되는 과정으로서 식사를 체험했다. 이러한 능력은 인간의 기획을 막거나 방해하는 부정적인 권력을 갖고 있으나, 무언가를 촉발하고 결과를 창조해내는 능동적인 힘 역시 갖고 있다. 식사에 대한 이러한 모델에서 인간과 비인간 신체들은 서로가 서로에게 반응하며 재물질화되는 것으로 여겨진다. 인간의 신체와 비인간 신체 모두가 형성 권력을 행사하며 동시에 그 둘 모두가 그러한 힘이 작용하는 질료로서 나타난다. 식사는 내부와 외부 사이의 경계가 모호해지는, 끊임없는 상호변형 과정으로 여겨진다. 나의 식사는 내 것이기도 하고 내 것이 아니기도 하다. 당신은 당신이 먹은 것이기도 하고 그것이 아니기도 하다.

방랑하는 물질

먹히는 것이 음식이 되기 위해서는, 그것이 진입한 외-부에서 그것이 소화될 수 있어야만 한다. 마찬가지로, 먹는 사람이 영양을 공급받기 위해서는, 내면화된 외-부에 스스로 적응할 수 있어야만 한다. 식사에서 이루어지는 마주침의 과정에서 모든 신체는, 생성 과정에 놓이고 퇴적 작용과 고체화를 통해 일시적으로 중단되는 격한 흐름인 물질성의 일시적인 응결로서 나타난다. 영국의 식사 관행에 대한 에마 로의 현상학은 어떻게 음식이 하나의 명확한 실체를 구분짓는 문턱 주변에서 위아래로 흔들리는지를 강조하고 있다. 처음 먹는 이의 입에 들어간 당근은 고유한 맛, 색, 향, 질감을 가진 완전한 하나의 실체다. 하지만 일단 소화되면, 우리가 내장에 삽입한 매우 작은 카메라를 통해 관찰했을 때 당근의 일관성은 점차 흐트러지며, 결국 당근과 먹는 이 사이의 차이는 완전히 사라지게 된다.[41] 모드 엘먼 또한 음식의 다양한 활동에 대해 다음과 같이 설명하고 있다.

위에서 이루어지는 (음식의) 분해, 그것이 피에 흡수되는 과정, 그것이 표피에서 발한하는 현상, 기나긴 장에서 이루어지는 음식의 윤회 작용. 오크라 열매, 검보 수프, 굴의 점성. 젤리의 탄력성, 블랑망제 디저트의 용해. 뱀의 목구멍의 팽창, 상어의 위에서 천천히 이루어지는 부식 과정. 초

---

41   Roe, "Material Connectivity". 레이철 콜스는 완전히 '물질적'이지도 '담론적'이지도 않은 '유동적인 살'로서의 신체적 '군살'에 대한 그녀의 연구에서 이와 연관된 점을 지적한다(Colls, "Materialising Bodily Matter").

원, 과수원, 밀밭, 가축 수용소, 슈퍼마켓, 부엌, 돼지 구유, 쓰레기장, 쓰레기 처리기를 거치며 이루어지는 방랑. 씨를 뿌리고, 사냥하고, 요리하고, 으깨고, 처리하고, 통조림으로 만들어내는 산업들. 묘기 같은 구조 변형, 빵을 만들 때 나타나는 팽창, 수플레의 부풀어오름과 꺼져내림. 살아 있는 물질 전체 목록을 망라하여, 채소와 미네랄, 생선, 고기, 가금류 등을 익히지 않거나 조리한 것, 굳히거나 녹인 것.[42]

요컨대, 먹을 수 있는 것들은 들뢰즈와 가타리가 물질성의 '방랑하는' 성질이라 말한 것을, "물질-형식에 대한 모든 이야기들"에 의해 무시되었던 연속적인 변화 성향을 드러낸다.[43] 외부와 내부가 뒤섞이고 재결합하는 신진대사 활동은 생기적 물질성에 대한 보다 납득할 수 있는 아이디어를 떠올릴 수 있도록 한다. 그것은 형성된 신체들과 다루기 힘든 사물의 밑과 내부에 존속하고 있는 여러 무리의 활동을 그리고 세계를 유기적인 생명과 비-유기적인 물질로 나누는 우리의 개념적 습관에 의해 가려져왔던 생기를 드러낸다.

음식은 어떻게 문제가 되는가?

정교한 식사에 대한 나의 마지막 예시는 음식 생산, 마케팅, 유

---

42   Maud Ellman, *The Hunger Artists* (1993). Eagleton, "Edible Écriture," p. 207에서 재인용.

43   Deleuze, "Metal, Metallurgy, Music, Husserl, Simondon".

통과 관련된 맥도널드화, 환경의 지속불가능성, 석유중심주의에 반대하며 1986년 이탈리아에서 처음 나타난 슬로푸드 운동에 대한 것이다. 그 선언문에 의하면, "슬로푸드는 땅의 관리와 생태학적으로 건전한 음식 생산에, 기쁨, 문화, 공동체의 중심으로서 부엌과 식탁을 복권시키는 것에, 지역적이고 계절에 따른 요리 전통을 활성화시키고 확산하는 것에, 협력적이고 생태지향적이며 도덕적인 세계화의 창조에, 그리고 서두르지 않고 더 조화로운 삶을 살아가는 것에 전념한다."[44]

슬로푸드가 '그래놀라'와 '푸디스' 모두에 호소하는 것은 그것의 독특한 점이기도 하며 그것이 특히 강력한 배치가 될 수 있도록 하는 요인이다. 그것은 생태학적 지속가능성, 문화적 특수성, 영양의 경제학, 미적 희열, 그리고 기초적인 재료로 음식을 만드는 데 필요한 기술 모두를 찬미한다. 이러한 이미지들을 한데 묶고 동시에 실천함으로써 그리고 특수한 집합을 형성함으로써, 슬로푸드는 '환경 보호주의'라는 기치 아래 한때 하나가 되었던 대중을 개혁할 기회를 가질 수 있다.

맛있는 음식, 낭비 없는 에너지 사용, 지구에 대한 사랑 같은, 슬로푸드의 여러 관심사들은 아마도 바버라 킹솔버가 "우리가 강과 바다에 버리는 수백만 톤의 쓰레기가 물을 오염시키지 않는다는, 우리가 대기에 내뿜는 탄화수소가 기후를 변화시키지 않는다는, 남획이

---

44   슬로푸드 미국 지부의 「선언문(Manifesto)」을 참조할 것.

바다를 고갈시키지 않는다는, 화석 연료가 고갈되지 않는다는, 수많은 시민을 죽이는 전쟁이 남은 것을 손에 쥐고 있기 위해 우리가 취할 수 있는 적절한 방식이라는, 우리가 환경이라는 은행에 엄청난 빚을 지고 있지 않으며 아이들의 앞날이 괜찮을 것이라는, 이러한 거대한 환각을 일으키는 환상"[45]이라 말한 것으로부터 우리를 깨우쳐줄 수 있다.

슬로푸드 프로그램은 음식을 준비하고 음미하기 위한 시간만이 아니라, 음식이 시장에 도달하기 이전에 선행하는 경제, 노동, 농업, 문화, 배송과 관련된 사건들을 돌아보는 시간 역시 갖는다. 이러한 방식을 따라, 슬로푸드 프로그램은 음식에 대한 상품-연쇄commodity-chain 접근을 내세우는데, 이러한 접근은 음식 상품의 '일대기'를 연대순으로 기술하고 "그러한 연쇄적 흐름의 서로 다른 위치에 있는 사람들과 장소들을 연결하는 고리"[46]를 추적한다. 이러한 실천은 소비자에게 그들의 입에 들어가는 것에 대한 더 나은 통찰을 제공한다. 농약, 동물 호르몬, 지방, 설탕, 비타민, 무기질 같은 성분에 대한 통찰 말고도, 식품 노동자들의 고통과 기업식 농업의 탐욕 그리고 의회에서 그들을

---

45   Kingsolver, "Good Farmer," p. 13.

46   Jackson et al., "Manufacturing Meaning along the Food Commodity Chain". 마이클 폴란의 『잡식동물의 딜레마(The Omnivore's Dilemma)』에서 이와 관련된 좋은 사례를 찾을 수 있다. 『잡식동물의 딜레마』는 미국인의 다음 네 가지 식사의 계보를 제시하고 있는데, 하나는 맥도널드의 음식, 또 하나는 홀푸드 마켓에서 파는 재료로 만든 음식, 다른 하나는 소규모 자급농장의 재료로 만든 음식, 그리고 마지막으로 폴란이 찾고 모은 재료들로 만든 음식들.

대변하는 대리인들에 대한 통찰까지 말이다.[47] 하지만 내가 보기에 슬로푸드의 배치는 그것의 초점을 인간의 활동 너머로 확장시키면 더 강력해질 수 있다. 슬로푸드는 생명과 물질을 존재론적으로 구별하는 입장에 서서 음식을 단순한 자원이나 수단으로 간주하며 비인간 물질성이 본질적으로 수동적인 물건과 같다는 생각을 영속시키는 경향이 있다. 우리가 음식의 행위성을 인정하게 된다면, 우리는 식사에 대한 우리의 고유한 경험을 재고해야 할 것이다. 만약 슬로푸드가 음식의 능동적인 생기를 더 강하게 인식하게 된다면 무슨 일이 일어날까? 무력한 물질이라는 이미지로도 매우 소모적이고 지구를 위협할 정도의 소비에 대한 현재의 관행을 움직일 수 있다면, 활기 넘치는 힘으로서 경험되는 행위적 능력을 지닌 물질성은 생태학적으로 더 지속 가능한 사회를 만들도록 할 수 있을 것이다.

나는 음식을 '삶이 계속된다면 소유할 수 있는' 도구로 바라보는 관점에 반대하며, 음식 그 자체를 배치의 구성요소들 사이에서 이루어지는 나의 신진대사, 인지, 도덕적 감수성을 포함하는 행위적 배치 내의 행위소로서 해석한다. 인간의 의도는 식이요법, 비만 그리고 식

---

47   여기서 몇몇 좋은 사례를 참고할 수 있는데, 윤이 나는 붉은 빛의, 벌레 먹지 않은 슈퍼마켓의 사과에 내포되어 있는 빈곤 임금과 열악한 작업 여건을 폭로한 체리 루카스 제닝스와 브루스 H. 제닝스. 그리고 기업식 농업의 이익, 보조금을 지원받는 옥수수 생산, 액상과당과 비만 사이의 관련성에 대한 그레그 크리처의 설명. 이와 관련하여 제닝스와 제닝스의 「녹색 밭/갈색 피부(Green Fields/Brown Skin)」 그리고 크리처의 『옥토(*Fat Land*)』를 참조할 것. 액상과당이 미국의 비만 문제의 주요 원인이라는 주장에 대한 비판을 보려면 워너의 「이 끈적거리는 것이 당신을 신음하게 하는가?(Does This Goo Make You Groan?)」를 참조할 것.

량안전 보장이라는 생각을 드러내는 여론의 핵심적인 요소임이 틀림없으나, 인간의 의도만이 유일한 행위자라거나 언제나 가장 중요한 요인이라고 말할 수는 없다. 자기 스스로 변화하며 소산하는 물질성으로서 음식은 중요한 참여자로서 기능한다. 그것은 우리가 되어가는 것에 진입한다. 음식은 우리가 무엇을 먹고, 어떻게 그것을 얻고, 언제 그것을 멈추는지 같은 질문에 답할 때 집중하게 되는 기분, 인지적 성향, 도덕적 감수성 안에서 작동하는 많은 행위성 중 하나인 것이다.

4장 금속의 생명

「학술원에 드리는 보고」라 불리는 카프카의 짧은 소설에서, 세련된 의복을 갖추긴 했지만 털투성이의 로트페터는 황홀경에 빠진 인간 청중 앞에서 다음과 같이 말한다. "고매하신 학술원 회원 여러분! 여러분들은 원숭이로 살아왔던 저의 삶에 대한 보고서를 학술원에 제출하도록 요구하심으로써 저에게 영광을 베풀어주셨습니다. (…) 제가 말해야만 하는 것을 통해 (…) 이전의 원숭이가 인간 세계에 들어와 어떻게 정착하게 되었는지 그 기본 노선을 보여줄 수 있을 것입니다." 가속화된 진화 프로그램을 통해, 로트페터는 인간 세계에서 살아가는 방법에 적응했다. 그는 담배를 피우고 슈냅스를 마시는 것을 배웠고, 이러한 성취를 이루었다는 점에 우쭐대곤 했다. "왜냐하면 저는 다른 것은 할 줄 몰랐기 때문에, 정신이 몽롱해졌기 때문에" "간결하고 분명하게 '안녕!' 하고 소리쳤습니다. 인간의 소리를 터트린 것입니다. 이 소리로 인간 공동체 속으로 뛰어들게 된 셈이지요. 그러자 다들 이렇게 말했습니다. '들어봐, 저게 말을 해!'"[1]

로트페터는 자신의 '생명'에 대해 설명한다. 여기서 이 생명이라는 말은 감정, 사회성, 반성의 능력에 걸맞은 생물학적 조건을 뜻한다.

[1]   Kafka, "Report to an Academy," p. 257.

카프카는 인간과 원숭이는 단일한 '선' 위의 다른 점이라는 차이만을 가지며 생명을 똑같이 공유하는 존재라는 점을 명확히 지적한다. 카프카가 살았던 시기에는 인간과 동물 사이에 있다고 여겨졌던 차이가 매우 좁아졌으며, 인간만이 갖고 있다고 여겨졌던 특징이나 재능이 비인간인 동물에게도 존재하는 것으로 밝혀졌다.[2] 이제는 동물이 생물-사회적이며 의사소통을 한다는 점, 심지어 생각하는 삶을 살아간다는 주장에 이론의 여지는 없을 것이다. 하지만 비유기적 신체 역시 생명을 가진다고 할 수 있을까? 물질성 그 자체가 생기적이라 말할 수 있을까?

이전 장에서는 물질의 생기성을 의욕적인 욕구나 단일한 신체들 혹은 원시-신체들의 운동력, 행위적 배치를 형성하는 힘의 경향, 그것을 먹는 인간 신체에 효과를 불러일으키는 식물과 동물의 능력이라고 말했다. 이번 장에서 나는 생리학적이고 유기적인 접근에 매여 있던 생명이라는 개념을 그러한 접근으로부터 얼마나 더 떨어뜨릴 수 있는지 확인하기 위해 생명의 특징에 명시적으로 주의를 기울일 것이다. 생명은 오직 생명-물질이라는 이분법의 한 측면에서만 이해될 수 있는가? 아니면 무기적이고 금속적인 생명이 있다고 말할 수 있는가? 혹은 '비가 내릴' 때도 거기에 생명이 있는가? 나는 그렇다고 생각하

---

2   이와 관련된 연구들을 잘 요약한 문헌을 보고 싶다면, 케이트 더글러스의 「이제 동물에서도 발견된, 인간만이 '유일하게' 갖고 있던 6가지 특징들(Six 'Uniquely' Human Traits Now Found in Animals)」을 참조할 것.

고, 이를 더 쉽게 납득할 수 있는 적절한 생태학적이고 생명공학적인 근거가 있다.[3]

하나의 생명

질 들뢰즈의 짧은 에세이 「내재성: 하나의 생명」에는 '하나의' 생명이라는 개념이 소개되어 있다. 주제가 다소 불분명한 그 논문에서 그것은 비결정적인 생기로, '순수한 비-주체적인 흐름'[4]으로 나타난다. 하나의 생명은 "발생한 것의 주체성과 객체성으로부터 (…) 자유로운 순수 사건"[5]이기 때문에, 찰나적으로만 가시적이다. 생명은 전기적이고 형태적인 시간의 다양한 순간들 사이에 존재하는 기묘한 비시간非時間에 거주한다. 그 광경을 들여다보게 되면, 우리는 로트페터의 생명의 세계에서 사실상 살아가는 잠재적인 것을 엿볼 수 있다. 들뢰즈는 이 비인격적 생기의 예시로서 유년기의 어린아이들을 인용하는데, 이 어린아이들은 아직 개인이 되지는 않았지만 '특이성들'이라 할 수 있고, 그래서 그 아이들이 조우하는 우연성들에 따라 단지 **이러한** 미소

---

3   지리학자 닉 빙엄은 '비인간 친목'이라는 개념을 '개방성에 대한 특정한 소질' 또는 외-부에 의한 '촉발을 학습하는 능력'이라 말했다. 비록 그가 제시하는 비인간의 예시가 유기체(벌과 나비)에 그치고 있으나, 그의 글은 비유기적인 물질과 '친구가 될' 가능성이 있는지 없는지에 대한 질문을 제기하고 있다. 그의 「벌, 나비 그리고 박테리아(Bees, Butterflies, and Bacteria)」를 참조할 것.

4   Deleuze, "Immanence," p. 3-4.

5   같은 글, p. 4. 「생명의 신기로움(The Novelty of Life)」(미출간 원고)에서 파올라 마라티는 들뢰즈의 생명 개념이 경험적이거나 생물학적인 내용을 담고 있지는 않으나 지속이라는 베르그송의 생각에 더 근접했다고 주장한다. 생명은 "시간의 잠재적인 실재성 그리고 새로운 것의 창조를 뜻하는 제약 없는 분화의 권력과 공존하게 된다". p. 7. 이 자료의 복사본은 내가 개인적으로 구했다.

를 짓고, **이러한** 제스처를 취하고, **이렇게** 찡그린 표정을 지을 뿐이다. "순수한 권력이자 심지어 지복이라 할 수 있는 내재적인 생명. (⋯) 미규정적인 생명"[6]은 이 작은 아이를 가로지른다. 하나의 생명의 순수한 권력은 지복으로서 또는 형언할 수 없는 순수한 폭력으로서 현시할 수 있고, 여기서 나는 들뢰즈의 용어를 '하나의 생명'의 어두운 면을 인정하기 위해 조금 개선시켜 사용할 것이다. 비나 다스는 '세계 파괴적' 폭력(가령, 인디라 간디의 암살 이후 발생한 학살)의 발발 이후 자신의 삶들을 다시 접합하려는 사람들의 시도를 다룬 그녀의 민족지 연구에서, 그러한 폭력에 대한 "그 (⋯) 비-서사의 얼어붙어-버리는 특성"에 주목했다. 이는 언어들이 '얼어붙어 마비되거나' '생명과의 접촉'을 상실한 경우를, 즉 언어들이 문화적인 생명의 세계와 접촉이 끊어진 상황을 뜻하는 것이다.[7] 생명의 세계와 연결이 끊어졌을 때, 언어가 '하나의 생명'을 표현한다고 말할 수 있는가? 이제 더 이상 생명이 매력적인 것만으로는 여겨지지 않기에, 다스의 작업을 보면서 나는 충만함과 생기라는 은유를 통해서만 생명의 분출을 기술하는 일을 줄여야 한다고 생각하게 되었다. 때때로 생명은 지복이라기보다는 공포로서 경험되고, 잠재적인 것의 충만함이라기보다는 철저히 의미 없는 공백으로도 경험된다.

따라서 하나의 생명은 어떤 특정의 신체와도 완전히 일치하지

---

6   Deleuze, "Immanence," p. 5.

7   Das, *Life and Words*, p. 97.

는 않는 약동하는 활기 또는 파괴적이면서도 창조적인 힘-존재를 뜻한다. 하나의 생명은 사람, 장소, 사물 안에 자신을 완전히 '드러내지' 않은 채 현실적인 것의 구조를 찢는다. 하나의 생명은 『천 개의 고원』에서 '물질-**움직임**' 또는 '물질-**에너지**', 그리고 "배치에 진입하고 그것을 떠나는 변화에 놓인 물질"[8]이라 말한 것을 가리킨다. 하나의 생명은 어떠한 개인에 고유한 생기가 아니라 '순수한 내재성' 또는 실재이긴 하나 현실적이지는 않은 변화무쌍한 무리라 할 수 있다. "생명은 오직 잠재성만을 갖는다. 그것은 잠재성들로 이루어져 있다."[9] 생명은 '비-주체적이다'. 들뢰즈는 어디에선가 참된 작가는 '자신을 관통하는 정동이나 자신 안에서 흐르는 생명에 대해서는 그저 너무나 취약하기만 한', '위대하면서도 생명력이 넘치는'[10] 존재가 되려고 노력하는데, 그에 반해 많은 프랑스 소설가들은 생명을 '개인적인 것'으로 환원하는 경향이 있다며 한탄했다. 이 인용구에서 우리는 프리드리히 니체가 『권력에의 의지』의 다음과 같은 구절에서 표명한 독특한 생기론을 엿볼 수 있다. "여러분은 내게 생명이 무엇인지 알고 있는가? 스스로를 소모하지 않고 변전하기만 하는 것. (…) 여러 힘과 파도의 유희로서 하나인 동시에 허다한 것 (…) 흐르고 세차게 몰아붙이며 영원히 변화하는 힘들의 바다다."[11]

---

8   Deleuze and Guattari, *Thousand Plateaus*, p. 407; 강조는 인용자.

9   Deleuze, "Immanence," p. 5.

10   Deleuze and Parnet, "On the Superiority of Anglo-American Literature," p. 50.

11   들뢰즈와 가타리는 '원자'나 안정된 '대상'의 형이상학을 비판한 니체에게 동의하고 있다. 『권

아이스킬로스의 견고한 사슬의 중량

아이스킬로스의 희곡 『사슬에 묶인 프로메테우스』에서, 프로메테우스를 속박하는 사슬은 죽어 있고 움직이지 않으며 현실적인 것이나, 생명은 생동하고 유동적이며 잠재적인 것이다. 첫 번째 장면에서 크라토스(힘)는 헤파이토스(금속공학자)에게 이 사슬로 프로메테우스를 묶으라고 요구한다.

우리는 대지의 가장 먼 경계에 도착했소이다.

여기가 바로 스키타이 땅으로 인적미답의 황무지요.

헤파이스토스여, 그대는 어서 아버지의 명령을 이행하시오.

여기 이 주제넘은 자를 강철 사슬의 부술 수 없는 족쇄로

높고 가파른 바위에 붙들어 매란 말이오.[12]

력에의 의지(*The Will to Power*)』 entry 522에서 니체는 오직 "그 밖의 복합체와 비교하여 얼핏 보기에는 지속적인 것처럼 보이는 사건의 복합체"이 있다고 말한다. 하지만 들뢰즈와 가타리는 니체의 정식에서 때때로 명백히 드러나고 있는, 사건을 그 안에서 작동하는 인간의 힘으로 환원시키는 언어적 구성주의의 경향을 피하고자 한다. 이러한 경향성은 다음과 같은 니체의 말에서 나타나고 있다. "사물과 (…) 원자는 (…) 전혀 현존하고 있지 않다. (…) '사물'이란 개념이나 심상에 의해 종합적으로 결합된 그 여러 결과들의 총계다."(Nietzsche, *Will to Power*, entry 551) 그리고 그가 이를 스스로에게 강조하는 부분에서도 이러한 경향이 나타난다. "사물 자체란 어떠한 것인가 하고 묻는 것은 우리의 감관의 수용성과 오성의 활동성을 완전히 제쳐두고도, 사물이 있다는 것을 우리는 어디에서 알 수 있는가를 묻는 것으로 대체되지 않으면 안 된다. 사물성은 우리에 의해 비로소 만들어진 것이다. 문제는 (…) '사물을 적립하는' 것만이 실재적이지 않을까, '우리에게 행동을 유발하는 외계의 작용'도 그러한 의욕하는 주체의 귀결에 지나지 않는 것은 아닐까."(entry 569)

12   Aeschylus, *Prometheus Bound*, p. 65.

프로메테우스의 친구 헤파이스토스는 마치 프로메테우스가 철이나 강철같이 **가장 단단한** 금속이라는 의미를 가진 그리스어 **아다마스토스**adamantinos를 어원으로 하는 **아다만트**adamantine로 만들어진 사슬에, 금속에 굴복해야만 했던 것처럼, 크라토스의 말에 마지못해 굴복한다. 그 '악인'은 사슬과 강력히 맞서 싸우려 하지만, 그의 살은 그 단단하고 무감각한 금속에 절대 필적할 수 없다.

금속을 수동성 혹은 죽은 사물성과 연결시켜 바라보는 관점은 여기서도 유지된다. '아다만트 사슬'은 이후 쇠 창살, 놋쇠 못, 강철 표면, 강철 같은 의지, 순금 등을 의미하게 된, 오래도록 쓰인 비유들 중 하나다. 이러한 **금속**을 생기의 상징으로서 선택한 사람이 있는가? 들뢰즈와 펠릭스 가타리는 「노마디즘」이라는 짧은 글에서 금속을 생기적 물질성의 전형이라 말했다. 금속은 이 진동하는 활기를 가장 잘 드러낸다. 생명으로 충만한 금속은 "비유기적 생명에 대한 놀라운 발상"을 낳는다.[13]

나는 활동이 물질의 '모호한 본질'[14]이라는 '놀라운' 발상을 실험한 들뢰즈와 가타리를 따른다. 하지만 이것은 어떠한 종류의 활동인

---

13   Deleuze and Guattari, *Thousand Plateaus*, p. 411.

14   "그러나 배치물들 속에 들어왔다가 나가버리는 이 운동-물질, 에너지-물질, 흐름-물질, 이 변화하는 물질을 과연 어떻게 규정하면 좋을까? 그것은 탈지층화되고 탈영토화된 물질이다. (…) (그것은) 고정된 본질과 구별되는 질료적이고 모호한(…유동적이고 비정확하지만 아주 엄밀한) 본질의 영역이다. (…) 그들은 지성적인 형식적 본질, 형식화되고 지각된 감각적 사물성과도 구별되는 물체성(질료성)을 끄집어낸다."(같은 책, p. 407)

가? 오래전 토머스 홉스는 생명이 움직이는 물질이라는 점을, 신체들에 의해 "한 장소로부터의 이탈과 다른 장소의 점유가 끊임없이 일어나는 과정"이 있다는 점을 주장한 바 있다.[15] 이것이 들뢰즈와 가타리가 '물질적 생기성'이라 말한 것과 같은가? 아마도 아닐 것이다. 홉스가 형상을 갖춘 신체들이 공간의 공백을 통해 움직일 때의 신체 활동에 주목했다면, 들뢰즈와 가타리는 온전히 신체적이거나 공간적이지 않은 활기를 강조했는데, 왜냐하면 공간 내의 신체는 가능한 양상 중 하나에 지나지 않기 때문이다. 진동, 소실, 미규정적이고 목적성이 없는 모호함 같은 용어들을 통해 이러한 활동에 대해 더 잘 상상해볼 수 있다.

이 생동하는 생기성은 형성된 신체에 선행하거나 그 안에 존속하는 것일 수 있고, 혹은 단순히 형성된 신체일 수도 있다. 『천 개의 고원』은 동물-되기와 기관 없는 신체들의 활기 넘치고 생기적인 원시-신체들과 비-신체들로 가득 차 있다. 이러한 신체들은 "어느 날, 어느 계절, 어느 해, 어느 삶 등의 개체화를 가진 형식을 부여받지 않은 입자들 사이의 빠름과 느림의 집합"이라는 스피노자의 용어로 가장 잘 설명될 수 있다.[16] 이것은 공간에서 연장될 수 있는 사물이 아닌 강도들의 활동이라 할 수 있으며, '잠재적인' 물질 또는 '물질 에너지'

---

15   Hobbes, "De Corpore," 2부 8장 10절.

16   Deleuze and Guattari, *Thousand Plateaus*, p. 262.

의 '순수한 생산성'이기도 하다.[17] 들뢰즈와 가타리는 그러한 "물질적 생기는 (…) 의심의 여지 없이 어디에나 존재하지만, 보통은 질료 형상 hylomorphic 모델에 의해 숨겨져 있거나 은폐되어 있으며 인식할 수 없다"[18]고 말했다.

(프랑스 기술철학자 질베르 시몽동에게서 빌려온 용어인) '질료 형상' 모델은 신체들이 어떻게 변화하고 발달하는지를 설명하기 위한 모델이다. 그 모델에 따르면 수동적이고 조직되어 있지 않으며 날것으로 가정된 물질은, 그 자체로는 물질적이지 않은 무언가의 행위성을 통해서만 유기적인 '형상'을 부여받을 수 있다. 따라서 질료 형상 모델은 단순한 물질을 체화된 생명으로 변형시키는 권력을 지닌 비물질적인 보완재를 상정하는 일종의 생기론이다. 3장에서 언급한 레온 카스는 질료 형상 모델을 통해 식사를 설명한다. 단순한 물질의 기계적인 움직임으로 신진대사를 바라본다면 유기체의 '생명'을 설명할 수 없는데, 왜냐하면 그러한 관점은 유기체를 "통합하고 안내하는 비물질적인 어떤 '것'"[19]을 필요로 하기 때문이다. 카스는 이러한 정신적인 힘이 "물질적인 것에 절대적으로 의존한다"는 것을 인정하지만("그 누구도 사자의 살에서 분리된 사자의 형상을 찾을 수 없을 것이다"), 그것은 살보다 더 심층적이고 참된 그리고 살과는 독립적인 실체를 갖는다. 그래서 카스

---

17   같은 책, pp. 407-411.

18   같은 책, p. 41.

19   Kass, *Hungry Soul*, p. 36.

는 "유기체는 자신의 물질들이 지속되지 않더라도 지속된다"[20] 고 말하
는 것이다.

형상 질료 모델에 따르면, '형성적' 권력은 이성이 없고 기계적인
물질의 **외부에** 있어야만 한다. 그 모델은 존 마크스가 물질성 내에 있
는 '암묵적인 위상적 형상들'이라 말한 것의 존재를 상정하지도 식별
하지도 못한다. 이 위상적 경향은 외부 행위자의 활동에 수동적으
로 저항하는 것에 그치지 않으며, 자신 스스로를 표현하려 능동적으
로 노력한다. 즉, 그들은 '신체화'되지 않은 채로도 의욕적이고 능동적
으로 활동한다. 질료 형상 모델은 목세공인과 금속공학자가 숙지하고
있는 것, 바로 '외부 형식이 (단지) 끌어내고 촉진할 수 있을 뿐인' 물질
의 '변화 가능한 강도적인 정동'과 '발단적 특질'들이 존재한다는 것을
알지 못한다.[21] 장인(그 외에 정비공, 요리사, 건축업자, 청소부, 그리고 사물과
친숙한 그 누구라도)은 물질로부터 분리할 수 있는 형성적 권력이 아니
라, 그들과 접촉한 다른 힘들, 정동들, 신체들에 따라 다양한 형태로
규정되는 발단적 경향과 성향을 지닌 창조적인 물질성과 조우한다.

요약하자면, 들뢰즈와 가타리가 물질의 생기성에 대해 말했을
때, 그들은 단순히 공간 내에서 이루어지는 신체들의 '홉스식' 움직임
을 의미한 게 아니다. 그들이 주목한 것은 객체의 **역사성**도 아니고,
사물의 형상과 의미가 새로운 사물들과 새로운 관계에 놓임에 따라,

---

20 같은 책, p. 41.
21 Marks, "Introduction," p. 5.

시간의 흐름에 따라, 사회 전체로부터 이탈함에 따라 변화하는 방식도 아니다(이것이 바로 인류학, 사회학 그리고 과학 연구에서 '객체의 사회적 삶'을 다루는 전통이 하는 일이다). 들뢰즈와 가타리가 보고자 했던 것은 공간 내 임의의 배열이 형성되는 시점 전후로 존속하는 생기의 발현이고, 강도의 독특한 '운동성'이며, 비표상적 지리학자인 앨런 래섬과 데릭 매코맥이 물질-에너지의 '지속적으로 창발하는' 특질이라 말한 것, 또는 철학자 브라이언 마수미가 "발단과 경향성incipiencies and tendencies이 압박하는 무리", 즉 물질이라 기술한 것이다.[22] 여기서의 목적은 무력한 실체와 물질성을 묶어왔던 그리고 유기적인 것과 비-유기적인 것 사이에 깊은 균열을 내왔던 아이스킬로스의 견고한 사슬을 덜걱덜걱 움직이는 것이다. 또한 규정하기 힘들었던, **그 자체로** 이질적이고 변별적인 강도이며 **하나의** 생명이라 할 수 있는 물질성에 대한 생각을 정교화하는 것이다. 이 기묘한 **생기적** 유물론에는 순수한 정지가 이루어지는 지점도 없으며 잠재적 힘을 맞아 스스로 부들거리며 진동하는 더 이상 나눌 수 없는 원자도 없다.

미셸 푸코가 신체들의 '비실체적인' 차원에 대해 언급했을 때나 공간 내의 신체라는, 철학적 틀에서는 표상할 수 없고 물질을 단순한 연장(extension)으로 간주한다면 상상할 수 없는 진동하는 긴장에 대해 논했을 때, 그는 아마도 이러한 종류의 능동성에 주목하려 했을 것이다. 「철학의 무대」에서 푸코는 더 두껍고 느린 대상들의 복합체로

---

22   Latham and McCormack, "Moving Cities," p. 701. 마수미의 문장은 705쪽에 인용되어 있다.

부터 지속적으로 떨어져나오는 원자들의 한 겹의 얇은 막인 시뮬라 크르에 대한 에피쿠로스학파의 생각을 상기시키며 비실체적인 것에 대해 논의한다. 꽉 차 있지 않은 원형의 이 얇은 외피들은, 이 유동적 인 부유물들이 우리의 감각 기관과 충돌하여 외부의 존재를 알아차 리도록 하기 때문에 인간의 지각을 자극하게 된다. 푸코는 시뮬라크 르가 매우 기이한 종류의 물질이라 말한다. 그것들은 전부 깊이를 갖 지 않는 표면이고, 마치 "한 움큼의 안개"와 같이 피어오르는 "방출"이 며, "물질의 밀도를 흩뜨리는" 물질성이다.[23] 푸코가 이를 비실체적인 것이라 한 이유는, 그것이 이산적 신체나 실체를 갖는 신체라 말할 수 없었을 뿐만 아니라 이 유동적인 활동이 물질세계에 **내재**하며 **비-실** 체성으로서 남아 있었기 때문이다.[24]

---

23   푸코, 「철학의 무대(Theatrum Philosophicum)」, pp. 169-170. 조너선 골드버그는 다음과 같이 말한다. "사실 푸코는 시작부터 에피쿠로스주의에 나타나는 논란을 상기시킨다. 만약 원자들이 그 자체로 감지할 수 없고, 무색이며, 무미하다면 또한 원자들이 신체들이 알려질 수 있도록 하는 대부분의 특징을, 물질을 특징짓는 잠재적인 모든 특성을 결여하고 있다면, 원자를 물질적이라 말하는 이유는 무엇인가?"(Goldberg, *The Seeds of Things*, p. 34) 골드버그는 뒤이어 「루시 허친슨의 글쓰기 문제(Lucy Hutchinson Writing Matter)」에서 가시성의 가능성 조건 또는 사물의 현상학적 경험 조건이 **보이지 않는다**는 기이한 사실에 관하여 탐구한다.

24   푸코가 '비물체적인 물질성'에 대해 언급할 때, 래섬과 매코맥은 물질적인 것 내의 '비물질적인 것'을 언급한다. '비물질적인 것'은 물질성에 "인간 주체에 의존하지 않는 표현적인 생명과 활기" 를 부여한다(Latham and McCormack, "Moving Cities," p. 703). 나는 이러한 정의를 받아들이는 것이 꺼려지는데, 왜냐하면 그러한 정의에는 물질성이 그에 활기를 불어넣는 **다른** 무언가를 필요로 한다는 함의가 있기 때문이다. 그러한 정의는 물질이 (요컨대) 무력하다는 주장, 물질적인 신체들 이 움직이기 때문에 물질에 깊이 연루되어 있는 생기적인 원리가 작용하고 있음이 틀림없으며 그러 한 원리는 물질'과는' 다르다는 주장을 하는 19세기의 생기론을 상기시킨다. 래섬과 매코맥은 '사고' 와 그것의 '개념적 매개물'에 활기 넘치는 잠재성을 지닌 세계의 이곳저곳을 (…) 충만하게 하고 활 성화하는 작업을 할당하면서 이러한 움직임을 반복하고 있다.(같은 글, p. 709)

그런데 이러한 존재론적 상상의 영역과 안정된 신체로서 우리를 반기는 일상적인 만남이 어떻게 서로 조화될 수 있는가? 여기서 생기적 유물론은 (일종의) 상대성 이론을 가져올 수 있다. 보통 고정된 것으로서 우리에게 나타나는 돌, 탁자, 기술, 단어 그리고 먹을 수 있는 것들은 그것에 관여하고 그것을 지각하는 인간 신체의 지속과 속도에 비해 변화의 속도가 **느린**, 유동적이고 내적으로 이질적인 물질이다. '대상'이 고정된 것으로서 나타나는 이유는 그것들의 되기$_{becoming}$가 인간이 식별할 수 없는 수준과 속도로 진행되기 때문이다.

공간의 연장으로 환원시킬 수 없는 물질성에 주의를 기울이는 것 그리고 강도라는 비실체성과 변별성의 개념을 갖고 살아가는 일은 매우 어렵다. 왜냐하면 살아가기 위해 인간은 세계를 일련의 고정된 대상들로 환원시켜 해석해야 하고, 이러한 부분이 **물질적**이라는 단어에 할당된 수사학적 역할에 반영되었기 때문이다. **물질**(적)이라는 명사나 형용사는 안정된 실체, 가장 낮은 단계의 실체, 그리고 아다만트 같은 무언가를 의미한다. 예를 들어 '물질적 이해 관계자'의 경우, 공허한 비현실적 생각이나 순진한 희망으로 거래하는 사람들과 비교했을 때 그보다는 현실주의자로서 자기 자신을 위치시키는 자들을 뜻한다.[25] 사적 유물론 역시 고정성 비유에 의존하고 있다. 벤 앤더슨은 "'물질적인 것'을 전前-담론적인 공간의 토대로서 그리고 '마지막 순간에' 문화의 범위를 결정짓는 것으로서 논하는 구조주의자와 사적 유

---

25   같은 글, p. 702.

물론자들이 해온 작업의 오랜 전통"에 주목했다.[26]

금속의 생명

아이스킬로스는 프로메테우스의 사슬을 고정된 물질로서 제시했다. 사슬의 금속은 단일하고 균질했기에 프로메테우스가 그걸 부수기 위해 이용할 법한 어떠한 내적인 차이(질감과 유연성의 변화, 부식 정도 등)도 없었고, 그렇기에 사슬은 매우 단단했다. 사슬의 물질이 그 자신의 표면과 깊이에 따라 변화하지 않았기에 우리는 그 사슬을 매우 견고하다고 말할 수 있을 것이다.

하지만 이것은 균일한 전체를 형성하지 않는 불규칙한 모양의 결정체로 구성된 금속의 미시 구조에 대한 적절한 경험적 설명은 아니다. 이에 대해 과학사가인 시릴 스미스는 다음과 같이 말했다.

다른 대부분의 비유기적 물질과 마찬가지로 금속은 본디
다결정인데, 다시 말해 금속은 공간을 채우기 위해 함께

---

26   Anderson, "Time-Stilled Space-Slowed". 앤더슨은 생기적이고 생성적이라기보다는 '고요하고 느릿한' 지루함이라는 정동이 "제약 없는 (내적) 충만함 (그리고) (…) '풍부함'"을 가정하는 물질성의 이미지를 어떻게 복잡하게 만드는지를 보여주는 설득력 있는 사례를 가져온다(p. 745). 물질성을 다룬 『지오포럼』특별호의 명쾌한 도입부에서, 벤 앤더슨과 디비야 톨리아켈리는 "물질을 나타내는 두 가지 명확한 표현"에 주목했다. 첫 번째는 물질을 "매개되지 않고 정적인 신체성"과 동일시하는 실재론자의 표현이고, "두 번째는 '문화적인 것'을 과잉 규정하는 명시적인 사회 구조를 지칭하는 '물질적인 것' 또는 '물질적 조건'이라는 표현의 사용"이다(Anderson and Tolia-Kelly, "Matter(s) in Social and Cultural Geography," pp. 669-670).

압축된 매우 작은 결정들의 모광석들로 구성되어 있다. 이러한 결정들은 아름다운 (보석) 모양이 아니지만 (…) (그 결정들의) 표면은 굽어 있는데, 왜냐하면 각각의 결정이 주변 결정이 커지는 것을 방해하고, 각 결정 간의 접촉이 결정의 모양을 형성하는 데 미치는 영향이 내적 구조가 그것에 미치는 영향에 비해 더 크기 때문이다. (…) 만약 각 입자를 서로에게서 떨어뜨린다면, 그것들의 표면은 거의 평평하지 않고 주로 굽어져 있는 것처럼 보였을 것이다. 그것들은 평평한 면을 갖는 다면체가 아니고 그것들의 크기와 모양은 서로 다르다. 유일한 균질성이 있다면 모서리를 형성하는 각 면이 만나서 이루는 각도일 것이다. 평균적으로 각 결정은 대략 14개의 면을 갖고 5와 7분의 1개의 변을 갖는다.[27]

예를 들어, 철의 결정들은 "각 결정의 주변부 공간에 가해지는 압력"에 따라 매우 다양한 크기와 모양을 갖게 된다.[28] 비록 각각의 결정 내의 원자들이 "공간 격자에 따라 매우 규칙적으로 배열되어 있다 해도,"[29] 무엇보다도 각 결정 사이의 "경계"에 배열로부터 빠져나온 원자들이 존재하기 때문에 "배열에는 **결함**"[30] 역시 존재한다. 이러

27   Smith, "Texture of Matter," p. 8-9n.

28   Smith, *A History of Metallography*, p. 134.

29   Smith, "Texture of Matter," p. 8-9n.

30   같은 글, p. 27; 강조는 인용자.

한 원자들은 어떠한 결정에도 "속하지" 않으며,[31] 그러한 원자들 때문에 각 결정의 경계는 투과성을 지니며 진동하게 된다. 철의 결정은 마치 "밀의 낱알"[32]이 그러하듯이 "외부와 차단되어 봉인된 실체" 같은 것이 아니다. 이것은 금속의 결정체 구조가 구멍들 또는 "결정 사이의 공간들"[33]로 가득하다는 것을 의미한다. 이러한 "공백"은 특수한 금속의 성질을 결정하는 데서 "원자만큼이나 중요"할 수 있다.[34] 이와 관련하여 금속공학자는 금속판이나 막대에 대한 다채로운 위상학을 이용하는데, 예를 들자면 그들은 열을 이용하여 합금을 만들거나 철을 강철로 전환시킨다.

금속의 **생기**, (비인격적인) 생명은 다결정 체계의 각 결정 사이의 가장자리에 있는 자유 원자들의 진동으로 여겨질 수 있다. 마누엘 데란다는 "균열이 퍼져나갈 때 보이는 복잡한 동력"에서 금속의 생명에 대한 다른 예를 찾을 수 있다고 말한다. 이러한 균열 역시 "결정의 요소 내에 있는 (…) 특정한 결점들"에 대한 함수다. 그 균열은 "선형적인 결점들"이다. 이러한 균열들이 나아가는 선은 미리 결정된 것이 아니라 창발적 인과성이 표현되는 과정이고, 여기서 각 결정은 자신의 주변부에서 나타나는 특유의 움직임에 실시간으로 즉각적인 반응을 보이고, 그 결정의 반응에 대해 그 주변부는 또 반응하게 되며, 이렇게

---

31   Smith, *A History of Metallography*, p. 73.
32   같은 책, p. 101.
33   같은 책, p. 134.
34   같은 책, p. 244.

연쇄적으로 피드백이 계속 이루어지게 된다.[35]

　균열이 퍼져나가는 과정의 동력은 들뢰즈와 가타리가 물질의 '노마디즘'이라 말한 것의 한 예일 것이다. 전기 전도체로서의 금속이라는 개념을 이용하여, 그들은 금속이 일련의 자기-변형을 통해 스스로를 '전도한다'(안내한다)고 말하는데, 여기서 이 자기-변형은 하나의 고정된 점에서 다른 점으로 이동하는 순차적인 움직임이 아니라 모호한 경계를 갖는 연속적인 변화의 요동으로 여겨질 수 있다. 더욱이 이러한 요동은 금속공학자에 **의해** 금속에 적용되는 행위만이 아닌, 금속 그 자체의 변화무쌍한 능동성에 대한 함수이기도 하다. "수메르 제국 (안)에는 근원지와 제련의 정도에 따라 각기 다른 이름으로 불린 열두 종류의 구리가 있었다. 이 형식들은 (⋯) 구리의 연속적인 선율이었고, 이에 대해 장인은 다음과 같이 말했을 것이다. 그게 나에게 필요한 거야. 하지만 장인이 만들어낸 변화와 상관없이, 합금, 다양한 합금들, 연속적인 합금의 가변성에 대한 고정된 순서는 없다."[36]

　들뢰즈와 가타리는 앙리 베르그송과 현대의 복잡계 이론을 따라, 기계론적이고 평형인 상태가 유지되는 양식이 아닌 물질적이고 창

35　특정 금속의 내구성은 얼마나 많은 내부 저항이 균열의 흐름에 가해지는지에 대한 함수다. 만약 "이러한 집단적인 선의 결합들이 물질 내에서 자유롭게 움직인다면, 그것들은 파괴되지 않은 채 국소적으로 구부러지는 능력을 물질에 부여하는데, 이는 그것들이 물질을 단단하게 만든다는 것을 뜻한다. 다른 한편, 제한된 전위(轉位)의 움직임은 (⋯) 보다 부서지기 쉬운 물질을 만들게 된다. (⋯) 단단함이나 견고성은 몇몇 구성 요소들의 복잡하고 역동적인 행동으로부터 초래된 금속 물질의 창발하는 성질이라 할 수 있다"(De Landa, "Uniformity and Variability").

36　Deleuze, "Metal, Metallurgy, Music, Husserl, Simondon".

조적인 생성 양식을 상정했다. 비록 많은 경우 물질적 구성 과정이 규칙적이고 예측 가능하다 할지라도, 때때로 다양한 강도들의 상호 비난은 예측할 수 없는 의견 대립 또는 에너지의 흐름을 만들어낸다. 들뢰즈와 가타리의 의도는 어쩌면, 물질적 **"소속감**esprit de corps**"**[37]에 대한 그들의 모순적인 청원과 함께 생명의 자유로운 유희라는 차원을 제안하려는 것이었을 수 있다.

물론 때때로 아이스킬로스가 옳을 때가 있다. 납이 전기의 흐름을 방해하거나 쇠사슬의 연결 고리가 인간의 근육보다 강할 때와 같이 금속의 물질성은 완전히 절대적인 것처럼 행위할 수 있다. 하지만 시릴 스미스와 다른 이들은 이것이 금속의 생명을 다룬 이야기 중 오직 일부분에 지나지 않는다는 걸 안다.

사람들의 생명

나는 지금까지 금속이 마치 다른 물질들과 독립적으로 존재하는 것처럼 말했다. 하지만 금속은 언제나 금속을 가공하는 활동과 관련

---

37   이는 고유한 "**노모스**nomos를 소유하는 물질성"이라는 정도를 벗어난 개념이 의미하는 바일 수 있다(Deleuze and Guattari, *Thousand Plateaus*, p. 408). [옮긴이] 본디 노모스라는 개념은 목초지를 조성하는 장소의 경계를 나누는 용어로 쓰였다. 즉, 노모스는 인간의 삶이 이루어지는 영역, 구역, 경계를 의미하는 개념이었다. 이후, 이러한 의미는 인간의 삶을 규정하는 관습, 풍습, 법 그리고 그러한 규범에 따르는 것까지 포괄하는 것으로 확장된다. 이러한 구도에서 노모스는 인간 외적인 영역, 즉 비-인간 물질과 구별되는 것으로 여겨진다. 생기적 유물론의 관점에서 이러한 이원론적 구도는 붕괴된다. 인간의 관습, 문화, 규범 등은 비-인간 물질과 언제나 함께 배치를 이루며 전개되는 것이다.

되어 있고, 언제나 수많은 신체와 함께 합금되며, 언제나 지질학, 생물학 그리고 종종 인간 행위성을 통해 다뤄진다. 그리고 인간 금속공들은 그 자체로 그들이 작업하는 생기적 물질성이 창발한 결과다. 블라디미르 이바노비치 베르나츠키는 "우리는 걷고 말하는 무기물이다"[38]라고 말했다. '내' 안에 있는 '그것'이라는 주제는 책의 말미에서 내가 다시 다루고자 하는 주제 중 하나다. 사실 『금속학의 역사』에서 스미스가 말한 핵심 논지는 비-유기적 물질의 다결정 구조를 처음 발견한 (덜 실천적인) 과학자에 비해, 인간 금속공이 **그들**을 가능하게 한 그들의 물질성과 더 강력한 관계를 맺고 있다는 점이다. 금속이 **할 수 있** 는 것을 아는 장인의 욕망이 금속이 **무엇인지**를 아는 과학자의 욕망보다 금속 안에 있는 하나의 생명을 식별하기 쉬우며, 결과적으로 금속과 더 생산적으로 협력할 수 있다.[39]

38   Margulis and Sagan. *What Is Life?*, p. 49에서 재인용.

39   스미스는 자연에 관한 이론적인 탐구가 주로 무한한 우주(우주학에서처럼)나 매우 작은 조각(입자 물리나 하위입자 물리에서처럼)에 초점을 두는 것에 비해, '중간 크기의 집합체'에 집중하는 야금학을 찬양했다. 이와 관련해서는 스미스의 「물질의 질감(Texture of Matter)」, p. 3을 참조할 것. 하이데거 역시 극단적인 조직 단위에 우호적인 현대 과학의 방법론적 편향성에 관하여 비슷한 점을 지적했다. "모든 곳에서 (···) 거대함이 그 모습을 드러내고 있다. 그렇게 함으로써 그것은 점점 작아지는 경향 속에서 동시에 자신을 증명한다."(Heidegger, "Age of the World Picture," p. 134) 『천 개의 고원』은 들뢰즈와 가타리가 강도의 운동성에 초점을 맞출 때는 극소적 수준의 단위를 따르고, 생성하는 실제 우주를 구성하는 유랑하는 탈영토화 물질을 언급할 때는 거대한 수준의 단위를 따른다. 하지만 이것은 거대하고 미분화된 생성의 흐름이 아니라, 언제나 자신을 다양한 하위집단으로, 또는 여러 하위집단이나 군집, 회로, 캐스케이드, 배치 들에 분배하는 자기-분석적이고 자기-방사적인 '생명'이다. 『천 개의 고원』은 거대한 형이상학 그리고 자본주의, 군국주의, 음악, 야금학처럼 보다 '국소적으로' 작동하는 물질적 과정에 대한 분석을 통해 진행된다.

지난 수십 년 동안, 수많은 정치학자들, 지리학자들, 미술사가들, 철학자들, 사회학자들, 무용수들, 문학 이론가들 등은 정동이 대중문화에 기여한 바를 탐구해왔는데, 여기서 정동이란 언어, 논증, 이성과 마찬가지로 분위기와 미적 감수성이 윤리와 정치에 영향을 미치는 방식을 의미한다. 나는 분명 인간의 정동이 중요하다는 점을 인정하나, 이 책에서의 초점은 이성적인 분석이나 언어적 표상을 통해서 완전히 포착할 수도 없고 인간, 유기체 그리고 심지어 신체에만 특수한 것도 아닌 그러한 정동에 놓여 있다. 이러한 정동은 기술, 바람, 채소, 무기물에 대한 것일 수 있다. 지금까지 사회과학은 제아무리 '문화적인' 배치(자본주의, 군산복합체, 젠더 등)라 할지라도 그러한 배치가 여전히 문화적인 통제에 저항하고 그것에서 벗어날 수 있다는 점을 인정해왔다. 사회적 구성물은 자신만의 고유한 부정적인 '생명'을 갖는 것으로 널리 이해되어왔다. **하나의 생명**의 특징을 말하자면 다음과 같다. 첫째, 하나의 생명은 부정적인 저항만이 아니라 긍정적이고 능동적인 잠재성이다. 다시 말해, 창조적인 활기가 진동하는 원시-덩어리다. 두 번째로, 하나의 생명은 인간의 기획이나 인간에 의해 우연적으로 누적되어온 결과에 주목하기보다는, 비인격적이고 비인간인 힘, 흐름, 경향, 궤적 사이사이에 있는 장에 주목한다.

따라서 이 책의 기획은 일종의 지리-정동 혹은 물질적 생기를 이론화하는 것이고, 인간중심주의와 생물중심주의를 철저히 피할 수 있는 방법론을 따르는 이론을 고안하는 것이며, 혹은 아마도 더 정확히 말하자면 물질에 대한 비논리적인 사랑을 품은 이론을 고안하는 것이다. 여기서 마리오 페르니올라의 '비-유기적인 것의 성적 매력' 같은 또 다른 '엄청난 발상'이 떠오를 수 있다. 페르니올라는 "아름다움, 나이, 그리고 일반적인 형상과는 상관없는 (…) 중립적인 섹슈얼리티, 추상적이고 끝없는 흥분"을 지닌 인간 내의 존재를 상정한다. 이 중립적인 섹슈얼리티는 인간의 신체들을 명백히 죽은 사물들, 대상들, 돌들, 약간의 물질들을 향해 끌어당긴다. 인간은 이해할 수 없게도 우리가 "완전히 부적절한 자극"이라 믿는 것에 의해 "흥분한다".[40] 생명과 같이, 비-유기적인 것의 '성적 매력'이라는 표현은 물질에 내재하고 일렁거리며 잠재적으로 폭력적인 생기를 표현하는 하나의 방식일 것이다.

생기론자들 역시 신체의 모습이나 자연에 대한 기계론적 모델로는 포착할 수 없는 자발성을 가진, 활기 넘치고 자유로운 행위성의 존재를 언급한다. 하지만 베르그송이나 한스 드리슈 같은 생기론자들

---

[40] 페르니올라는 인간을 '느끼는 사물'(cosa che sente)이라 정의한다. 콘타르디와 페르니올라의 「비유기적인 것의 성적 매력(Sex Appeal of the Inorganic)」과 페르니올라의 『비유기적인 것의 성적 매력(Sex Appeal of the Inorganic)』, pp. 2-4를 참조할 것. 첫 번째 문헌에서 페르니올라는 다음과 같이 말한다. "'느끼는 사물'이라는 개념은 두 가지 서로 다른 사유의 전통 사이의 만남으로부터 유래했다. 하나는 사물(das Ding)에 대해 숙고하는 사유이고 다른 하나는 느낌(das Fühlen)에 대해 숙고하는 사유다. 첫 번째 사유는 칸트(물자체), 하이데거(사물에 대한 물음), 그리고 라캉(프로이트적 사물)으로 거슬러 올라가며, 두 번째 사유는 역시 칸트(감성sentiment), 헤겔(파토스pathos), 그리고 공감의 미학으로 거슬러 올라간다. 나는 이 두 번째 전통이 주관적인 특징으로 귀착시키는 느낌의 차원을 기각할 것이다. 나는 '나는 느낀다'(io sento)라는 표현을 '그것이 느껴진다'(si sente)라는 익명의 비인격적인 표현으로 대체할 것인데, 이는 내가 나의 이전 책 『감정(Del sentire)』에서 논했던 것이다. (…) 『비유기적인 것의 성적 매력』에서, '그것이 느껴진다'는 표현은 보다 구체적인 성적 의미를 가정한다."(괄호는 인용자)

이 물질이 유동적이고 생기를 지니기 위해서는 **생의 약동**élan vital 또는
생명력(엔텔레키, entelechy)같이 물질이라고는 말하기 힘든 보충물이 필
요하다고 말하는 반면, 들뢰즈와 가타리에게 물질성은 그러한 생기를
불어넣는 외부 장식을 필요로 하지 않는다. 여기서 물질은 **그 자체로**
'능동적인 원리'로 간주된다.

5장 생기론도 아니고 기계론도 아니다

이전 장들에서 나는 (쓰레기, 전기, 음식, 금속과의 조우라는) 사건을 서술하고 다루면서, 비-인간적 물질성들을 저항하는 대상, 사회적 구성물, 매개 수단이 아닌 진정한 참여자로서 바라보았다. 만약 우리가 물질성을 행위소로서 경험하게 된다면 어떠한 일이 일어나겠는가? 만약 물질의 궤적과 권력에 보다 주의를 기울이게 된다면 공공정책의 방향은 어떻게 전환되겠는가? 나는 물질을 자아의 안과 밖에서 작동하는 생기로서 간주하고 어떠한 목적성도 갖지 않는 중요한 힘으로 여기는 유물론을 기대하고 있다.

그러한 생기적 유물론은 인간 권력의 경제적이고 사회적인 구조에 주로 초점을 맞춘 사적 유물론과 확실히 구별된다. 그것은 어느 정도는 특별한 목적 아래 새롭게 만들어진 것이며 어느 정도는 에피쿠로스, 루크레티우스, 토머스 홉스, 바뤼흐 스피노자, 드니 디드로, 프리드리히 니체, 헨리 데이비드 소로 같은 학자가 머물렀던 전통적인 사유로부터 몇몇 요소를 골라낸 결과이기도 하다. 그 전통에서, 생명과 물질, 유기적인 것과 비유기적인 것, 인간과 비인간, 인간과 신 사이의 구별은 언제나 가장 중요했던 것은 아니었으며 가장 두드러졌던 차이도 아니다.

오늘날의 생기적 유물론은 소위 생기론자라 불린, 특히 20세기 초기에 스스로를 '비판적' 또는 '현대적' 생기론자라 칭한 학자들과 다시 교류할 수 있을 것이다.[1] 예를 들어 앙리 베르그송과 한스 드리슈는 과학적 탐구와 경험적 탐구에 영향 받지 않는 정신적인 힘이나 영혼을 상정한 '원시적인' 생기론자들과 거리를 두었다.

비판적 생기론자들은 당시의 '유물론자'들이 가정한 자연에 대한 기계론적 모델 역시 거부했다. 베르그송과 드리슈에게 자연은 기계가 아니었고 물질은 이론적으로 계산 가능한 대상이 아니었다. 즉, 언제나 양화, 예측, 통제에서 벗어나는 무언가가 있다는 것이다. 그들은 그 무언가를 **생의 약동**(베르그송)이나 생명력(드리슈)이라 불렀다. 사물에 대한 **과학적** 태도를 유지하면서 동시에 어느 정도의 **예측 불가능성**을 인정하는 그들의 노력은 내가 따를 수 있는 모범이 되었다.

이번 장에서 나는 사물의 생기에 철학적인 목소리를 제공하려 했던 드리슈와 베르그송이 어떻게 생기적 유물론을 정교화하는 데에 거의 다다를 수 있었는지를 다루려 한다. 하지만 그들은 끝까지 나아가지는 못했다. 그들은 자연적 과정으로부터 그들이 식별해낸 생기를 설명할 수 있는 적절한 **유물론**을 상상하지는 못했다(그 대신 그들은 완전히 물질적이지는 않은 생명의 힘을 생각해냈다). 그럼에도 불구하고 그들의 생기론은 나를 매료시키는데, 이는 한편으로는 그들과 내가 기계론적

---

1   프레더릭 버윅과 폴 더글러스는 "물질 기반 물리학에서 에너지 기반 물리학으로의 전환이 일어났던 19세기에" 나타난 "비판적 생기론"에 대해 논한다(Burwick and Douglass, introduction, p. 1). '에너지'의 개념적 역사를 다룬 적절한 논의를 보려면 케이길의 「생명과 에너지(Life and Energy)」를 참조할 것.

이고 결정론적인 유물론이라는 공통의 적을 공유하기 때문이고, 다른 한편으로는 내가 꿈꾸는 생기적 유물론이 그들의 생기론과 매우 가깝기 때문이다.

비판적 생기론

1차대전이 일어나기 바로 직전, 미국에서는 우주를 활기 넘치고 예측할 수 없는 것으로서, 그리고 "끊임없고 예측 불가능한 변화와 가능성의 세계로서, 막 태동하려는 세계로서" 바라보는 새로운 관점이 나타나기 시작했다.[2] 간단히 말해, 생기론이 태동한 것이다. 이러한 생기론의 부활에는 베르그송의 *L'evolution creatrice*(1907; 1910년에 『창조적 진화』로 출판됨) 그리고 길포드에서 이뤄진 드리슈의 유명한 강의인 『유기체에 대한 과학과 철학』(1907~1908)이 큰 역할을 했는데, 이러한 생기론의 핵심 아이디어는 생명은 기계론적이고 결정론적인 물질로 환원할 수 없다는 것이다. 그러한 아이디어에 따르면, 비록 다른 물질과의 관계하에서만 존재할 수 있다고 해도 그 자체로는 물질적이지 않은 물질에 (때때로) 생기를 불어넣는 생명의 원리가 존재해야만

---

2   Quirk, *Bergson and American Culture*, p. 1-2. 퀴크는 또한 윌라 캐더와 월리스 스티븐스의 작업을 이 맥락에 위치시킨다. "캐더와 스티븐스는 둘 다 '창조적인 권력'을 믿었고 이 권력을 (…) 생물학적인 것이자 기원이기도 한 생기적인 힘 모두와 연결시켰다."(p. 8) 1911년에서 1915년 사이에 벌어진 생기론에 관한 아서 온켄 러브조이와 허버트 스펜서 제닝스 사이의 논쟁 역시 참고할 것. Lovejoy, "Meaning of Vitalism"; Lovejoy, "Import of Vitalism"; Jennings, "Driesch's Vitalism and Experimental Indeterminism"; Lovejoy, "Meaning of Driesch and the Meaning of Vitalism"; and Jennings, "Doctrines Held as Vitalism".

한다. 드리슈가 말하길, "**자연**이라는 개념은 확장되어야만 한다". 왜냐하면 자연은 "완전히 공간적인 것과 부분적으로만 공간적인 부분으로 구성되어 있기 때문이다".[3] 생기적인 힘 혹은 자연의 "부분적으로만 공간적인 부분"은 배아 내에서 일어나는 형태적인 변화를 추동하게 된다. 하지만 비판적 생기론자들은 그것이 성격과 역사의 점진적인 발달에도 영향을 미친다고 생각했다. 즉, 종자, 배아, 개성, 문화를 모두 **유기적인** 전체로 볼 수 있다면, 물리적·심리적·문명적 질서 사이에는 동형 관계가 존재한다는 것이다.

비판적 생기론자들이 생기적인 힘을 묘사하는 각각의 방식 사이에는 차이가 존재한다. 예를 들어 베르그송의 생의 약동은 드리슈의 생명력과 몇몇 부분에서 충돌한다. 하지만 물질이 무엇인지에 대한 질문에 대해 그들은 그들과 상대편 유물론의 입장에도, 서로의 입장에도 동의하고 있다. 바로 물질이 (일정한 변화의 상태에 놓여 있을 수 있다는 점에서 '역동적'이기는 하나) 궁극적으로는 자유롭지 않고 기계론적이며 결정론적이라는 점 말이다. 생기론자들이 이 기계론적인 세계의 밖에 있는 '생명'에 대한 예시를 가져온 반면, 유물론자들은 모든 실체나 힘이 제아무리 복잡하고, '유기적이며', 미세하다고 해도 궁극적으로 기계론적인 방식으로 혹은 그들이 '물리-화학적인' 용어라 부르는 수단을 통해 설명될 수 있다고 보았다. 베르그송과 드리슈는 각각 그러한 성장을 추동하는, 전적으로 계산해낼 수는 없는 것 그리고 전적

---

3   Driesch, *The Science and Philosophy of the Organism... 1908*, 321.

으로 물질적인 자극이라고는 말할 수 없는 무언가를, 다시 말해 생기적인 힘 또는 생명의 원리를 확인했다. 아마 그들이 미국에서 엄청난 인기를 얻은 이유 중 하나는(1913년 콜롬비아 대학에서 이루어진 베르그송의 강의는 뉴욕에 어마어마한 교통 체증을 일으킬 정도였다) 현대 과학의 실용주의적 성공이 우주를 신이 부재한 기계로 바라보게끔 위협했던 시대에 그들이 제약 없는 특정한 생명과 자유에 대한 수호자로서 비쳤다는 점일 것이다.[4]

이번 장에서 나는 매혹적이나 잘 알려지지 않은 드리슈의 생기론을 주로 다룰 것이나, 더 유명한 베르그송의 생기론 역시 종종 언급할 것이다. 나는 (다른 수동적인 물질을 고취시키는 생명의 법칙인) 생기적인 힘에 대한 각자의 서로 다른 설명에 초점을 맞춘다. 그리고 생명과 물질에 대한 이마누엘 칸트의 통찰이 그들 모두에게 영향을 미쳤기 때문에,[5] 나는 무력한 물질과 유기적인 생명 사이의 차이를 만드는 **형성충동**Bildungstrieb에 대해 칸트가 (『판단력 비판』에서) 간략히 논한 바를 탐구한다. 칸트를 따라, 드리슈와 베르그송은 '생명이란 무엇인가?'에 대한 그들의 답과 당시 경험과학이 내놓은 통찰을 서로 엮어내는 데 많

4   Quirk, *Bergson and American Culture*, p. 1. 진보주의의 정치적 움직임은 생기론에 대한 공적 논의와 연결되었다. 아이제나흐의 『미국의 진보주의에 대한 사회적이고 정치적인 사유(*Social and Political Thought of American Progressivism*)』를 참조할 것.

5   드리슈는 『생기론의 역사와 이론(*The History and Theory of Vitalism*)』에서 각각의 생기론에 대해 간략한 요약만 하다가 칸트에 대해서만은 '예외적인' 모습을 보인다. "칸트와 관련하여, (우리는) (⋯) 그의 『판단력 비판』을 철저히 분석할 것이다 (⋯) 그 이유는 이 책이 오늘날까지 미치는 대단하고도 어마어마한 영향에 있다."(p. 66)

은 애를 먹었다. 드리슈와 베르그송의 생물철학이 생명과 물질을 나누는 칸트의 강력한 이원론을 어느 정도 완화시키기는 했으나, 그들 모두 칸트가 말한 무력한 물질이라는 이미지를 완전히 버리지는 못했다. 내가 생각하기에 물질과 수동성을 같이 떠올리는 관점은 여전히 우리를 사로잡고 있으며, 이는 우리가 사물의 힘을 식별하는 것을 어렵게 만들고 있다. 하지만 생기적인 힘의 창조적인 행위성이라는 개념으로부터 물질성 그 자체를 창조적인 행위자로 간주하는 관점으로 나아가는 것은 그리 어렵지 않을지도 모른다.

형성충동

『판단력 비판』에는 물질이 '자발성'을 갖고 있지 않다는 칸트의 유명한 주장이 나온다.[6] "생명 있는 물질(이 개념은 모순을 함유하고 있다. 왜냐하면 무생명성이 물질의 본질을 이루는 것이니 말이다)의 가능성은 결코 생각될 수가 없다."(*Judgement*, 73, #394) 우리는 "순전한 물질(질료)인 물질에게 그것의 본성과는 상충하는 어떤 속성(생명의 속성)을" 부여하면 안 된다(*Judgement*, 65, #374).

생명과 "천연의 물질"(*Judgement*, 81, #424) 사이에 엄청난 간극을 상정하는 칸트의 주장은 유기체의 사례에서처럼 생명과 물질이 긴밀하게 결합하는 현상을 어떻게 설명할 것인지에 대한 난제로 이어졌다.

---

6   Kant, *Critique of Judgment*, sec. 78, #411. 앞으로 이 참고문헌을 인용할 때는 *Judgement*로 표시한다.

유기체는 우리가 "자연목적이라 부를 수 있는"(*Judgement*, 65, #374) 것이고, "자기 자신에 대해 교호적으로 원인과 결과의 관계"(*Judgement*, 65, #372)를 갖는 "자기 자신을 유기화하는 존재자"(*Judgement*, 65, #374)다.[7] 칸트는 죽은 물질에 다가가 활기를 불어넣는 특수한 '형성충동'을 통해 위 문제를 다루려 했다.[8]

형성충동은 단순한 물질의 집합 내에는 없으나 유기체 내에는 존재하는 불가해한 자기-조직적인 권력을 뜻한다. 그것은 "한낱 기계적인 형성력"과는 구별되는 "능력"이다(*Judgement*, 81, #424).[9] 칸트가 보기에 그러한 "고유한 조직의 원리"는 "우리 지성에 의해 오로지 목적들로만 파악될 수 있는 산출이라는 측면에서 물질의 전제autocracy를 말하기" 위해 상정되어야만 한다(*Judgement*, 80, #421). 칸트의 철학적 풍경에 거주하는 여러 불가사의한 개념 중 하나인 형성충동은 물질에 기능적인 일관성을, '유기적인' 특질을 부여하는 비물질적이고 목적론적인 충동을 뜻한다(그래서 전체를 이루는 각각의 부분은 다른 부분들에

7   기계론적 인과성이라는 아이디어를 통해 사물들 사이의 관계를 설명하기를 요구하는 인간 오성의 본성 때문에, 유기체와 맞닥뜨렸을 때 우리는 곤경에 빠지게 된다. 유기체는 기계론적 인과성을 초월하나, 우리는 그러한 초월을 포착하기 위한 적절한 개념을 갖고 있지 않다.

8   형성충동이라는 개념을 언급하기 이전에 칸트는 유기체 내에서 작동하지만 죽은 물질에는 없는 '형성하는 힘'(bildende Kräfte)에 대해 언급한다. "유기적 존재자는 한낱 기계가 아니다. 무릇 기계는 단지 운동하는 힘만을 가지나, 유기적 존재자는 자기 안에 **형성하는** 힘(bildende Kräfte)을 소유하고, 그것도 그런 힘을 갖고 있지 않은 물질들에게 유기적 존재자가 전달해주는(물질을 유기화하는) 그런 힘, 그러므로 스스로를 번식하며 형성하는 힘을 갖고 있다."(*Judgment* sec. 65, #374)

9   이 번역은 로버트 J. 리처드의 「형성충동에 대한 칸트와 블루멘바흐의 입장(Kant and Blumenbach on the Bildungstrieb)」에서 참조한 것이다.

대한 원인과 결과로서 동시에 작용할 수 있다). 형성충동은 분화되지 않은 날 것 그대로의 물질 덩어리가 서로 긴밀히 협력하는 부분들의 조직화된 절합이 되도록, 다시 말해 가장 높은 단계인 '인간'이 되도록 촉진한다.[10]

칸트는 자신이 말하는 형성충동과 물질로부터 분리된 영혼이라는 개념을 조심스럽게 구별한다. "우리는 물질과 통교하는 이종적인 원리, 영혼을 덧붙이면 안 된다."(*Judgement*, 65, #375) 영혼은 신체 **없이**도 존재할 수 있는 반면, 형성충동은 오직 신체 속에서만, 기계적인 물질의 활동이 있어야만, 다시 말해 뉴턴이 말하는 힘(생기적인 힘이 아닌)이 추동하는 활동 안에서만 존재할 수 있다. 칸트는 형성충동과 물질 사이의 차이를 지우지 않은 채 그 둘을 매우 밀접하게 연결시키려 주의를 기울였다. 물질에 형성충동이 의존한다고 주장한 칸트의 관점은 당대의 투박한 생기론자의 입장과 구별되는 독특한 것이었다. 형성충동이라는 개념은 물질세계의 체계로부터 유기체를 쫓아내지 **않는다.** 그것은 칸트의 핵심적인 방법론적 절차를 어기지 **않는다.** 다시 말해, "자연의 모든 산물들과 생기들은 가장 합목적적인 것일지라도 (우리는 이 능력의 경계를 이런 연구 방식 내에서는 제시할 수가 없지만), 기계적

---

10 형성충동은 조르주루이 뷔퐁의 **내적 특성**moule intérieur, 알브레히트 폰 할러의 **자극감수성**(자극이 주어졌을 때 근육에 경련이 일어나도록 하는 힘), 그리고 카스파르 울프의 **본질적인 힘**vis essentialis과 같이, 18세기에 생기적인 힘을 의미했던 주목할 만한 표현 중 하나다. 생기적 힘의 역사에 대해 더 알고 싶다면 배트예의 『생기적 힘이란 무엇인가(*What Is Vital Force*)』, 드리슈의 『생기론의 역사와 이론(*The History and Theory of Vitalism*)』 그리고 휠러의 『생기론(*Vitalism*)』을 참조할 것.

으로 설명해야 한다"(*Judgement*, 78, #415)는 절차를 어기지 않는다. 나중에 살펴볼 베르그송과 드리슈 역시 영혼이라는 종교적인 개념과 그들의 생기적 힘을 분명히 구별한다. 그들은 생기적인 힘이 그것이 작용하는 신체로부터 떨어져서는 존재할 수 없다는 점을 분명히 지적하고 있다.

칸트는 이 형성충동이라는 개념을 괴팅겐의 의학 교수 중 하나였던 요한 프리드리히 블루멘바흐에게서 빌려왔다. (『판단력 비판』이 출판된 바로 직후인) 1790년 여름, 칸트는 블루멘바흐에게 감사의 편지를 썼다. "형성충동에 대한 당신의 매우 훌륭한 저작에 감사드립니다. (⋯) (그 책에서), 당신은 물리적이고 기계론적인 원리와 유기적인 자연에 대한 완전히 목적론적인 설명 방식의 원리를 결합했습니다. 이전까지 그 누구도 이 두 원리를 결합할 수 있다고 생각하지 못했습니다. 이러한 점에서 당신은 나를 자주 사로잡았던 생각에 매우 근접했습니다. 하지만 나의 아이디어는 (당신이 제시했던) 여러 사실을 통한 검증을 필요로 했습니다."[11] 칸트는 블루멘바흐의 형성충동이 규정적인 원리라는 점에 동의했다. 그것은 "생물학자가 유기체 연구를 수행할 때 **마치 유기체가 직접적이고 생기적인 힘의 자장 아래서 발달하는 것처럼** 연구를 진행하도록 하지만, 그것은 동시에 유기적 활동을 오직 기계론적인 법칙을 통해서만 설명하도록 연구자를 제한하기도 한다."[12] 특히

---

11   Richards, "Kant and Blumenbach on the Bildungstrieb," p. 11에서 재인용.

12   같은 글, p. 11-12.

블루멘바흐가 자신의 초기 연구에서 형성충동을 "인간에서부터 구더기에 이르기까지 그리고 삼나무에서 곰팡이균에 이르기까지, 모든 살아 있는 생물 안에 존재하는" "선천적이고 평생 지속되는 능동적인 충동"[13]이라 말하는 부분에서, 블루멘바흐가 형성충동을 보다 실증적인(혹은 심지어 경험적인) 의미로 다루고 있음을 알 수 있다. 그럼에도 불구하고 블루멘바흐는 (칸트에게 만족스럽게도) 계속하여 형성충동의 작동이 우리에게 완전히 드러나는 일은 없다고 주장한다. 칸트는 『판단력 비판』에서 우리에게 필연적으로 모호할 수밖에 없는 인과성, 형성충동의 꿰뚫어볼 수 없는 '불가해한' 본성에 대한 블루멘바흐의 논의에 동의하고 있다.[14] 칸트뿐 아니라 블루멘바흐, 그리고 이후의 드리슈에게 있어, 형성충동은 오직 간접적으로만, 오직 그것의 효과를 탐구하는 것을 통해서만, 즉 그 형성충동이 구성해낸 특수한 유기체를 통해서만 알려질 수 있는 것이었다(나의 생기적 유물론은 비유기적이고 유기적인 물질 모두의 인과성을 상정하는데, 그러한 인과성은 어느 정도는 우리에게 명확히 드러나지 않는 불가해한 것이며, 기계론적 모델을 통해 그 둘 모두를 다루는 것 또한 부적절하다).

칸트가 지적했듯이, 개념으로서 형성충동이 갖는 한 가지 장점은, 그것이 기계론적이면서도 목적론적인 과정인 유기적인 성장이 이

---

13   Johann Friedrich Blumenbach, *Über den Bildungstrieb und das Zeugungsgeschäfte* (1781). 같은 글, p. 18에서 재인용.

14   형성충동이 "우리로서는 탐구할 수 없는 원리"라는 점을 인정함으로써, 블루멘바흐는 "자연의 기계성에도 규정될 수 없는 동시에 오인할 여지가 없는 몫을 남겨준다"(*Judgment* sec. 81).

루어지는 현상의 **고유함**을 긍정하는 한 가지 방식을 제공한다는 점
이다. 유기체들은 **모든** 물리적 체계에 적용되는 뉴턴식 힘으로 지배된
다는 점에서 기계론적이나, 그것들은 목적을 지닌 체계로도 간주되어
야 하며 그렇기에 그것을 설명하는 다른 원리가 요구된다. 블루멘바
흐는 뉴턴의 중력에 대한 아이디어를 고려하며 그의 형성충동 개념을
모델화했다. 그는 "뉴턴이 무력한 물질에 대해 수행한 작업을 유기체
의 신체에 대해" 수행하고자 했다.[15]

　칸트가 그러했듯이, 블루멘바흐는 비유기적 물질이 '자발적으로'
유기적인 생명을 낳을 수 없다고 보았고(그래서 그는 먼저 비물질적인 형성
충동이라는 개념을 상정할 수밖에 없었다), 칸트와 블루멘바흐 모두 생기적
인 힘을 물질과 매우 밀접하게 연관시키려 노력했다. 예를 들어, 블루
멘바흐는 손상된 유기체의 회복된 부분이 원래 부분만큼 **절대로** 커
지지 않는다는 점에 주목했는데, 그는 이것이 **충동**Trieb의 강도와 물
질의 부피 사이의 필연적인 대응에서 기인하는 현상이라고 추론했다.
이러한 현상은 형성충동과 그것을 속박하는 물질 사이의 극단적인

15　Lenoir, "Kant, Blumenbach, and Vital Materialism," p. 84. 블루멘바흐에 의하면, "형성충동
이라는 원인은 인력이나 중력 또는 자연적 힘이라 일반적으로 인식되는 것들에 비해 더 많은 설명
력을 갖지 않는다. 여기서는 그것이 독립적인 힘이라는 것, 그 힘의 부정할 수 없는 존재와 광범위
한 영향력이 모든 유기적인 창조의 경험을 통해 스스로를 드러낸다는 것, 그리고 그 힘이 계속되는
현상이 다른 이론에 비해 생명의 다른 중요한 측면과 발달에 대해 더 쉽고 빛나는 통찰을 준다는
것만을 기억해도 충분할 것이다"(Johann Friedrich Blumenbach, *Handbuch der Naturgeschichte*
[1791]. Lenoir, "Kant, Blumenbach, and Vital Materialism," p. 89n39에서 재인용).

친화성에 대한 경험적인 증거다.[16]

블루멘바흐와 칸트는 물질의 공간성이 형성충동에 부여하는 제약에 주의를 기울였다. 하지만 칸트는 그러한 제약이 **형성충동**에 **내재한다**는 점 역시 지적했다. 다시 말해, 형성충동은 자신 안에 제약을 갖고 있으며 그렇기에 암묵적이고 **잠재적인** "그 종족에게 분여된 내적 합목적적 소질"(*Judgement*, 81, #423)에 의해 부분적으로 결정된다는 것이다.[17] 이러한 소질predisposition은 유기체가 일련의 목적을 향하도록 하며, 그 결과 유기체는 자신의 되기와 안정된 창조의 순서를 연결시키게 되는 것이다. 혹자는 **능산적 자연**natura naturans(형성충동)의 국면이 **소산적 자연**natura naturata(원기Anlagen)의 국면에 의해 균형을 이룬다고 말할 수 있을 것이다. 여기서 나의 초점은 칸트가 말하는 형성충동이 자신

---

16   르누아는 이에 대해 다음과 같이 설명한다. "그것의 주요한 생성 물질을 상당 부분 상실했기 때문에, 형성충동의 힘이 계속 약화된 것이다."(Lenoir, "Kant, Blumenbach, and Vital Materialism," p. 84)

17   칸트의 시대에는 유기체의 성장과 세대에 걸쳐서 일어나는 유기체의 생식에 대한 토론이 이루어졌다. 그중 한 진영은 샤를 보네의 앙부아테망emboitement 개념에서처럼 '전성설(前成說, 개개의 형태, 구조가 이미 알 속에 갖추어져 있어 발생하게 될 때 전개된다는 학설)'을 지지했는데, 그 입장에 따르면, "신이 수많은 배아를 만든 뒤, 각각이 초기 유기체로 압축되고, 다시 그 유기체는 자신의 배아 안에 더 작은 유기체를 지니게 되며, 이는 더 작은 개별적 경우에도 계속하여 성립하게 된다". 그리고 다른 진영은 '후성설'을 따랐는데, 이 후성설은 더 분화된 형태로, 형태가 없는 물질에서 점점 더 정교화된 부분들의 구조의 형태로 나아가는 점진적인 움직임을 수반하는 유기체 내의 전환에 대한 이론이다. 리처드의 「칸트와 블루멘바흐의 형성충동」, pp. 14-18을 참고할 것. 다음과 같은 말로부터 칸트가 후성설의 입장에 치우쳐 있었음을 알 수 있다. "이 체계는 유적 전성 체계라고 부를 수도 있다. 왜냐하면 낳는 자의 생산 능력이 그 종족에게 분여된 내부의 합목적적 소질(Anlagen)들에 따라서, 그러므로 종적 형식(Stamm)이 잠재적으로 앞서 형성되어 있었기 때문이다."(Judgment sec. 81. Lenoir, "Kant, Blumenbach, and Vital Materialism," p. 88에서 재인용)

이 만들어낼 수 있는 효과와 관련하여 근본적인 제약을 갖고 있다는 점이다. 그것은 물질성과 원기 모두에 묶여 있기에, 이전까지 볼 수 없던 새로운 존재를 만들어낼 수 없으며, 유기체가 나타나는 종족 내에서 이전까지 잠재적으로 형성되어 있지 않았던 것을 새롭게 생성할 수도 없다(*Judgment*, sec. 81, #423).

칸트의 형성충동은 그의 물질성 개념에 대해 많은 것을 알려준다. 칸트에 의하면 물질성은 활기가 없는 기계적 물건이며 능동적으로 활동하기 위해서는 (물질적인 것도 영혼도 아닌) 일종의 보충물을 필요로 한다. 형성충동은 유기적으로 조직된 신체에 자동으로 깃드는 **비인격적** 행위성이기도 하다. 그것은 모든 유기체에 공평히 분배되어 있다. 하지만 이러한 형성충동이라는 개념이 인간이 목적론적 충동에 의해 **결정되어** 있다는 주장으로 이어질 수도 있기에, 칸트는 '인간'이라는 유기체에서 형성충동이 **자유로운**(혹은 우리가 자유롭다고 가정해야만 하는) 의지와 함께 공존한다고 조심스럽게 덧붙였다. 칸트는 비유기적인 물질과 유기적인 생명 사이에 질적인 간극을 만들려 했을 뿐 아니라, 인간과 다른 모든 유기체 사이에도 거대한 벽을 세우려고 했다.[18]

---

18   인간이 한 부분을 이루고 있는 자연의 인과성의 체계에서, 인간은 **특별한** 부분을 차지하고 있다. "우리는 이 세계 안에 그것의 인과성이 목적론적인, 다시 말해 목적들을 **지향하는** 단 한 종류의 존재자들을 갖고 있다. 이 존재자들은 동시에, 그에 따라 그것들이 스스로 목적들을 규정해야만 하는 법칙이 그것들 자신에 의해 **무조건적이고 자연 조건들에서 독립적인 것으로** (···) 표상되는 그런 성질을 갖는 것이다."(*Judgment* sec. 84, #323; 강조는 인용자)

형성충동을 언급한 것 말고도 칸트가 생기론에 관심을 보였다
는 근거를 에피쿠로스학파의 유물론에 대한 그의 반응에서 찾아볼
수 있는데, 이 에피쿠로스학파의 유물론은 물질을 무력한 것으로 바
라보는 것을 거부했고 더 나아가 그들은 인간과 비인간의 차이를 (그
리고 유기체와 기계의 차이를) 질적인 차이가 아닌 정도의 차이로 바라보
았으며, 서로 다른 방식으로 조직되고 형성된 물질들이 다르게 구성
된 결과의 차이라고 생각했다. 에피쿠로스학파는 원자의 이탈(클리나
멘clinamen)을 물질에 추가된 것 혹은 물질과 이질적인 것으로 여기지
않고, 그것을 물질성 그 자체에 내재한 활력적 자극이라고 생각했다.
예를 들어 루크레티우스는 그의 자연학에 형성충동이나 다른 추가적
인 보충물을 포함시킬 필요가 없었는데, 왜냐하면 그가 바라본 우주
는 죽은 물질과 살아 있는 존재로 이루어져 있지 않으며, 격동적이고
생산적인 흐름을 만들어내는, 이탈하는 원자들로 이루어져 있기 때
문이다.[19] (여기서 생기적 유물론자들은 에피쿠로스학파와 같은 편에 선다.)

　　칸트는 에피쿠로스학파가 과학적이지 않다고 비판했다. 합목적성
에 대한 발견적 원리 없이는(형성충동에는 있으나 에피쿠로스학파에는 부재
한), 가령 새의 해부학적 구조와 새의 비행 사이에 존재하는 정교하고
유기적인 관계가 단지 우연이라고 말해야만 한다. 다시 말해, 우리는
자연이 새의 "정확히 (유기적인) 통일성을 우연히 떠올리지 않은 채 수
천 가지 다른 방식으로 스스로를 구조화할 수 있다"는 가능성을 받

19　　세르의 『물리학의 탄생(Birth of Physics)』을 참조할 것.

아들여야만 한다. 하지만 새의 유기적 통일성을 무작위로 만들어진 우연이라 간주하는 것은 "그 통일성에 대한 선험적인 (…) 근거"를 결여한 것이며, 이것은 곧 칸트에게 **과학적** 설명의 결여를 의미하는 것이었다(*Judgement*, 61, #360).

형성충동이라는 개념을 통해 목적론적 설명과 기계론적 설명을 결합할 수 있었기에 칸트는 그 개념을 좋아했다. 여기서 내가 흥미를 갖는 지점은 그 개념이 인간을 '추동하는' 비인격적이고 비역사적인 행위성과 자극을 가리키고 있다는 점이다. 형성충동은 인간이 특정 목적 아래 투입한 에너지로는 환원할 수 없는 행위적인 권력을 가진다. 물론 칸트에게 그러한 충동은 신성한 원천을 지니는 것으로서 여겨져야만 했다. 칸트와 달리 나는 비인격적 행위성이 물질성의 핵심이라는 생각 그리고 생기가 인간이나 신성한 합목적성과는 구별된다는 생각 모두가 가능하고 또 바람직하다고도 생각한다.

유기체의 내부에서 작동하며 유기체가 죽은 물질이 되지 않도록 하는, 활기가 넘치는 형성충동 개념을 통해 칸트는 이후 베르그송과 드리슈가 생명과 물질에 대해 탐구할 장을 열어냈다. 둘 중 내가 먼저 다루게 될 드리슈는 생명이 물질과 질적으로 다르다는 점 그리고 기계론적 설명은 생물학적 형상을 설명하는 데 적절하지 않기 때문에 우리가 비물질적인 자극의 존재를, 생기적인 힘의 존재를, 충동 혹은 드리슈가 생명력이라 말한 것의 존재를 가정해야만 한다는 점을 주장했다.

생명력

드리슈는 재정적으로 독립한 부유한 발생학자였다. 그는 나치에 의해 교수직을 잃은 첫 번째 비-유대인이었는데, 이는 그가 자신의 생기론이 독일이 '덜 생기로운' 사람들을 정복하는 것을 정당화하는 데 쓰이는 걸 반대했기 때문이다. 생기적인 힘에 대한 믿음과 정치적 폭력 사이의 관계에 대한 질문은, 복음주의적인 기독교 개념인 '생명 문화'와 선제공격이라는 교의가 결합하는 오늘날에도 계속하여 제기되고 있다. (이것은 다음 장에서 다룰 주제이기도 하다.)

1907~1908년 애버딘 대학에서 열린 강의에서, 드리슈는 물질이 능동적이고 유기적인 물질이 되기 위해 그리고 미리 결정된 방식을 온전히 따르지는 않는 구조화 능력을 갖추기 위해 어떠한 보충물이 필요하다는, 칸트가 갖고 있던 물질의 이미지를 지지했다. 여기서 내가 "미리 결정된 방식을 온전히 따르지는 않는 구조화 능력"이라 말한 이유는, 드리슈가 칸트를 따라 생기적 원리를 제약 없는 힘이 아닌 씨앗이나 배아에 내재하는 특정한 소질에 의해 제한되고 형성되는 것으로서 상상하기 때문이다. 또 그는 다음과 같은 칸트의 주장, 즉 생기적 원리가 우리에게 완전히 투명하게 드러나는 일은 없으며, 그것은 오직 유기체 내에서 실제로 수행되는 작업을, 그렇지만 어떠한 기계적 물질도 홀로 수행할 수 없는 작업을 실행하는 보이지 않는 존재로서만 이해될 수 있다는 것에도 동의했다.

생명력은 자연에 대한 기계론적 모델을 부정하는 공간에서, '일련의 완전한 물리-화학적인 사건들 또는 기계론적인 사건들' 사이에 있는 '틈'에서 태어난다. 드리슈는 스피노자의 '물심평행론'을 부정했는데, 왜냐하면 드리슈가 이해하기에, 스피노자주의는 "물질과 정신 (…) 중 물리적인 부분이, 아무런 틈이 없는 연속적인 일련의 완전한 물리-화학적인 사건들 또는 기계론적인 사건들을 형성한다"라고 주장하기 때문이다.[20]

드리슈는 '독단적인 형이상학'에 대한 칸트의 비판에 공감했기 때문에, 스스로에게 자신의 생기론을 '입증'하는 작업을 **부정적인** 것으로서 이해시키는 일을 매우 중요하게 여겼다. "생기론에 대한 모든 **입증**은, 즉 기계론조차 생물학적 현상의 영역을 다루지 않는다는 점을 보여주는 모든 추론은 단지 간접적인 입증일 수밖에 없다. 그것들은 단지 기계론적 인과성이나 단일한 인과성이 무엇이 발생했는지에 대한 설명으로는 충분하지 않다는 점을 확실히 보여줄 뿐이다."[21] 생명력에 대한 드리슈의 설명 역시, y의 명백한 실재성을 고려한다면 X는 **반드시** 작동해야만 한다는 초월론적 논증을 이용하고 있다.

예를 들어, 생기적 원리가 본성상 '물리-화학적'인 것이 될 수 없다는 점을 입증하기 위해 그는 형태 발생(수정란이 성인 조직이 되는 과정)을, 즉 '다양체가 없던 공간에서 다양체가 생성된다'는 점을 관찰하는 것으로부터 시작한다. 처음에는 이러한 공간에서의 다양체가 공간적으로 균일한 곳, 분화되지 않은 배아에서 곧바로 창발하는 것처럼 보

---

20   Driesch, *The Science and Philosophy of the Organism... 1908*, p. 115.
21   Driesch, *The History and Theory of Vitalism*, p. 208.

이지만, 이론적인 추론을 통해 이것이 불가능하다는 것을 알 수 있다. 어느 **공간적인** 다양체의 원천은 **공간적인** 단일체가 될 수 없다. 그래서 **다른 종류의** '다양체'가 '형태 발생에 선행'하여 존재해야만 한다. '연장적인 특성'을 결여했기 때문에, 이후 유기체 분화의 근간이 되는 이 이전의 다양체는 '집약적인 다양체'가 **되어야만** 한다.[22] 다시 말해, 그것은 "그 자체로 공간 내의 다양체로 존재하지는 않지만 다양한 방식으로 행위하는 행위자"[23]가 되어야만 하는 것이다. "즉, 그것은 (…) 공간 내에 있지 않은 복합체인 것이다."[24] 따라서 우리는 생명력에 대한 첫 번째 정의를 이끌어낼 수 있다. 그것은 성숙한 유기체의 연장적인 다양체가 그로부터 창발하는 **강도적인** 다양체다.

생명력에 대한 부정적이고 간접적인 입증 말고도, 생기론에 대한 드리슈의 접근은 실험실에서 그가 행한 실증적이고 직접적인 개입에도 의존한다. 사실 드리슈가 '생명의 자율성'을 상정한 첫 계기는 이론적인 추론이 아니라 성게의 세포 분열에 대한 실험이었다. 성게의 메커니즘에 대한 계획적 개입을 통해 드리슈는 단순히 기계론적으로만 생각했을 때 생명을 이해하는 일이 요원하다는 사실을 알 수 있었다. 하지만 생명력이 비물질적이고, 비공간적이며, 기계론적이지 않다고 하여 그것이 정신적이거나 영혼적이라는 결론이 나오는 것은 아니다.

---

22   Driesch, *The Science and Philosophy of the Organism… 1908*, p. 144.

23   같은 책, p. 250.

24   같은 책, p. 316.

"**기계론적**에 대한 반대는 그것이 단지 비-기계론적이라는 것이지, '정신적'이라는 걸 뜻하는 게 아니다."[25] 칸트의 경우와 같이 드리슈에게도 생기적 원리는 기계론적인 신체도, 무형의 영혼도 아니었다.

실험실에서 이뤄진 드리슈의 작업 목적 그리고 그가 경험과학의 방법론을 엄격히 지킨 이유는 단순히 유기체의 역동적인 화학적 성질과 물리적 성질에 대해 더 세밀한 이해를 얻고자 했던 것만이 아니라, 기계에 **활기를 불어넣는 것**이 무엇인지를 더 잘 식별하는 것에 있었다. "그렇다면 접히는 것과 구부러지는 것 (…) 그리고 다른 모든 과정이 발생하는 이유는 무엇인가? 분명히 **그것들을 추동하는** 무언가가 있을 것이다."[26] 드리슈는 힘을 추동하는 그 무언가를 생명력이라 불렀다. 실체도 아니고 에너지도 아닌(비록 그것이 그 둘과의 관계를 통해서만 능동적일 수 있으나) 생명력은 "생명 현상을 유발하는 비-기계론적 행위자"[27]다. 칸트가 그러했듯이 드리슈는 이 용어를 예술에서 가져왔다. 그는 아리스토텔레스의 **생명력** 개념을 가져왔는데, 거기서 스스로 움

25　같은 책, p. 115. "과학적으로 생각되는 자연, 여기-지금-그러한 것들에서는 '영혼과 같은' 실체가 존재할 여지가 없다."(Driesch, *The Problem of Individuality*, p. 33) 드리슈는 『유기체에 대한 과학과 철학… 1908(*The Science and Philosophy of the Organism… 1908)*』에서도 비슷한 점을 지적하는데, 거기서 그는 "공간 내에서 자연으로 불리는 현상 속에 (…) 영혼이란 '없다'"고 말한다(p. 82).

26　Driesch, *The Science and Philosophy of the Organism… 1907*, 50; 강조는 인용자. 이 지점에서 드리슈는 **유기적인** 존재에 대해 판단하면서 "우리는 저 기계성 자신을 이용하는 근원적 유기 조직을 기초에 두지 않으면 안 된다"(*Judgment* sec. 80, #418; 강조는 인용자)라고 말한 칸트와 공명한다.

27　Driesch, *The Problem of Individuality*, p. 34.

직이고 스스로 변화하는 권력이라는 의미는 받아들이고 아리스토텔레스의 고유한 목적론적 의미는 받아들이지 않았다.[28]

물질에 활기를 불어넣는 것 말고도 생명력은 유기체의 신체를 예술적으로 '배열하거'나 구성하기도 한다. 생명력이 어떻게 **비-기계론적으로** '형성하는' 작업을 수행하는지 알아보기 위해, 우리는 드리슈가 유기체에 유일하다고 말하는 생성 양식인 형태 발생을 자세히 살펴봐야 한다. 형태 발생은 배반포가 덜 분화된 형태에서 더 분화된 형태로 변화하는 과정(개체 발생)과 완전히 발달한 유기체가 충격이나 질병에 대응하여 스스로를 재-형성하는 과정(복구) 모두를 의미한다.[29]

비-유기적 체계 역시 **변화**할 수 있으나, 드리슈가 보기에 오직 생명만이 **형태를 형성**할 수 있다. 가령, 결정이 형성되는 과정에서 부피가 감소하거나 증가할 수는 있지만, 그 과정에서 질적으로 더 복잡한 형태가 된다거나 '동일한' 전체를 유지하면서 결정 스스로 부분을 대체하거나 복구할 수는 없다.[30] 식물의 각 부분은 산의 광물이나 화학

---

28   드리슈는 아리스토텔레스와 자신과의 차이를 정교화하지 않았으며, 단지 "그 자체가 목적을 품고 있는' 생명 현상 안에서 작동하는 무언가가 있다"는 아리스토텔레스의 생각을 지지할 것이라 말하고 있다(Driesch, *The Science and Philosophy of the Organism... 1907*, p. 144).

29   블루멘바흐는 형성충동이 "처음에는 생물체에 형태를 부여하고 이후 그것을 보존한다. 그리고 만약 생물체가 상처를 입으면 가능하면 생물체의 형태를 회복하려고 한다"고 말한다. 드리슈는 생명력의 과제를 위와 비슷한 용어로 설명한다(Blumenbach, *Über den Bildungstrieb*. Richards, "Kant and Blumenbach on the Bildungstrieb," p. 18에서 재인용). 배반포는 단단한 세포 덩어리에서, 액체를 채우고 있는 구멍 주변의 움푹 패인 구형의 세포들로 변화하는 수정란의 발달 단계를 나타내는 용어다.

30   "유기체는 결정들의 모든 조합과는 (⋯) 다르다. 예를 들어, 동일한 단위의 전형적인 배열

적인 성분과는 달리 **전체를 이루는 구성 요소들이다.** 그 요소 중 하나에 변화가 생기면, 다른 것들은 그에 의해 영향을 받을 뿐 아니라 **조화로운 통합적** 반응을 유발하는 방식으로도 변용한다. 드리슈는 기계와 유기체 사이의 차이를 더 강조하기 위해 축음기와 유기체를 비교하는데, 축음기가 "공기 중의 진동을 받아들이고" 다시 "공기 중으로 진동을 방출할" 때 "이전의 자극과 이후의 자극이 서로 **동일한 본성"**을 갖는 반면, 유기체의 경우는 "유기체의 감각 기관의 느낌"들이 그와는 "완전히 **다른** 종류의 현상"이라 할 수 있는 의사소통을 이끌어낼 수 있다.[31]

드리슈가 보기에, (단순한 물질로서의) 비-유기적 체계는 경험으로부터 무언가를 **학습**해낼 수 없다. 왜냐하면 학습이라는 것은 "발생했던 것에 대한 단순한 기억 말고도, (…) **전체,** 즉 새롭게 결합된 미래의 **개별화된** 특수성들을 위해 이전 사건의 요소들을 다른 발생의 장에서 **자유롭게** 사용하는 능력"[32]을 필요로 하기 때문이다. 드리슈는 이러한 자유로운 활동을 "**개별적 대응** (…) 이라 칭할 수 있는 기묘한 원

로 구성된 (…) 수상돌기에 대해 생각해보자. (…) 이러한 이유로 수상돌기는 (…) 집합체라 불려야만 한다. 하지만 유기체는 그러한 집합체가 아니다."(Driesch, *The Science and Philosophy of the Organism... 1907*, p. 25)

31   Driesch, *The Science and Philosophy of the Organism... 1908*, p. 61; 강조는 인용자.

32   같은 책, 79. 여기서 드리슈는 유기체가 맹목적으로 '발달' 경로를 따르기보다는 스스로를 능동적으로 '생성한다'고 주장한 칸트와 공명한다. 칸트에 의하면, "자연을, 사람들이 근원적으로 목적들의 인과성에 따라서만 가능한 것으로 표상할 수 있는 사물들에 대해서," 우리는 "자연을 자기 자신을 만들어내는 것으로, 즉 한낱 전개시키는 것이 아닌 것으로" 간주해야만 한다(*Judgment* sec. 81, #424).

리"라 묘사한다. 다시 말해, 구현된 모든 행위는 개별적 자극에 대한 **개별적인 '응답'이다.**[33] 당면한 상황에 특수하게 맞춰진 그러한 개별화된 행위는 그가 생명력의 '지시' 행위라 말한 것을 구성한다.

드리슈는 유기체의 내부에서 작용하는 이 지시권력directing power을 일종의 문지기 기능으로 간주한다. 즉, 생명력은 창발하는 유기체 내부에 있는 수많은 형성의 가능성 중 무엇을 현실화할 것인지 결정한다. 예를 들어 성게의 각 줄기세포(라 알려진 것) 내에는 각 세포에 "'잠재하는' 차이의 형태에서 발생할 수 있는 무수히 많은 가능성"들이 있다.[34] 그러나 "실제로 형성된 것 이상으로 무언가가 형성될 **수 있었다면,** 무엇이 일어나고 무엇이 일어나지 않는 이유를 어디에서 찾을 수 있는가?" 여기서 다시, 드리슈는 단일하고도 특수한 결과를 유발하는 행위자가, 다시 말해 현실성으로 나아가는 입구를 지키는 결정적 행위자가 **있을 수밖에 없다**고 추론한다.

> 우리의 가설에 따르면, (…) n개의 세포 각각에는 **동일한** 무
> 수히 많은 생성의 가능성이 물리적이고 화학적으로 드러
> 나기를 기다리고 있으며 동시에 그것들은 생명력에 의해

---

33   Driesch, *The History and Theory of Vitalism*, 213. 또 그가 『유기체에 대한 과학과 철학…
1908(*The Science and Philosophy of the Organism… 1908*)』에서 지적하듯이, "자극과 결과 사이에
는 개별적인 대응이 있다"(p. 67).

34   Driesch, *The Problem of Individuality*, p. 38. 근래 쓰이는 표현으로 말하자면, 줄기세포는
아직 각자의 '숙명적 경로들'로 정향되지 않았다고 말할 수 있다.

통제되고 있다. 우리가 세운 가정에 의하면, 이제 그 체계의 발달은 생명력이 **자신의 수축-이완 능력을 완화시킨다**는 사실에 의존하고 따라서 (…) 세포 a에서 무언가의 발생이 허용되고, 그다음 세포 b에서 다른 것의 발생이, 그리고 세포 c에서 또 다른 것의 발생이 허용된다. 하지만 a에서 현실적으로 발생한 것이 b랑 c에서도 똑같이 발생했을 수 있다. 왜냐하면 무수히 많은 가능성 중 **각각의 개별 가능성**이 각 세포 안에서 **아마도** 발생했을 것이기 때문이다. 그래서 생명력에 의해 그 길이가 조절된, 무수히 많은 사건의 가능성이 잠재되어 있던 체계 내에서, 생명력이라는 제어적 **완화** 행위를 통해 **가능성들의 동등한 분배가 현실화된 결과들의 동등하지 않은 분배**로 전환되는 사태가 발생할 수 있다.[35]

여기서 드리슈가 유기체가 성장하는 궤적을 결정하는 생명력의 권력을 부정적인 용어를 통해 설명하고 있다는 사실을 다시 한 번 확인할 수 있다. 생명력은 자신의 '수축-이완 능력'을 선택적으로 '완화시키면서' 작동한다. (부정적인) 선택을 하는 이 능력은 다수의 가능성이라는 맥락 내에서 작동하고, 그렇기에 유기체의 성장이 이루어지는 현실적인 경로는 엄격한 기계론적 방식을 통해 결정되지 않는다. 마찬

---

35   같은 책, p. 39.

가지로 성숙한 유기체의 개별 움직임 역시 완전히 결정되어 있지 않으며 주변 환경이 주는 자극에 기계론적으로 기인하지도 않는다. 외부의 사건이 개별 유기체에 영향을 미치는 것은 분명하나, 그것은 단지 "이후의 행위가 이루어질 **가능성들의 근원**을 창조할 뿐이며 이후의 모든 반응을 세부적으로 결정짓지 **않는다**".[36] 따라서 "특정한 원인과 특정한 결과 사이의 대응 관계는 **불확정적이다**".[37] 그럼에도 불구하고, 어떤 사건에 분명히 그리고 창조적으로 반응하는 유기체의 능력(즉, 유기체의 '개별적 대응' 능력)이 **완전히** 자유로운 것은 아니다. 형성충동의 경우와 같이, 생명력은 **완전히** 새로운 것을 만들어낼 능력은 없는데, 왜냐하면 그것의 지성적인 반응성이 (드리슈가 "가능성들의 일반적인 근원"이라 말했고 칸트가 "합목적적 성향" 혹은 원기라 말한) 단단히 압축된 강도들의 지시를 따르기 때문이다.

드리슈는 생명력이 스며든 생명과 비-유기적인 물질 사이에 질적인 차이가 있다고 주장한다. (자기-지시적인 능동성인) 생명력은 결정과 배아, 주차장과 잔디밭, 나와 나의 시체를 구별짓는다. 하지만 드리슈는 인간과 다른 형태의 생명 사이의 질적인 차이에 대해서는 분명히 말하지 않는다. 한편으로, (모든 유기체에 동등하게 분배된 '형성력'과는 다른) 생명력의 지시권력은 특수한 강도를 갖고 인간의 내부에서 작동한다. 하지만 다른 한편으로, 드리슈는 앎과 의욕의 어떤 유사물이 모든 유

---

36   Driesch, *The History and Theory of Vitalism*, p. 213.

37   Driesch, *The Science and Philosophy of the Organism... 1908*, p. 72; 강조는 인용자.

기적인 과정 내에 있다고 주장한다.[38] 그는 그 유사물이 정확히 무엇
인지는 알지 못했으나, 모든 유기체가 각각의 유기체 전체를 유지하는
목적을 달성하기 위한 가장 분명한 수단들을 "알고 **발견한다**"는 점이
"매우 기이하게 여겨질지는 몰라도", "그것은 분명한 **사실**"[39]임을 알고
있다. 칸트는 인간을 현상적인 것으로서 그리고 자연적인 신체로서도
간주했으나, 더 나아가 그는 인간을 누메논적noumenal이고[40] 자연의 질
서 밖에 있는 존재로서 위치시켰다. 이러한 인간예외주의는 드리슈에
게서는 덜 부각된다.[41]

드리슈는 형태 발생에 주목함으로써 '생명'에 고유한 생성 양식
을 알아낼 수 있었다. 즉, 그것은 변화하는 환경 내에서조차 복잡한
전체를 조직하고 유지하는 변화라는 것이다. 이러한 유기적인 전체가
복잡한 **기계**라 말할 수 있을까? 그렇다면 형태 발생을 설명하기 위해
생명력 같은 생기적인 원리를 떠올릴 필요가 없었을 것이다. 드리슈

---

38 "사실 형태 형성과 생리적 적응 및 본능적 반응에 관한 한, 특정한 앎과 의지와 은유적
으로 비교할 수 있는 무언가가 **존재해야만 한다**."(Driesch, *The Science and Philosophy of the
Organism... 1908*, p. 143)

39 같은 책.

40 [옮긴이] 일반적으로 인간이 감각을 통해 인식할 수 있는 변화 가능한 현상과 달리, 누메논
은 인간이 이성을 통해 인식할 수 있는 불변의 대상을 의미한다. 칸트에게 누메논은 인간이 직관할
수 없지만 이성으로만 생각할 수 있는 현상의 배후이며, 인간 자유의 가능성을 보장하는 것이다.
이 부분에서 베넷은, 이성을 통해 사유할 수 있는 인간은 자연의 질서에서 벗어나 자유를 추구하
는 유일한 존재라는 칸트의 인간예외주의를 지적한다.

41 조셉 치아리는 베르그송의 생기론을 옹호하는데, 왜냐하면 생의 약동은 "인간을 통해 의식
으로 진화하는 무정형의 영혼이고 그렇기에 인간에게 목표와 창조의 정점이라는 영광스러운 위치
를 부여하기" 때문이다(Chiari, "Vitalism and Contemporary Thought," p. 254).

는 위와 같은 질문을 명시적으로 다루었고 형태 발생에 대한 모든 기계론적 설명이 부적절하다는 것을 알아냈다.

이유는 다음과 같다. 유기체는 창조 행위를 할 수 있는 작동하는 전체다. 유기체는 자신의 손상된 부분을 치료할 수 있고, 잘려나간 부분을 재창조할 수 있으며, 오래된 부분이 새로운 역할을 수행할 수 있도록 적응시킬 수 있다. 즉, 유기체는 전체의 정상적인 기능을 유지하고 자신의 정체성을 보존할 수 있다. 이와는 달리, (물리적이고 화학적인 성분이 단순히 모여 있는) 기계의 경우, **"당신이 원하는 부분을 그 무엇이라도 기계로부터 떼어내게 되면, 기계는 스스로를 유지할 수 없게 된다."**[42] 기계는 스스로를 치유하지 못하기 때문에, "회복 과정이 일어나도록 유도하는 구체적이고 실제적인 자극"을 제공하는 어떤 비물질적인 행위자가 유기체 안에서 작동하고 있는 게 틀림없다고 말해야만 한다.[43]

드리슈는 유기체의 개별 기관을 기계에 빗대어 설명하는 견해도 지지하지 않는다. 예를 들어, 단일한 전분화세포('원기')로부터 창발하는 난소는 "무수히 많이 분화되고 재-분화되지만,"[44] **"어떻게 기계가**

---

42   Driesch, *The History and Theory of Vitalism*, 210. 여기서 드리슈의 입장은 칸트의 주장과 매우 가까워진다. 칸트에 의하면, "하나의 시계는 상실된 부분을 스스로 대체하지 못하고, 또는 처음 만들어질 때의 결함을 (…) 다른 부분들의 협력을 받아 보충하지도 못하며, 또는 고장이 났을 때 가령 스스로 수리하지도 못한다. 이에 반해 이런 모든 것을 우리는 유기적 자연에서는 기대할 수 있다. 그러므로 유기적 존재자는 한낱 기계가 아니다"(*Judgement* sec. 65, #374).

43   Driesch, *The Science and Philosophy of the Organism... 1907*, p. 110.

44   드리슈는 생기론을 경험적으로 증명하려 할 때(형태 형성에 대한 기계론적 설명이 충분하

(…) 무수히 많이 분화되는 동시에 자신을 유지할 수 있단 말인가?"[45]
이에 대해 드리슈는 히드로충류에 속하는 관바다히드라의 예시를 갖고 오는데, 이 생물은 아무리 작은 상처 부위가 생기더라도 유기체 전체가 재생되는 생물이다. 기계론자에 따르면, 각 부위는 하나의 기계를 포함하고 있으며, 그것이 두 부분으로 나뉘게 되면 기계는 절반의 크기로 줄어드나 여전히 완전한 기계로서 작동할 수 있다. 드리슈의 작업에 대한 초기 비평가인 미하일 바흐친은 관바다히드라를 통해 드리슈가 얻어낸 결론을 적절히 설명한다. "중요한 성분이 분할되어도 자신의 정상적인 기능을 언제나 보존하는 기계가 있는가? 그렇다면 같은 기능을 가진 매우 복잡한 크고 작은 기계들이 2센티미터 조각 내에 포함되어 있어야만 한다. (…) 더욱이 이 기계들은 각자가 서로에게 포개진다. 한 기계의 각 부분들은 다른 기계의 각 부분들과 완전히 다르다. 그러한 기계론은 기계론이라는 개념 자체와 모순되는 것이다. 따라서 (드리슈의 관점에서) 기계론은 불합리한 것으로 여겨진다."[46]

보이지는 않으나 형태를 형성하는 움직임에 대한 '실제 자극'으로서 생명력을 묘사하는 드리슈는, 생명력을 '에너지'로 여길 수 있는

다는 명제를 반증한다는 것이 더 정확한 표현일 것이다) '조화로운 체계의 분화'와 분화가 일어나는 초기 세포의 발달을 구별한다. 후자는 "복잡한 체계에서 나오는 것이 아니라 그들 자신에게서 나오는 것이다. 그리고 우리는 그것들에 관한 사례 중 하나로서 난소의 사례를 가져올 수 있을 것이다. 난소는 원기Anlage라 할 수 있는 하나의 특별하고 단일한 세포로부터 발달하는데, 이 독일어는 번역하기 쉽지 않다"(Driesch, *The Problem of Individuality*, pp. 21-22).

45   Driesch, *The History and Theory of Vitalism*, p. 212.

46   Bakhtin, "Contemporary Vitalism," p. 89.

지, 그래서 그것을 특수한 형태의 물리-화학적인 실체로서 바라볼 수 있는지도 고려한다. 이에 대해 드리슈는 생명은 **양화 가능하지 않으며** 모든 에너지는 양을 남기기 때문에 '생기적 에너지'라는 생각 자체가 모순적이라고 말하며 위 질문에 대해 다시 한 번 아니라고 답한다. "현상들이 에너지의 등급으로서 (…) 여겨진다면, 우리는 그것들 사이에 **많고 적음의 정도의 차이**가 있다고 주장할 수 있다. (…) **하지만 생명력은 양이 지니는 모든 특징을 결여하고 있다.** 생명력은 **관계의 질서**이고 절대적으로 무다."[47]

드리슈는 생명력과 규칙적이고 관찰 가능한 물질작용 사이의 매

---

47   Driesch, *The Science and Philosophy of the Organism… 1908*, p. 169. 오직 '관계의 질서'라는 말만이 의미하는 바가 있다면 무엇인가? 드리슈는 생명력을 요소들을 조화로운 전체로 '배열하는 행위자'라 말하며 이 개념을 설명하고 있다. 드리슈는 본능적인 움직임에서 이 배열하는 권력의 증거를 찾는다. 비록 본능과 관련하여 '생리학적 요소들'이 어느 정도의 역할을 수행하고 있는 것은 맞으나, "거기에는 작용하고 있는 또 다른 무언가가, 요소들을 **이용한다**고 할 수 있는 그 '무언가'가 있을 것이다"(Driesch, *The Science and Philosophy of the Organism… 1908*, p. 51). "비유기적 세계에는 알려지지 않은 (…) 새롭고 자율적인 자연의 요소들이"(같은 책, p. 114) "종의 변이의 근간"이기도 하다(Driesch, *The Science and Philosophy of the Organism… 1907*, p. 287). 게다가 그러한 배열은 유전이 이루어지는 과정에서도 작동하고 있음이 틀림없다. 기계론적 설명은 단지 "세포핵에 제한된" 물질의 전이만을 말할 수 있을 뿐이다. 하지만 이 물질적 조건들은 "**핵심이 될 수 없다. 배열하는 몇몇 행위자가 분명 필요하다.** 그리고 유전이 이루어지는 과정에서 이 배열하는 행위자는 기계와 유사한 것일 수도, 물리-화학적인 것일 수도 **없다**"(Driesch, *The Problem of Individuality*, p. 23). 왜 그러한가? 왜냐하면 물리-화학적인 것은 그 정의상 배열하는 행위성에 요구되는 역량을 가질 수가 없기 때문이다. 배열하는 행위성은 정확성과 유연성 모두를 필요로 하는데, 이는 배열해야 하는 부분들의 특이성과 유기체가 나아가는 맥락의 특이성에 정교하고도 절묘하게 대응하여 즉흥적인 판단을 내려야 한다는 것을 의미한다. 무력한 물질인 물리-화학적인 요소들은 일반적인 법칙에 충실히 복종하기에 위와 같은 곡예를 수행할 수 없고, 너무나도 규칙화되어 예술적으로 배열할 능력을 지니지 않는다.

우 밀접한 관계를 계속하여 강조한다. 생명력은 '물리적이고 화학적으로 예비되어' 있는 '생성의 가능성들'만을 이용할 수 있는데, 왜냐하면 "생명은 오직 신체들과의 연합을 통해서만 우리에게 알려지기 때문이다".[48] 생명력은 "개별적인 형태 발생 과정에서 언제나 물질적인 수단을 이용한다".[49] 생명력은 수소가 없으면 황산을 만들 수 없지만, "**생명력 없이도 발생할 수 있는, 그리고 지금 존재하는 복합물에서 가능한** 모든 반응 중 하나를 원하는 한에서는, 일정한 기간 동안 [생명력의 활동을] **중단**할 수 있다".[50] 이러한 형식화에서, 생명-물질의 관계를 매우 밀접한 것으로서 다루어 (기계론적) 유물론으로 나아가지 않은 채 '영혼'의 형이상학에도 저항할 수 있도록 노력하는 드리슈의 모습을 확인할 수 있다.

형성충동의 경우에서와 같이, 생명력 개념에서 내가 가장 관심을 갖는 부분은 아마도 그것이 비인격적 행위성의 모습으로 다뤄지는 방식일 것이다. 호메로스가 쓴 그리스어 개념인 **프시케**psuche[51]와 같이, 생명력은 사람에 따라 달라지는 것이 아니다. 그것은 유일무이한 영혼은 아니지만, 유기체에 따라 변하는 것도 아니다. 차라리 그것은 모

---

48 Driesch, *The Science and Philosophy of the Organism... 1907*, p. 16.

49 Driesch, *The Science and Philosophy of the Organism... 1908*, p. 295.

50 같은 책, p. 180.

51 프시케psuche는 살아 있는 인간과 비활성화된 시체를 가르는 차이다. 그것은 "개인이 살아 있는 동안 신체 안에 거주하는 매우 박약한 성분으로 구성되어 있으며, 죽음과 함께 어떠한 구멍으로 빠져나가 하데스에게로 날아간다". 그것은 "단지 개인이 살아 있다는 것을 보증하는 존재다"(Adkins, *From the Many to the One*, p. 15).

든 살아 있는 신체를 따라 흐르는 내재적인 생기라고 해야 한다. 이에 따라 생명력은 영혼에 비해 인격적인 도덕적 책임에 대한 가장 강하고 응보적인 개념과 더 거리를 둔다는 점을 알 수 있다.

생명력은 사건에 대응하기 위해 전체를 대신하여 부분들을 조정하는데, 이 모든 과정은 엄격한 계획에 따라 이루어지지 않는다. 생명력은 실제로 일어날 수 있는 수많은 가능 발달 경로 중 하나를 즉석에서 실시간으로 결정하면서, 사건들에 창조적이고 명쾌하게 응답한다. 생명력의 행위적 능력은 신체로부터 분리된 영혼이 아닌데, 왜냐하면 생명력은 자신이 깃들어야만 하는 물질성과 그 안에 포함되어 있는, 앞서 형성된 가능성들에 의해 제한되기 때문이다. 하지만 이러한 타율성에도 불구하고, 생명력은 실제적인 효능을 갖는다. 그것은 심지어 변화하는 조건에서도 살아 있는 신체들에 활기를 불어넣고, 그것을 배열하며, 그것에 지시를 내린다. 그것은 "효력을 갖고 공간-외적이며 강도 면에서 다층적인 자연의 구성 요소다".[52]

생명력을 창조적인 인과성으로서 바라본 드리슈의 관점은, 물질성이 너무나도 수동적이고 활기가 없어서 전체를 조직하고 유지하는 까다로운 작업을 할 수 없으리라는 그의 가정에 의해 촉발되었다. 때때로 이러한 물질은 생명력과 융합되어 생명이 되지만, 때로는 융합되지 않은 채 비-유기적 기계로 굳어진다. 드리슈는 생명력을 비물질적인 것으로서 묘사해야만 한다고 생각했는데, 이는 그의 물질성 개념

52   Driesch, *The Science and Philosophy of the Organism... 1908*, p. 326.

이 기계론적이고 결정론적인 기계라는 개념과 결합되어 있었기 때문이다. 1926년에 바흐친은 드리슈의 주장에 흥미로운 반론을 제기했다. 그는 드리슈가 "미리 예비된 각각의 부분들이 아니라 자기 구성을 통해 스스로를 형성하는 (…) 끊임없이 자신을 구성하고 발달시키는 기계"의 가능성을 상상하지 못했다고 비판한다. 그 기계는 손상을 입었을 때 상호 작용하는 미세한 물리-화학적 신호를 통해 유발되는 복구 능력과 스스로를 치유하는 능력을 갖추고 있고, 그렇기에 생명력을 필요로 하지 않는다.[53]

바흐친은 드리슈의 생기론이 유물론에 대한 그의 비판에 기반을 두고 있다는 점, 그리고 그러한 비판이 물질성을 '사전에 완전히 형성된' '고정되고 움직일 수 없는' 배치로서의 이미지 및 기계론적 인과성과 동일시하는 관점에 기반을 두고 있다는 점을 지적했다.[54] 바흐친은 물리적 유물론의 설명을 그 자체로 거부하기보다는 기계가 무엇이 될

53　Bakhtin, "Contemporary Vitalism," pp. 95-96. 바흐친은 "고정되고 움직일 수 없는 기계를 상정하는" 드리슈의 "소박한-기계론적 관점"과는 대비되는 이 대안적인 기계-이미지를 "현대의 변증법적 유물론"이라 말한다(p. 96). 칼 래슐리 역시 1923년에 비슷한 부분을 지적했다. "생기론자들은 형태 형성, 재생, 습관-형성, 언어의 복잡성 같은 특수한 현상을 인용하며 그것들에 대한 기계론적 설명의 가능성을 부정한다. 하지만 그렇게 함으로써 그들은 우리가 이기주의적 오류라 말하는 것을 범하게 된다. 그들의 주장을 분석해보면 언제나 다음과 같은 형태를 따른다. '나는 이러한 것들을 해내는 기계를 고안할 수 없다. 그렇기에 그 누구도 그러한 기계를 생각해낼 수 없을 것이다.' 다소 악의적으로 해석하자면, 이러한 주장은 드리슈와 맥두걸의 불가상성(不可想性)으로부터 기인한 것이다. 우리는 아마도 '당신은 당신의 독창성을 과대평가하고 있다'고 말할 수 있을 것이다."(Lashley, "Behavioristic Interpretation of Consciousness," p. 242)

54　Bakhtin, "Contemporary Vitalism," pp. 95-96.

수 있는지를 재고하는 편이 낫다고 주장했다.[55]

드리슈는 생명력을 일종의 에너지로 이해하는 입장만큼이나 창
조적인 자기-조직 능력과 지적인 적응 능력을 갖춘 기계의 가능성을
받아들이는 견해도 거부할 것이다. 왜냐하면 기계와 에너지는 드리슈
가 세계에서 작용한다고 느끼는 정도만큼의 자유와 자발성(즉, 특정한
원인과 특정한 결과 사이의 대응의 **비규정성**)을 포함할 수 있게끔 간단히 확
장시킬 수 있는 개념이 아니기 때문이다. 결국 바흐친과 드리슈를 구
별하는 것은 자연의 창조성이 원칙적으로 계산 가능하고 예측 가능
한지 아닌지의 여부다. 그에 대해 드리슈는 아니라고 답할 것이고, 바
흐친은 맞다고 답할 것이다. 여기서 나는 드리슈의 편에 선다.

베르그송과 생의 약동

비록 베르그송이 생명이나 물질 같은 범주들이 우주의 흐름의
'경향성들'을 고정한다는 점을 인정하긴 했으나, 그의 생기론 역시 생
명과 물질 사이의 구별에 기반을 두고 있다. 생명과 물질은 서로가 서
로에게 의존하고 경쟁하는 한에서만 존재하는 분투다. 즉, 그들은 불

---

55   그래서 들뢰즈와 가타리는 그러한 작업을 수행했다. 『천 개의 고원』에서 그들은 자연을 그들
이 '전쟁-기계'라 부르는 형태 형성의 한 평면으로서 묘사한다. 폴 패턴은 '탈형 기계(metamorphosis
machine)'라는 용어가 더 적합할 것이라 말한다. "'전쟁-기계'는 (…) 스스로의 이름을 저버리는 개
념이다. 왜냐하면 그 개념은 실제 전쟁과는 별 관련이 없고, 단지 무력 분쟁과 역설적이고 간접적인
관계만을 맺기 때문이다. (그것이) (…) 실제로 말하고자 하는 바는 (…) 전쟁이 아니라 창조적인 변
형과 변화의 조건에 있다."(Patton, *Deleuze and the Political*, p. 110)

변하는 조건이 아니라 "발생기에 있는 방향의 변화다".[56] 생명은 '가능한 최대한의' 능동성에 대한 특정 **성향**을, 유동적이고 변화하는 상태에 치우친 특정한 **성향**을 뜻하는 것이다. 마찬가지로 베르그송은 물질을 수동성에 치우친 **성향**으로서, 안정된 형태에 치우친 경향으로서 이해했다. 드리슈가 그러했듯이 베르그송은 물질을 연장과 연결시켰으나, 그는 물질을 공간 내에서 **완전히** 연장된 것으로서 상상하는 일에 주의해야 한다고 주장하면서 사안을 복잡하게 만든다. 이에 대해 베르그송은, 완전한 공간성은 "부분들의 완벽한 상호외재성"을 띠고 있지만 "어떤 물질 점이 다른 임의의 물질 점에 대해서 작용하지 않는 경우는 없다"고 말하며, 아마도 "물질은 공간 속에 절대적으로 **연장된** 것은 아니지만 그 속에 **펼쳐져 있다**"고 말하는 게 더 정확할 것이라는 이유를 제시한다. 다시 말해, 물질은 공간화를 향한 **경향**이라는 것이다.[57]

저항이 가장 적은 경로를 선호하기 때문에, 물질적 경향은 관성에 대한 게으른 선호라 할 수 있다. 그리고 이러한 의미에서 베르그송 역시 물질을 무력한 것으로서 바라보는 전통에 선다(*CE*, 128-129). 하지만 베르그송에 의하면 우리는 공간화하는 경향을 고정된 실체들의 세계로 **필연적으로** 전환하게 된다. 이러한 왜곡은 필연적이면서도 유

---

56   "만약 우리가 경향을 방향의 발생적 변화라 부르는 것에 동의한다면, 모든 실재는 (…) 경향이다."(Bergson, *The Creative Mind*, p. 188)

57   Bergson, *Creative Evolution*, pp. 202-203. 앞으로 이 문헌을 인용할 때는 *CE*라는 텍스트를 사용할 것이다.

용하다. 왜냐하면 인간은 세계에서 살아가기 위해 그것을 도구적으로 간주해야만 하기 때문이다. 우리에게는 세계를 계속하여 변화하는 시간의 흐름으로 구성된 것이 아닌 고정된 사물들의 계산 가능한 집합으로서 바라보는 '정신의 피할 수 없는 성향'이 있다.

비록 베르그송이 생명이 '수학적 접근'을 허용하지 않는 원인을 움직이는 흐름이라는 생명의 본성에서 찾고 있으나, 그는 생명이 양화 가능하지 않다는 관점을 드리슈와 공유하고 있다. 여기서 베르그송은 기하학으로서의 수학에 대해 언급하고 있다. 이와 반대로, "미적분학"은 생명에 친화적이다. 미적분학은 "정확히 이미 완성된 것을 생성의 과정에 있는 것으로 대체하려는 시도다"(CE, 20). 베르그송에 의하면 생명은 존재하기 이전에는 상상할 수조차 없었던 새로운 형태로 스스로를 '펼쳐내고', 생명을 양화하고 측정하려 하는 행위는 생명이 언제나 움직이고 이동하기 때문에 매번 때를 놓치고 너무 늦을 수밖에 없다.

생명력의 경우와 같이, 생의 약동이라는 생각은 기계론에 대한 비판에서 태어났다. 연체동물과 인간처럼 생리학적으로 서로 다른 유기체의 눈의 존재에 주목하면서, 베르그송은 "막대한 양의 미소한 원인들이 다른 두 노선에서 축적되어 같은 결과를 산출하는 것은 기계론 철학이 내세우는 원리와 모순된다"고 결론지었다. 그리고 드리슈가 그러했듯이, 회복이라는 현상을 통해 베르그송은 비-기계론적인 생기적 행위자를 생각해냈다. "살라만드라 마쿨라타salamandra maculata 도마뱀의 홍채를 상하게 하지 않고 수정체를 제거할 경우, 그 수정체는 홍채의 상층부에 의해 재생성된다. 그러나 홍채의 이 상층부마저 (…) 제거하면 재생은 남은 지역의 내층에서 (…) 이루어진다. 이와 같이 다른 장소에 위치하고 다르게 구성된 부분들이 평소에는 서로 다른 기능을 수행하면서도 필요할 때는 동일한 일을 대신할 수 있고 기계의 동일한 부품을 제조할 수도 있다. (…) 좋든 싫든 간에 이러한 결과들의 수렴을 보기 위해서는 어떤 **내적 방향의 원리**에 호소해야 할 것이다."(CE, 75-76; 강조는 인용자)

생명력처럼 생의 약동은 "내적 방향의 원리"다. 생명력이 물질을 '배열하는' 것 말고도 '비인격적' 회복 능력을 갖고 있으며 물리-화학적 과정을 '추동하는' 권력을 가진다는 점을 떠올려보라.[58] 베르그송은 활기가 넘치고 무언가를 촉발하는 이 특질을 보다 더욱 강조한다. 생의 약동은 "생명을 세계 속으로 내던지고, 생명을 식물과 동물로 나누었으며, 그로 인해 동물성은 형태를 유연하게 하는 쪽으로 방향을 전환했고, 이 유연함으로 인해 동물이 반수면 상태에 빠질 위협 속에서 어떤 순간에, 적어도 몇몇 지점에서는 깨어나 전진할 수 있도록 한 추진력이다"(CE, 132). 생의 약동의 과제는 게으른 물질의 뼈대를 흔들어 깨우고 그것에 어느 정도의 놀라움을 삽입하는 것이다. "생명의 근본에는 물리적 힘들의 필연성에 가능한 많은 양의 **비결정성**을 덧붙이려는 노력이 있다."(CE, 114) "물체들을 통과하고 그것들을 차례로 유기화하면서 세대에서 세대를 거치"는 생의 약동은 절대 잠들지 않는다

---

58   Driesch, *The Science and Philosophy of the Organism… 1907*, p. 50.

(*CE*, 26).

생의 약동은 생명력처럼 그 자체로 단일하거나 동질적인 것이 아니다. 드리슈가 생명력을 '강도적 다양체'라고 말하는 반면, 베르그송은 "다발의 형태로"(*CE*, 99) 이루어지는 생기적 추동력의 자기-다양화 과정을 묘사한다. 생의 약동은 흐르면서 스스로 분화되고, "자신의 힘에서 아무것도 잃지 않고 오히려 전진함에 따라 더욱 강렬해지면서"(*CE*, 26) 스스로 흩어져왔다.[59] 생기적 추동력이 스스로를 분배함에 따라 힘을 얻도록 하는 이 독특한 자기-분화는 베르그송이 "생명은 요소들의 연합과 축적에 의해서가 아니라 분리와 이분에 의해 진행된다"(*CE*, 89)고 말할 때 그가 말하고자 했던 것을 설명하는 데 도움을 준다.

드리슈의 생명력은 배열과 그것을 통해 유기적 전체를 보존한다는 일반적인 목적을 추구한다는 의미에서 방향적인 성격을 갖고 있었다. 이러한 과제를 달성하기 위해 쓰이는 구체적인 수단은 매우 다양한데, 이는 그 수단이 그때마다의 상황과 '개별적 대응'을 맺기 위해 선택되기 때문이다. 베르그송은 생기적 힘이 사용하는 수단들은 그 수단들이 규정될 때의 구체적 상황과는 우연적이라는 드리슈의 주장을 되풀이하지만, 이 우연성은 베르그송에게서 더욱 강조되고 있다. 생의 약동이 이용할 수 있는 수단들은 실제 그것이 전개되는 순간에

---

59   들뢰즈는 생의 약동을 "현실화되고 있는 잠재성, 분화되고 있는 단순성, 나눠지고 있는 총체성"이라 말한다(Deleuze, *Bergsonism*, p. 94).

선행하여 존재하는 것이 아니라(심지어 잠재적인 '가능성'으로서 존재하는 것도 아니라) 그것의 결과와 동시에 창발하는 것이다. 따라서 베르그송은 생기적 충동의 목적이 **전체를 보존하는 것**이라는 드리슈의 주장에 반박한다. 베르그송에게 유지되는 전체란 '주어진 것'이 아니라 언제나 전환의 과정에 놓여 있는 것이며, 안팎으로 흐르는 것이다.

결국 생의 약동이 자신의 고유한 활동에서 하는 일은 물질적 형태의 **불안정성**을 증가시키는 것이고, "물질 속에 **비결정성**을 삽입하는 것이며, 그 결과 생명이 창조하는 형태들은 비결정적인, 즉 예측 불가능한 것이 된다"(CE, 126). 생의 약동은 새로운 사건을 발생시키고 각각의 형태가 현재의 자신을 흘러넘치도록 한다(CE, 103). 드리슈 역시 개별적 대응을 논의할 때 생기적 힘이 **창조적**이라는(하지만 흐름은 아닌) 주장을 은연중에 드러내고 있으나, 그 주제는 생명이 "끊임없이 계속되는 새로움의 개화"와 "멈추지 않는 창조"라 말하는 베르그송의 생기론에서 보다 두드러진다(CE, 23).[60] 드리슈는 각각 고유하게 배열된 사건에 대한 유기체의 반응(심지어 기관의 반응까지도)을 창조적이라 말했으나, 생명력의 행위성은 근본적으로 새로운 것의 창조까지 포함하는 것으로는 보이지 않는다.

비결정성을 주입하는 생의 약동의 작용을 목적론적이라 말하는 오해가 생길 수 있다. 물론, 생의 약동은 **한 방향으로** 이루어지는 작용이다. 그렇지 않다면 어떻게 그러한 작용이 가능하겠는가? 하지만

---

60   첫 번째 인용은 Bergson, *The Creative Mind*, p. 95에서 가져온 것이다.

그것은 미리 설정된 계획의 구현은 아니다. 들뢰즈는 베르그송에게 있어 "'목적'은 없다. 왜냐하면 이 방향들은 (…) 그것들을 주파하는 행위에 '따라서' 창조되기 때문"이라고 지적한다.[61] 생의 약동은 설계 없는 충동이고, '암중모색'하는 탐색 과정이다.[62] "생명에 (…) 하나의 목적을 부여하려는 것은 헛된 일이다. 목적에 대해 말하는 것은, 실현되기만을 기다리는 선재하는 표본을 생각하는 것이다. 따라서 그것은 사실상 모든 것이 주어져 있고, 미래는 현재 속에서 드러난다고 가정하는 것이다. (…) 이와 대조적으로 생명은 (…) 의심의 여지 없이 창조적이다. 그것은 스스로 확장되어 자신을 초월하는 결과들을 창조하고 생성한다. 이 결과들은 실재 안에 미리 주어진 것이 아니며 따라서 실재는 그 결과들을 목적으로 취할 수 없었다."(CE, 51-52)

베르그송과 드리슈는 활력이 지속적이고 강력한 물리·화학적 성향이라는 제약 내에서만 작동할 수 있다고 보았다. 예측할 수 없는 예술작품처럼 "가장 완벽한 작품에서조차" 생의 약동은 "자신이 의지할 수밖에 없었던 물질성에 좌우되고 있다"(CE, 127). 그것은 또한 "자신의 처분에 맡겨진 기존의 에너지를 최대한 잘 활용"할 수 있다.[63] 드리슈가 그러했듯이 베르그송은 활력을 '에너지'와 동일시하지 않았으

---

61   Deleuze, *Bergsonism*, p. 106.

62   Bergson, *The Creative Mind*, p. 93.

63   베르그송은 이어서 덧붙인다. "이제 거기에 성공하는 데는 한 가지 수단밖에 없다. 그것은 물질로부터 충분한 잠재적 에너지를 축적해서 주어진 순간에 방아쇠를 당김으로써 (…) 행동하기 위해 필요한 일을 얻는 것이다. 노력 그 자체는 이러한 촉발하는 힘밖에 갖고 있지 않다."(CE, p. 115)

며, 에너지를 활력이 이용하는, 저항력을 갖는 수단으로 간주했다. 하지만 드리슈에 비해 베르그송은 조화로운 전체의 생성을 막는 몇몇 장애가 생의 약동 그 자체에 **내재하며**, 이 장애는 곧 생의 약동 자체의 조화되지 않은 다양성이 가진 하나의 기능임을 더욱 강조한다. 생기적 충동은 여러 경로로 흩어지는 것이며, 스스로를 보다 비결정적인 상태로 변화시키는 것**이다**. 그리고 이는 흩어지는 몇몇 경로가 다른 경로들과 충돌하거나 그것을 방해한다는 것을 의미한다. 생의 약동은 자기-배제적이기 때문에, 자기 자신과 언제나 불화하게 된다. "그것은 언제나 자신을 초월하려 애쓰며 언제나 자신이 산출하려는 작품에 꼭 들어맞지 않은 채로 남아 있다."(CE, 126)

베르그송에게 있어서 생의 약동의 자기-분배적 흐름으로부터 유래한 우주는 비록 그것이 '불가분한 연속체'이긴 하나 조화롭지는 않은 전체로 여겨진다.[64] 자연은 "부조화의 대부분을 인정한다. 왜냐하면 각 종이나 개체조차도 생명의 전체적 충동으로부터 일정한 약동만을 취하며 이 에너지를 자신의 고유한 이익에 사용하는 경향이 있기 때문이다. (…) 조화는 전면이 아니라 배후에 존재할지도 모른다. 그것은 충동의 동일성에 기인하는 것이지 공통에 대한 열망에 기인하는 것이 아니다"(CE, 50-51).

드리슈 역시 조화에 대한 **단일** 모델을 긍정하지 않는다. 그 역시 각 부분들이 발달하고 변화할 때 부분들 **내에서** 내적인 변화가 생길

---

64   Bergson, *The Creative Mind*, p. 31.

뿐 아니라 부분들 **사이의** 관계에서도 변화가 일어난다고 주장한다. "배아의 각 부분의 발달이 다른 부분들의 존재나 발달에 의존한다는 주장은 사실이 아니다. 이와 달리, 공통의 뿌리로부터 시작하지만 다른 부분의 분화 방식과는 절대적으로 독립적인 일련의 과정을 (⋯) 거쳐서 기관 발생이 일어난다는 점은 기관 발생의 매우 중요한 (⋯) 특징이다. (⋯) 부분 A가 자기-분화하는 현상을 가정해보자. 이는 A의 이후 발달이 다른 특정한 부분 B, C, D에 의존하지 않는다는 것을 의미한다. 그리고 이것이 A 자신의 구성 요소들 사이에 형성 행위가 없을 수도 있다는 것을 (⋯) 의미하는 것은 전혀 **아니다.**"[65]

드리슈와 베르그송은 공간의 연장인 물질로 환원할 수 없는 자연이 역동적인 강도와 활력 있는 충동을 포함하고 있다는 점에 모두 동의한다. 생의 약동과 생명력 모두 물질로도, 각각이 거주하고 참여해야만 하는 에너지의 힘으로도 환원되지 않는다. 그 둘은 자극에 대한 반사, 본능, 예정된 반응 이상의 행위에 관여하고 있다는 점에서 **행위자**라 할 수 있다. 비록 드리슈는 생기적 행위자의 배열 및 지시 권력을 강조했고 베르그송은 그것의 활기 넘치고 창조적인 능력을 강조했으나, 그 둘은 모두 물질을 생산하고, 조직하고, 보다 활력이 넘치도록 만드는 생성 권력을 가진다. 거칠게 말해 생명력은 "솟아나자마자 곧바로 이미 과거 속으로 뒷걸음쳐버리는 끊임없는 새로움의 분출"(CE, 47)인 생의 약동과 비교했을 때 자유롭게 작용하는 범위가 더

---

65   Driesch, *The Science and Philosophy of the Organism... 1907*, p. 108.

좁다고 할 수 있다. 내 관점에서 바라봤을 때, 생명력의 행위성은 너무나도 자족적이다. 그것이 자신만의 권력으로 무언가를 발생시킨다는 주장은 과장되었다(비록 드리슈가 그것이 물질에 '의존한다'는 점을 인정하긴 했지만 말이다). 생명력의 모습을 통해 행위성의 활기적이고 의욕적인 차원을 잘 포착할 수 있기는 하나, 그러한 활기는 언제나 활기들의 체계에, 그것들을 연결하고 강도들의 순환을 만들어내는 배치에 관여해야만 한다.

드리슈는 처음에는 경험적인 발생학자였다가 이후 철학자가 되었고, 베르그송은 '창조적 진화'라는 더 상세한 생성 철학을 고안해냈다. 하지만 경험과학의 기술을 확인하고 그에 몰입한 드리슈가 생기적 행위자를 **영성으로서 해석하는** 생기론의 유혹에 더 잘 저항할 수 있는 견해를 제시했다는 건 분명하다. 그러한 유혹에 굴복한 생기론의 예로서, 나는 다음 장에서 '생명문화'를 옹호하는 미국인들이 언급하는 생기적 힘의 형상, 즉 '영혼'에 대해 다룰 것이다. 이러한 생기론은 복음주의적 기독교, 줄기세포, 미국의 무기, 이라크의 영토(그리고 다른 행위소)와 연합하여 폭력적인 효과의 배치를 형성했다. 다음 장에서 나의 목표는 이러한 연결 중 일부가 어떻게 만들어졌는지를 식별하고 이를 통해 물질의 이미지와 정치에 대한 시각 사이의 복잡한 관계를 밝혀내는 것이다.

6장 줄기세포와 생명문화

20세기의 전환기에 한스 드리슈와 앙리 베르그송이 생기적 힘의 개념을 옹호하고 있었을 때, 그들은 더 거대한 공중이 개입한 논의에도 참여하고 있었다. 세포 생물학과 발생학에서 이루어진 새로운 발견을 접한 뒤, 미국의 시민들은 다음과 같은 발전 성장이라는 질문에 사로잡히게 되었다. 식물, 동물, 정신, 문화, 그리고 다른 자립적인 전체 내부에서 변화는 어떻게 이루어지는가? 이러한 질문으로 인해 도덕적이고 과학적인 논의가 동시에 이루어지게 되었다. 당시 생기론자와 기계론자 사이의 논쟁에는 자유와 생명 담론 그리고 형태학과 물질에 대한 연구가 서로 결합되어 있었다.

21세기 초반, 이 복합적인 성격의 논쟁에 참여해온 미국인들은 생명과 물질 사이의 근본적인 구별에 대해서도 토론하기 시작했다. 낙태, 인공 생명유지 장치 그리고 배아 줄기세포 연구와 관련하여 이루어진 이러한 토론에서 가장 세력이 큰 목소리는, 대통령 조지 W. 부시를 포함한 복음주의 기독교와 로마 가톨릭이 옹호한 '생명문화' 입장이었다. 이후 내가 논쟁의 대상으로 삼을 이 입장은 현대적 생기론이라 할 수 있다. 생명문화 운동은 이마누엘 칸트, 드리슈, 그리고 베르그송의 주장, 즉 자유롭고 비결정적인 행위성이기에 물질로 환원할 수 없는 생물학적 유기체 내에 생기적 힘이 존재한다는 주장과 공명한다.

그러한 생기론자들이 그러했듯이 생명문화의 옹호자들은 그 어떤 것에는 기계론적 형이상학을 절대로 적용할 수 없다고 주장한다.

하지만 모든 생기론자들의 입장이 같은 것은 아니다. 부시와 다른 복음주의자들에게 생기적 힘이란 배아의 물질에 활기를 불어넣는 신성한 영혼이다. 그들은 칸트, 드리슈, 베르그송이 영혼의 생기론이라며 거절했던 입장을 긍정했다. 특히 드리슈는 그의 생명력 개념을 육체로부터 분리된 영혼이라는 종교적 개념과 구별하기 위해 많은 노력을 기울였다. 독단적인 철학을 비판한 칸트에 영향을 받아 그는 우선 방법론으로서 자연주의적 설명을 받아들였다. 드리슈는 연구실을 배아 발달 문제를 다루는 최고 상소 법원으로 만들려 애썼다. 그리고 종교적 독단론만이 아닌 과학적 독단론 역시 피하고자 했기 때문에, 그는 새로운 자료가 나타남에 따라 실험실에서 이루어진 판결이 수정될 수 있다는 점을 강조했다.

드리슈는 비인간 체계를 가리켜 그것이, 실험실에서 이루어지는 경험적 실험이 인간 체계에도 적용되는 진리를 드러낸다고 믿었다. "형성" 권력(생명력)은 성계의 배아에도, 인간의 배아에도, **유일하면서도 (그) 유일성을 유지하며 끝나지 않는** (…) 초개인적 과정"인 역사라 불리는 보다 거대한 유기적 통일체에도, 그리고 심지어 비유기적인 체계에도 존재한다. "우연의 세계인 물질세계뿐 아니라 개별 생물체 같은 물질세계의 특정 영역에서, 그리고 어떤 의미에서는 계통 발생과 역사 속에서도 스스로를 현시하는 형상과 질서의 세계가 존재한다. 심지어 우리가 비유기적인 것이라 부르는 것 안에도 형상과 유사한 집합체가 있을 수 있다."[1]

드리슈는 공적 추론을 수행하면서 그의 종교적 신념에 괄호를 치려 노력했다는 점에서 세속주의자였다고 할 수 있다. 하지만 이러한 사실로부터 그가 공중도덕과 과학이 무관하다고 여겼다는 결론을 도출할 수는 없다. 오히려 그는 나치가 그의 생명력 개념을 특정 형태의 생명이 다른 것들에 비해 더 생기적이라는 주장을 지지하기 위해 사용했을 때, 즉, 1930년 중반 생명력이 일종의 "총통의 유기체Fuhrer de l'organisme"[2]를 가리키게 되었을 때, 이에 대해 매우 강한 반대 의견을 표명했다. 그는 비판적 생기론의 과학은 생명력의 생기가 모든 인간 유기체에 존재한다는 결론을 낼 수밖에 없다고 말했다. 역사학자 앤 해링턴이 주목했듯이, 드리슈에게 생명력이란 "어떠한 고정적인 영토의 경계도 인정하지 않으며", 그렇기에 "그것이 적법하게 소속될 수 있는 생물학적 '통일체'는 바로 '인류'인 것이다. 그는 국가와 국가 사이의 군사적 행위에 (…) 반대했는데 (…) (왜냐하면) 그것이 생명의 생기론적 원리, 전체론적 협력과 고차원적 발달에 반하는 '가장 끔찍한 죄악'이기 때문이다."[3]

두 가지 생기론(하나는 영혼이라는 개념에 기반을 두고, 다른 하나는 그렇지 않은)과 두 가지 정치(매파, 비둘기파)가 있다. 나는 생명과 물질에 대

---

1   Driesch, *Problem of Individuality*, 80, pp. 74–75.

2   Canguilhem, *Aspects du vitalisme*, p. 124.

3   Harrington, *Reenchanted Science*, p. 190. 그녀는 1933년 히틀러가 권력을 잡은 뒤, "드리슈는 강제로 해고당한 첫 번째 비-유대인 독일 교수였다"고 적고 있다. p. 191.

한 일련의 존재론적 가정들과 정치적 입장들 사이에 **직접적인** 관계가 있다고는 생각하지 않는다. 어떠한 윤리학이나 정치학도 특정 형이상학으로부터 곧바로 도출되지는 않는다. 하지만 영혼의 생기론에 함의된 신-인간-자연이라는 위계적 논리는 너무나도 손쉽게 사회계급 사이의 위계, 심지어 문명들 사이의 위계라는 정치적 이미지로 전환된다. 나는 이와 유사한 현상이 생명문화를 둘러싸고 나타난다는 점을 논할 것이다. 복음주의적 생기론과는 달리 드리슈의 '비판적'이고, '현대적'이고, '과학적'인 생기론은 자연에서 작동하는 비-물질적인 행위성(생명력)을 **긍정하는** 동시에 초자연적인 행위성의 존재에 대해서는 **불가지론적 입장**을 취한다. 처음에 드리슈는 경험과학의 방법론을 충실히 따랐으며, 그것을 통해 그는 모든 존재의 생기적 본성을 드러낼 수 있었다. 이로부터 그는 어떠한 집단도 다른 집단을 처치하거나 지배할 수 있는 자연적 권리를 갖지 않는다는 점을 이끌어냈다.

드리슈는 영혼이라는 개념을 거부했다. 그는 믿음에 기반을 둔 주장을 경험적인 가설로 대체하고자 했으며 생기적 힘이라는 개념을 자유주의적 평화주의와 연결짓고자 했다. 생명문화 생기론은 이러한 점들을 고려하지 않는다. 다음 절에서 나는 현대의 생기론과 드리슈의 비판적 생기론을 각각의 정치적 유인성에 초점을 두고 분석할 것이다.

줄기세포

2005년 5월 미국 대통령이 수정 기술을 이용하여 여분으로서 만들어진 시험관 배아에서 태어난 아기들, 어린아이들과 함께 백악관에 나타났다. 대중영합적인 정치가의 역할을 충실히 수행하면서, 부시는 그 배아가 배아 줄기세포 연구에 사용되었다면 태어나기도 전에 죽어버렸을 아이들에게 달콤하게 속삭였다. 《뉴욕타임즈》는 보수적인 기독교와 대통령에게 줄기세포 연구는 "'생명문화'와 관련된 중요한 쟁점"이라 기술했으며, 백악관의 연극적 행사가 "부시가 자신의 대통령직의 도덕적 핵심이라 간주하는 정책을 얼마나 역설할 수 있는지 보여준다"는 점에 주목했다. "이와 관련하여 텍사스의 톰 딜레이는 법안에 대한 반대 의사를 매우 냉혹한 도덕적 용어를 사용하며 표명했다. '배아는 사람이며, 독특하게 내적으로 지향된 자기통합적인 인간유기체다.'"[4]

2007년 4월 임신 후기 낙태 금지법의 합헌성에 대한 대법원의 판결이 이루어졌을 때 부시는 전국 기독교 조찬 기도회에서 생명에 대한 그의 헌신을 반복하여 강조했다. "우리는 약자를 보호하고 모든 인간의 생명에서 창조자의 상을 바라보는 생명문화를 지속하기 위해 노력해야만 한다."[5] 3일 후, 지난 4년 동안(2007년 8월 기준) 3689명의 미국 군인이 전사하고 수만 명에서 수십만 명 사이의 이라크인의 목숨을 앗아갔다고 추정되는 선제 전쟁에 대해,[6] 부시는 어떠한 경우에

---

4   Stolberg, "House Approves a Stem Cell Bill".

5   Cole, "Bush Stands Against 'Temptation to Manipulate Life'".

6   가장 낮은 수치는 iraqbodycount.org에서, 가장 높은 수치는 존스 홉킨스 블룸버그 공중보건대학에 있는 국제 비상·재난·난민 연구 센터의 르 로버츠와 길버트 번햄 그리고 콜롬비아 대학

도 미군의 철수는 없을 것이라 말했고 미국의 침략과 점거를 '생명문화'와 표면적으로 일관되는 '생기적 전쟁'이라 표현했다.[7] 나는 생명과 폭력에 대한 이러한 이중적인 찬사에 대해 이후에 다시 다룰 것이다.

줄기세포는 만능성을, 즉 성숙하고 분화된 유기체의 다양한 종류의 세포나 조직이 될 수 있는 능력을 지니고 있다고 믿어지는 작은 물질을 지칭하는 신조어다. 그 만능성을 더 잘 이해할 수 있다면, 손상된 척수의 새로운 신경 세포들 또는 알츠하이머 환자의 새로운 뇌조직을 만들 수 있으리라는 희망이 과학자들 사이에서 나타나게 되었다. 하지만 줄기세포가 만능성을 지니고 있을지는 몰라도 '분화전능성', 즉 스스로 완전히 분화된 유기체가 될 수 있는 능력을 갖고 있는 것은 아니다.[8] 수정란의 포배 단계에서, 그러니까 수정란이 단단한 세포 덩어리에서 내부에 빈 공간이 있는 구형의 세포들로 변화하는 시기에 세포를 추출하는 작업은 생명문화의 옹호자들에게 큰 불쾌함을 야기했다. 배반포는 이후 '낭배'기에 접어들게 되는데, 이때 배반포는 '각자 다른 운명을 걷게 되는' 세 개의 배엽으로 분화되고, 이 배엽들

의 리처드 가필드, 바그다드의 알-마드라사 의과 대학의 리야드 라프타와 자말 쿠다이리에게서 가져왔다.

7   조지 W. 부시는 "우리는 이 생기 전쟁에서의 패배를 법제화해서는 안 된다"고 말했다(United States, Office of the White House Press Secretary, "President Bush Discusses Iraq War Supplemental").

8   드리슈가 지적했듯이, 줄기세포라는 개념이 만들어지기 이전에 '잠재성'이란 "전체 체계 내에서 나타날 총체성의 모든 **단일한** 부분으로 나타날" 수 있는 능력을 뜻하는 게 아니었다(Driesch, *Science and Philosophy of the Organism... 1907*, pp. 120-121). 미국 보건사회복지부와 국립보건원의 「줄기세포(Stem Cells)」도 참조할 것.

은 더 이상 만능성을 지니지 않게 된다.[9] 그 추출 작업이 낭배기의 형태 형성 과정을 가로막는다는 이유로 부시와 다른 이들은 배아 줄기세포 연구에 반대했다. 딜레이는 이를 가리켜 "의학 실험이라는 목적 아래 살아 있는 고유한 인간 존재를 해체하는 것"이라 말했다.[10]

배아로부터 인간의 줄기세포를 취하게 되면 배아는 파괴된다. 줄기세포는 제대혈, 성인의 골수, 더 발달할 수 없을 정도로 노화된 수정란에서도 추출할 수 있으며 이 글을 쓰고 있는 시점에는 인간의 피부 세포로부터도 추출할 수 있다.[11] 혈액, 골수, 피부, 퇴화한 배아는 생명이라기보다는 죽은 물질로 간주되었고, 따라서 그것들을 사용하는 일은 생명문화에 아무런 위협도 가하지 않을 것이라 여겨졌을 것

---

9   Maienschein, "What's in a Name".

10   Tom DeLay, Baer, "In Vitro Fertilization"에서 재인용. 낭배가 형성되기 이전의 세포 덩어리를 '배아'라고 부를 수 있는지에 대해서는 몇몇 논쟁이 있다. 만약 배아가 수정란으로서 정의된다면, 답은 그렇다이다. 하지만 배아를 낭배 형성 과정을 거치며 분화 중인 란(卵)으로서 정의하는 사람들도 있다. "많은 생물학자는 (…) 이러한 배아 발달의 초기 단계들에 대한 명칭을 생각하지 않으나, 착상 전 배아 혹은 전-배아에 대해서는 언급한다. 착상 전 배아는 몇 주간의 발달 과정에서 세 단계를 거치게 된다. 접합체(하나의 세포), 상실배(모두 동일한 무리 안의 다양한 세포들), 배반포(포배) (난황낭을 포함한 여러 부분으로 발달하는 단계 그리고 내부와 외부를 가지지만 배아의 구조라 정의된 것을 아직은 아무것도 갖지 않은 단계)."(스파이크, 「부시와 줄기세포 연구」, p. 45)

11   2007년 11월 두 연구소에서 "인간의 배아를 이용하지 않고 평범한 인간의 피부세포를 배아 줄기세포로 전환하는 새로운 방법"이 있다고 보고했다(콜라타, 「연구자」). 이 새로운 기술을 인간의 의학적 치료에 적용하는 데는 많은 장애물이 존재한다. "과학자들은 아직 어떻게 DNA가 프로그램되어 있고 치료를 위해 재조직되는지에 대해 완전히 이해하지 못하고 있다. 또한 초기 실험은 종양과 암을 일으킬 수 있는 레트로바이러스를 사용하여 수행되었다. (…) 여전히 줄기세포의 생산은 버려진 인간의 배아로부터 세포를 거두어가는 것에 대해 부시 대통령과 몇몇 이가 제기하는 도덕적이고 윤리적인 반대를 피하고만 있다."("Stem Cell Breakthrough")

이다. 그래서 부시 행정부는 이러한 원천으로부터 줄기세포를 추출하는 것에는 반대하지 않았다.

계급의 자연적 질서

생명문화는 미국의 비-가톨릭 복음주의자들이 일련의 공공정책과 관련하여 이론적 믿음으로서 수용하기 이전에는 1995년에 발표된 교황 요한 바오로 2세의 '생명 복음Evangelium Vitae'의 주요 주제로 다뤄졌다.[12] 생명문화가 뒷받침한 정책들을 제시하는 일은 매우 간단하다. 가령, 배아 줄기세포 연구를 위한 연방 자금 지원에 반대하는 것 말고도 뇌 기능이 정지한 여성에게 삽입한 공급관을 계속 유지하는 법을 제정하는 것 혹은 미성년자의 낙태수술을 막는 법안을 입법하는 것 등을 떠올릴 수 있다. 생명문화의 이론적 믿음이 아직 충분히 정교화되지는 않았으나, 다음과 같은 네 가지 주장을 그러한 믿음의 핵심 요소로 볼 수 있다.

첫째, **생명은 물질과 근본적으로 다르다.** 생명은 조직화되어 있고, 능동적이며, 자주적이다. 그리고 다양한 쓰임새를 갖는 용어로 말하자면, 생명은 '자유롭다'. 물질은 본질적으로 수동적이며 그것의 작용은 사전에 결정되어 있다. 생명은 아마도 그리고 보통은 체화된 형태로 드러나게 되는데, 그때마다 생명은 물리-화학적인 실체와 과정을 따라 작용하게 된다. 하지만 생명은 그러한 실체와 과정의 합으로만

---

12   Paulus PP, "Evangelium Vitae".

단순화되지 않는다. 생명은 구체로부터 분리할 수 있는 것이다.

둘째, **인간의 생명은 다른 모든 생명과 질적으로 다르다.** 다른 유기체와 같이 인간은 생명의 힘을 부여받았으나, 다른 유기체와 달리 인간의 힘은 '유일한 생명 원리 또는 영혼'[13]이라 말할 수 있다. 생명문화재단의 대표에 의하면, "만약 우리 사회가 인간의 생명이 동물의 생명 및 물질적인 사물들과 본질적으로 구별된다는 점을 망각한다면, 인간 배아복제를 이론적으로 시도하든 실천적으로 시도하든 인간 사회만이 갖는 고매함을 상실하게 될 것이다. 그렇게 되면 인간성의 구역이 망각되고 인간 존재가 생물학적 혼돈으로 대체되는 기반이 마련된다."[14] 영혼을 부여받은 인간 유기체와 다른 유기체들 사이에는 상당한 격차가 존재한다.

셋째, **인간의 유일성은 신의 의도를 드러낸다.** 인간예외주의는 우연적인 사건도, 진화의 사건도, 인간 신체의 독특한 물질적 구성의 함수도 아니다. 그것은 개개의 인간에게 신성한 활력, 즉 영혼을 부여한 전능한 존재('전능하신 신')에서 기인한 것이다.

넷째, **세계는 신성하게 창조된 질서를 따르며 그 질서는 고정적인 위계 구조를 갖는다.** 인간은 유기적이고 유일하고 영혼을 부여받은 존재일 뿐 아니라 존재론적 위계의 가장 꼭대기에 위치해 있으며, 지구상의 그 모든 것보다도 **우월한** 위치를 점유하고 있는 존재다.

---

13   Best, "Prepared Statement".
14   같은 글.

생명을 물질로 환원할 수 없다는 첫 번째 믿음은 드리슈가 모든 생기론의 핵심 믿음이라 말했던 것, 다시 말해, 유기체의 발달 과정이 "비유기적인 것을 다루는 과학을 통해 **이미 알려진 요소들이 특수하게 합쳐진 결과**"가 **아니라**, 생명에게 "고유한 **자율성의 결과**"라는 믿음과 공명한다.[15] 드리슈가 '구-생기론'이라 말한 입장은 이러한 자율성을 물질과의 관계에 종속되지 않는 존재인 영혼으로서 간주한다. '현대적'이고 '비판적'인 생기론과 달리 이러한 생기론은 자연에 대한 과학적 통찰이 주는 이점을 이용하는 것에 실패한다. 드리슈는 실험실 과학자와 추론하는 과학자가 생명 원리에 접근할 수 있는 특권적 위지에 있다고 보았고, 이는 "실제 생물학 자료에 더 열린 자세를 취하며 반성하기 위해 언제나 필요한" 것이었다.[16] 비판적 생기론은 오직 비도덕주의자만이 논쟁하려 드는 독단이 아닌 반증 가능한 가설을 제시한다.

---

15   Driesch, *The History and Theory of Vitalism*, 1. 베르그송이 "분석해보면 아마도 유기적 창조의 과정에서 점점 더 많은 물리화학적 현상들을 발견할 수 있을 것이다. (…) 하지만 물리학과 화학이 우리에게 생명의 열쇠를 반드시 준다는 결론은 나오지 않는다'라 말할 때, 그는 이와 유사한 지점을 확신하고 있다(Bergson, *Creative Evolution*, 31). 드리슈는 베르그송이 "'자율성'이 보통 스스로 법칙을 부여하는 능력을 의미한다는 점과 주로 인간 공동체와 관련하여 (…) 적용된다는 점을 매우 잘 알고 있다. 하지만 내가 생각하기에 자율성은 문제가 되는 현상에 고유한 법칙의 **대상이 되는 것**을 의미한다"(Driesch, *Science and Philosophy of the Organism… 1907*, p. 143)라고 말한다. 비록 이 지점에서 드리슈가 유기체의 자기-배열 능력과 자기-치유 능력에 초점을 맞추는 걸 의도했을지는 몰라도, 그가 자율성이라는 용어를 사용하는 방식에는 여전히 칸트적 의미의 자유가, 결정론으로부터의 자유라는 의미가 배어 있다.

16   Driesch, *The History and Theory of Vitalism*, pp. 57-58.

생명문화의 옹호자들은 특히 군사 분야에서 미국의 국력을 키울 수만 있다면 과학과 과학의 산물을 지지하고자 한다. 어떠한 과학도 영혼 부여, 인간예외주의, 창조물의 질적 위계 같은 신학적 진리를 거스를 수 없다. 예를 들어 딜레이는 **비유기적** 체계의 자기 조직 능력에 대한 복잡계 이론이나 분자 화학의 발견이, 물질이 무력하고 오직 생명만이 자유로우며 열려 있다는 그의 신념을 반증하지 못한다고 생각한다. 또한 그에 따르면 포배 단계와 낭배 단계에 있는 세포의 변별적 가소성에 대한 어떠한 자료도 수정란이 전능한 신에게 영혼을 부여받은 사람이라는 결론을 바꾸어놓지 못한다.[17] 딜레이와 다른 영혼 생기론자에게 생기적 힘이란, 베르그송과 드리슈에게 그것이 비인격적인 행위성이었던 것과는 달리 어디까지나 인격적인 힘이다. 4장에서 정교화했던 용어를 사용하여 말하자면, 그것은 **하나의** 생명이라기보다는 유일한 주체의 생명인 것이다.

요약하자면 영혼 생기론은 비판적 생기론보다 인간중심적이고 위계적이다. 그들이 상정하는 우주는 신이 자연의 가장 생기로운 창조물인 인간을 꼭대기에 위치시킨, 도덕적으로 계급화된 창조의 세계다. 여기서 인간은 가장 활기가 넘치고 충만하여, 그렇기에 가장 강

---

17   여기서 주목할 것은, 무신론자가 아니더라도 생명문화의 여러 구체적인 생각들을 받아들이지 않을 수 있다는 점이다. 다양한 종류의 범신론은 모든 사물에서, 인간과 비인간에서, 유기적인 것과 비유기적인 것에서 신성을 식별한다. 많은 "유대인과 이슬람교 학자들은 (…) 수정 이후 40일이 되는 시점에 생명이 나타난다고 여긴다". 몇몇 신자는 신이 배아 줄기세포 연구를 형태 형성 과정에서의 잠재력을 보다 충만하게 실현하는 것으로서 승인했다고 믿는다. 메이엔샤인의 「이름이 무슨 문제인가(What's in a Name)」, p. 14를 참조할 것.

력한 존재라는 의미에서, 그리고 상황적이고 환경적인 결정인자에 제한되지 않고 행위하는 가장 높은 수준의 자유와 역량을 갖고 있다는 의미에서 가장 생기롭다고 말할 수 있다. 또한 유기적 생명은 비유기적인 물질에 비해 더 높은 계급일 뿐 아니라 그것과 근본적으로 또는 질적으로 다르다. 마찬가지로 **인간의** 생명 역시 비인간 유기체보다 지위가 더 높다고 할 수 있으며 동시에 그와 질적으로도 다르다. 즉, 인간의 생명에는 영혼이 깃들어 있다. 이와 같은 논리가 사람들 사이에도 계급 차가 있다는 주장으로 이어진다. 부시와 그를 따르는 사람들에게는, 모든 인간에게 영혼이 깃들어 있는 것은 맞으나 그들의 영혼이 모두 동일한 징도로 활성회되고 동등하게 생기적이며 자유로운 것은 아니다. 비록 영혼 생기론이 그들에게 "모든 인간의 생명에서 창조자의 상을 발견하도록" 상기시키지만, 영혼 생기론은 "약자를 보호하는" "강한" 사람들을 요청한다.[18] 이러한 온정주의적 보호는 생기적 전쟁의 교리 그리고 고문, 총, 다른 군사적인 대상의 열렬한 옹호자 같은 폭력에 대한 유인을 숨기려 들지 않는 존재들과 함께 연합한다(부시는 민간 대통령의 지위를 주로 최고사령관으로서 정의했다).

어떻게 생명 사랑이 폭력 사랑과 공존할 수 있는가? 보호와 정복 사이의 기이한 연결은 어떻게 만들어지는가? 아마 자연의 여러 종 사이에 놓인 위계라는 생각이, 사람들 역시 자유의 정도에 따라 그 계급이 정해진다는 생각으로 확장되거나 흘러갔을 것이다. 이것은 생

18   Cole, "Bush Stands Against 'Temptation to Manipulate Life'".

명문화를 따르는 이가, 이라크 침공을 생기와 자유라는 선물을 약자에게 제공하는 보호 행위로 간주한 현상에 대해 설명하는 한 가지 방식일 수 있다. 하지만 그러한 설명은 주로 인간이라는 행위소에, 인간의 여러 믿음과 실천 사이의 상호작용에 초점을 두고 있다. 보다 풍부한 설명을 위해서는 생명문화를 인간과 비인간 행위소의 배치로서 고려해야만 한다. 그 배치 안에서 전능한 가장이 주재하는 우주의 위계에 대한 인간의 믿음, 약자에 대한 동정심이라는 인간의 정서, 침략과 폭력 행위가 주는 인간의 기쁨은 만능적인 줄기세포, 태아의 초음파 사진, 미제국이라는 비인격적 힘, 이라크에서 일어난 대규모 화재 및 폭발과 함께 힘을 군집시킨다.

생명을 신성하게 여기는 복음주의적 옹호자들은 선제전쟁을 찬양했다. 나치는 생명력이라는 개념을 이용하여 독일 국가가 생기적 숙명을 이행하고 생기적 전쟁을 수행해야 한다는 것을 정당화했다. 생기론이나 생명의 자율성에 대한 믿음에, 폭력과 연합하는 내재적 요인이 있다고 봐야 하는가? 이러한 주장에 대한 반론으로서 드리슈의 생기론을 생각해볼 수 있다. 나는 드리슈 생기론의 어떤 요소가 그의 관용적인 정치학을 낳은 것인지 확신할 수 없다. 하지만 그럴 가능성이 있는 것으로서 나는 그가 실험실에서 행한 실천적인 작업을 제시해보고 싶다. 성게, 바닷물, 황산, 여러 유리 조각과 금속 장비를 손으로 다루고, 대면하며, 그것들과 반복적으로 접촉했던 것. 이렇게 비인간 물질과 그것의 권력에 주의를 기울였던 점이 자연의 고정적인, 그리고 예비되어 있던 위계 구조라는 개념을 불식했을 것이다.

드리슈는 유기적 전체에 대한 자신의 이론이, 생기가 인간에게 동등하지 않게 분배되어 있다고 주장하는 사람들과 관련이 없음을 분명히 하기 위해 애썼다. 결국 드리슈는 모든 사람에게 동등하게 생명력이 분배되어 있다는 것을 넘어서 **모든** 사물들이 생기를 공유할 수 있다는 가능성을 제시했다. 그는 자신의 주장을 뒷받침해왔던 생명과 물질 사이의 이원론을 거절하여 독자를 놀라게 했던 『생기론의 역사와 이론』에서 그러한 가능성을 제시한다. 그는 우주를 유기적인 생명이 때때로 보족하는 죽은 물질이 아닌, 하나의 거대한 유기체이자 '**진화하는 어떤 것**'이라고 결론짓는다. "모든 자연적 생성은 **하나의** 거대한 발생이다." 모든 사물은 생명력적entelechial이고 생명적lifely이며 생기적vitalistic이다. 드리슈는 "우리가 조심스럽게 쌓아온 (…) '기계론'과 '생기론' 사이의 차이(그 자체)를" "파괴하여" 생기론을 옹호하는 자신의 작업을 마무리짓는다.[19] 단언컨대, 이 지점에서 드리슈는 생기론에서 생기적 유물론으로 넘어갔다.

생기와 자유

기계론적 유물론자인 미하일 바흐친은 다양한 강도들을 포함하는 할구割球, blastomere가 그러한 여러 강도 중 하나만이 생명력에 의해 선택된 후 현실화된다는 드리슈의 주장을 비판했다. 바흐친은 가능한 여러 경로가 있다는 주장은 참이 아니라고 생각했다. 즉, 각각의 형태

19   Driesch, *The History and Theory of Vitalism*, pp. 223-224.

형성은 조건들의 단일한 집합하에서 일어나고, 그래서 인접한 물리화학적 상황에 의해 정확히 결정된 오직 **하나의** 가능한 결과만이 존재한다는 것이다. "몇몇 잠재성과 가능성에 대한 그의 주장은 오직 하나의 목적만을 가진다. 그것은 그것들이 전부 동등하게 가능하다는 전제만을 (…) 따라서 그것 중 하나를 자유롭게 **선택할** 수 있다는 전제만을 허용한다. (…) 선택의 자유는 드리슈의 모든 주장의 근간이 된다."[20]

내가 보기에 생기론과 폭력 사이의 연결은 우연적이다. 하지만 나는 생기론의 핵심이 자유로운 활동을 긍정하는 데 있다고 주장한 바흐친에게 동의한다. 가령 복음주의적 기독교인들은 자유를 자유로운 의지로서, 비판적 생기론자들은 자유를 생의 약동이나 생명력 같은 다소 덜 인격적인 힘으로서 상상한다. 그것이 "특정 원인과 특정 결과 사이의 대응의 **불명확성**"[21]에 대한 자유를 의미하든, "새로운 무

---

20 Bakhtin, "Contemporary Vitalism," p. 92. 인용문 전체에서 바흐친만의 결정론적 유물론을 엿볼 수 있다. "매 시간, 매 장소에서 어떠한 특정 조건들이 우세하다는 점은 말할 필요도 없이 자명하다. 그렇기에 (드리슈가 그러하듯이) 모든 특정한 발달의 가능성들이 주어진 할구 안에 진실로 내포되어 있다고 말하는 것은 완전히 어리석은 일이다. 잠재적인 것은 할구의 주변 조건들의 복합적인 작용과 같은 정도로 (…) 할구 안에 내재되어 있다. 드리슈가 하고 있는 것은 무엇인가? 그는 임의의 실제 조건들에서 벗어나, 시간과 공간의 틀 밖에 추상적인 할구를 위치시킨다. (…) 몇몇 잠재성과 가능성에 대한 그의 주장은 오직 하나의 목적만을 가진다. 그것은 그것들이 전부 동등하게 가능하다는 전제만을 (…) 따라서 그것 중 하나를 자유롭게 선택할 수 있다는 전제만을 허용한다. 유기적인 생명에게 있는 결정론적이지 않은 선택의 자유는 드리슈의 모든 주장의 근간이 된다."(같은 글)

21 Driesch, *Science and Philosophy of the Organism... 1908*, p. 72; 강조는 인용자.

언가를 끝없이 발생시키는"[22] 자유를 의미하든, 자유를 혐오하는 특정 세력이 "테러를 선호한다"[23]는 이유를 들어 누군가의 영토로 침공하는 자유를 의미하든, 생기론은 같은 원리로 계속 되돌아가게 되는데, 왜냐하면 생기론은 세계가 미리 결정되어 있지 않고 개방되어 있다는 주장을, 세계가 창조와 경탄 그리고 선택의 장소라는 주장을 지지하기 때문이다. 여기서 자유는 매우 매력적인 개념이 된다. 줄기세포가 가져온 모든 기대와 흥분이, 그것이 만능성을 갖고 있다는 점, 그러니까 성숙하고 분화된 유기체의 다양한 종류의 세포와 조직으로 변이하는 줄기세포의 개방적인 자유로움에서 기인했다는 점에 주목하라.

형성충동이 그러했듯이, 생명력, 생의 약동, 그리고 영혼은 외-부에 대한 개념이다. 이 물질적 생기성은 계산되지 않으며, 조르주 캉길렘이 "비결정성의 소군락, 일탈 구역, 이단의 근원des enclaves d'indetermination, des zones de dissidence, des foyers d'hérésie"[24]이라 말한 곳 안을 배회한다. 자유로운 생기의 다양한 특징들은, 우리가 물질세계에 개입할 수 있다는 점

---

22   Bergson, *Creative Evolution*, p. 47.

23   두 인용구가 있다. 테러리스트들은 "자유를 증오하기" 때문에 테러를 저지른다(United States, Office of the White House Press Secretary, "Remarks by President and Mrs. Bush"). "이라크인에게 더 많은 자유가 보장된다면, 더 많은 전기를 이용할 수 있을 것이고, 더 많은 일자리가 생겨날 것이며, 더 많은 아이가 학교에 가게 될 것이고, 이 테러리스트들은 점점 더 절망에 빠지게 될 것이다. 왜냐하면, 그들은 자유 사회의 사상을 견뎌낼 수 없기 때문이다. 그들은 자유를 증오한다. 그들은 테러를 사랑한다."(United States, Office of the White House Press Secretary, "President Bush, Ambassador Bremer Discuss Progress in Iraq")

24   Canguilhem, *Aspects du vitalisme*, p. 121.

은 확실하나 그것은 '외부'의 권력이기 때문에 우리가 세계를 제어할
수는 없다는 점을 상기시킨다.

미국에서의 배아 줄기세포 연구 논쟁이 종종 종교인과 과학 지
지자 사이의 갈등으로 묘사되기는 하나(앞서 인용한 《뉴욕타임즈》의 기사
는 그것을 도덕이 의학적 진보보다 우선시되어야 한다고 주장하는 사람과 그렇지
않다고 주장하는 사람 사이의 충돌로서 묘사한다), 나는 그것을 생기론과 유
물론의 논쟁이 부활한 것으로서 바라보고자 한다. 생기론은 자신에
대한 과학적 비판의 유해에서 끊임없이 부활해왔다. 프랜시스 섬너
가 1916년 드리슈의 『생기론의 역사와 이론』을 검토하면서 지적했듯
이, "생기론은 몰락하지 않는다. 최근의 문헌들을 검토해본 결과 이러
한 결론에 이르게 되었다. 지난 수십 년 동안 가장 널리 읽힌 철학 문
헌(베르그송의 『창조적 진화』)이 이 주장을 뒷받침하는 주된 사례다. 영어
와 독일어로 쓰인 드리슈의 문헌은 놀라운 속도로 그 문헌들을 따라
잡았으며 가장 확고한 기계론자들조차도 그에 주의를 기울이도록 했
다."[25]

하지만 생기론은 기계론적 유물론에 대한 반동적 형성이다. 물
론 원자들이 선회하고, 코나투스가 신체들을 추동하고, "형태화되지
않은 요소와 물질들이 약동하는"[26] 것을 상정하는 또 다른 유물론의
전통 역시 존재한다. 이러한 전통적인 관점에서 바라보았을 때, 기계

25   Sumner, Review of *The History and Theory of Vitalism*.
26   Deleuze and Guattari, *Thousand Plateaus*, p. 255.

론적 유물론은 복잡하고 창발적인 물질성의 인과성을, 루이 알튀세르가 "주체 없는 과정"[27]이라 말한 물질성을 경시하고 있다. 심지어 무력한 물질을 상정하는 자연에 대한 기계론적 모델은 더 이상 과학적이지도 않다. 그 모델은 미셸 세르가 『물리학의 탄생』에서 연대순으로 기록한, 흐름에 대한 이전의 수많은 생철학들뿐 아니라 체계 이론, 복잡계 이론, 카오스 이론, 유체 역학에 의해 위협받고 있다.[28] 그리고 그 모델은 줄기세포에 대한 미국 국립보건원의 보고서에 의해서도 위협받고 있다. 하지만 기계론적 유물론은 여전히 널리 지지받고 있는데, 이는 아마도 과학 공동체가 인간의 능력이 어떻게 자연을 통제할 수 있었는지를 물질의 자유성에 비해 더욱 강조했기 때문일 것이다. 그리고 **이는** 인간 권력의 한계와 물질의 비결정적인 생기를 강조하는 일이 부시의 현대적 생기론과 같이 과학과 신학의 거리를 지나치게 좁히는 결과로 이어졌다는 점에서 기인했을 수도 있다.

물질에 뛰어들기

줄기세포에 대한 2001년 미국 국립보건원의 보고서에는 나를 놀라게 한 두 가지 주장이 있다. 첫 번째는 아직 아무도 '배아 줄기세포'가 자궁 안의 인간 배아에서 그 상태로 존재하는지, 즉 배반포에서 추출되어 실험실에서 새롭게 만들어진 환경에 놓이기 **이전에** 그것

---

27   Althusser, "Underground Current of the Materialism of the Encounter," p. 190.

28   Serres, *Birth of Physics*.

이 존재하는지 아닌지를 정확히 모른다는 점이다. 비록 "대다수 과학자가 이제 **성체** 줄기세포가 인간 신체(생체 내in vivo)의 여러 조직 내에 존재한다는 점에는 동의하나 (…), 배아 줄기세포가 배아에 그 상태로 존재하는지 아닌지는 아직 불명확하다. 배아 줄기세포는 (…) 초기 배아의 내부 세포덩이에서 **분리된** 이후에 **조직배양을 통해 발달하게 된다**".[29] 두 번째 놀라운 주장은 실험실에서 만들어진 배아 줄기세포조차도, 비록 그것이 나타나리라는 점과 그것의 만능성에 대한 전망이 순수하고 진동하는 비결정성의 단계에 전제되어 있다는 점을 고려한다 해도, 그것이 실제 '균질하며 미분화'되어 있는지 아닌지를 확신할 수 없다는 점이다.

여기서 나는 놀랐고 심지어 경악스럽기도 했다. 배아 줄기세포가 신체 내에 **존재**하지도 않을 수 있는가? 그리고 그것을 실험실에서 구현한 것조차도 미분화된 만능성의 원형이 아닐 수도 있는가? 나의 반응은 여태껏 내가 나의 신체를 줄기세포를 포함하고 있는 여러 고정되고 결정된 부분들로 이루어진 생리학적 기계로서 생각해왔음을 보여준다. 나는 자연에 대한 기계론적 모델을 암묵적으로 수용해왔고, 만약 충분히 주의를 기울이지 않았다면 사물의 생기성을 인식하는 능력은 제한되었을 것이다. 이와 달리 미국 국립보건원의 보고서는 '물질성'이 흐름이라는 베르그송의 관점을, 그러니까 물질성이 불

---

29   "Executive Summary" in U. S. Department of Health and Human Services, "Stem Cells," p. 9; 강조는 인용자.

가분하고 연속적인 생성 과정이며 그러한 생성의 변화무쌍한 요소들은 흐르는 환경 **안에** 정교하게 중첩되어 있을 뿐 아니라 그 **자체가** 흐름으로 여겨질 수 있다는 관점을 뒷받침했다. 연장되고 강도 높은 형식들은 소용돌이치며 베르그송이 "주어지지 않은 전체"[30]라 말했던 개방된 살아 있는 전체가 된다. 만약 체내에 '배아 줄기세포'가 없다고 밝혀진다면, 이는 배아가 이산적인 부분들, 혹은 심지어 이전에 결정된 가능성들이나 원시-부분들의 집합이 **아니기** 때문이거나, 베르그송이 생명의 "불가분한 연속체"라 말한 것이 **실험실**의 닫힌 체계 내에서만 스스로를 분할하고 나누어 '배아 줄기세포'로 될 가능성을 현실화하기 때문일 것이다. 세포 내에 분화를 만들어내는 인간의 기술적 능력은 왜 배아 줄기세포가 스스로 분화하는지에 대한 설명으로 적합하지 않다. 우리는 그 분화 과정을 자극할 수는 있으나, 그 과정을 촉발한 고유한 계기가 무엇인지는 알지 못한다. (드리슈는 그 내적인 계기를 생명력이라 불렀을 것이다.)

내가 칸트, 드리슈, 베르그송, 생명문화를 살펴본 것은 생명-물질의 이원론과 그것의 상관관계, 자연에 대한 기계론적 모델이 갖는 호소력을 이해하려는 욕망 말고도 비물질적인 행위자를 상정하는 생기론으로 회귀하지 않으면서 세계의 비결정적 생기를 받아들이는 또 다른 유물론을 내세우고자 하는 욕망 때문이었다. 랠프 월도 에머슨은

30　베르그송과 개방된 전체에 대한 논의를 보려면 마라티의 「시간, 생명, 개념들(Time, Life, Concepts)」을 참조할 것.

1848년 자신의 일기에서 다음과 같이 말했다. "당신이 생명이라 부르는 이러한 개량품들에 더는 관심이 없지만, 나는 적나라한 물질에 다시금 뛰어들려 한다."[31] 생기적 유물론자 역시 물질 속으로 뛰어들려 한다. 그리고 그들은 물질이 더 이상 적나라하지 않다는 사실을 알아낸다.

요한 고트프리트 폰 헤르더는 신학적인 태도 탓에 고동치는 물질의 생기성을 보지 못한 칸트에 반대하면서, "어떻게 신이 특정 체계를 따라 죽은 물질에 영향을 미치는지, 죽은 물질을 통해 작용하는지에 대해 말하려는 모든 못마땅한 표현들에 종지부를 찍으려 한다. 물질은 죽은 게 아니라 살아 있다. 물질의 내부에서 그리고 물질의 외부와 내부의 기관들에 순응하면서, 수천의 살아 있는 다양한 힘들이 작용하고 있다. 우리가 물질에 대해 더 알아갈수록 우리는 그 안의 힘들을 더 발견하게 될 것이고, 죽은 연장이라는 공허한 개념은 완전히 사라지게 될 것"이라고 말했다.[32] 생기적 유물론자들은 능동적인 원리로서의 물질을, 응결과 확산의 다양한 단계에 언제나 존재하는 활력 있는 물질성의 우주를, 신성이나 목적성을 갖는 것으로 여겨지거나 경험되지 않아도 능동적이고 창조적일 수 있는 물질성을 긍정한다. 드리슈와 베르그송은 창조와 존재가 끊임없이 경쟁하는 우주를 그려낸

---

31   Emerson, *Journals and Miscellaneous Notebooks*, p. 10: 335.

32   Johann Gottfried von Herder, "God: Some Conversations" (1787), Zammito, *Genesis of Kant's Critique of Judgment*, p. 244에서 재인용.

다는 점에서 나와 공통점을 가진다. 하지만 그들에게 창조는 생의 약동이나 생명력의 형태로 이루어지는 초월의 순간을 포함하는 것이다. 물리화학적인 과정의 복잡성을 고려했음에도 불구하고 그들은 생명의 왕성함을 적절히 다루는 유물론을 생각해내지 못했다. 하지만 두 비판적 생기론자들은 그에 매우 근접했고 나는 나의 생기적 유물론을 그들의 자취를 따라 자리매김할 것이다.

7장 정치생태학

7장의 목표는 두 가지이며, 그중 첫 번째 목표가 두 번째 목표보다 달성하기 쉽다. 일단 벌레가 얼마나 우리와 '닮았는지' 보여주기 위해 나는 찰스 다윈과 브뤼노 라투르에게서 처음 들었던 두 가지 벌레 이야기를 각색하여 들려줄 것이다. 이 책의 어디선가 언급했듯이 여기서 나는 비인간 신체나 완전히 인간적이지는 않은 신체에 물질의 생기가 있다는 증거를 제시하려 한다. 벌레, 전기, 여러 쓰레기, 지방, 금속, 줄기세포는 행위소 또는 다른 물리적이고 생리적인 신체들과 적절한 배열을 이루었을 때 큰 사건을 발생시킬 수 있는, 다윈이 '작은 행위성들'이라 부른 것이다. 두 번째 목표는 행위소의 **정치적** 능력이라는 까다로운 질문을 다루는 것이다. 그런데 설사 벌레가 우림 생태계의 능동적인 구성원이라는 명쾌한 논거가 있다고 하더라도, 벌레를 **공중**의 구성원이라 말할 수 있는가? 생태계와 정치 체계 사이의 차이는 무엇인가? 그것들은 그저 유사한 것인가? 혹은 동일한 체계를 서로 다른 규모로 나타낸 두 가지 이름일 뿐인가? 행위소와 정치적 행위자의 차이는 무엇인가? 명확한 차이가 있는가? 행위가 공중 '내에서' 일어난다는 이유로 그 행위를 **정치적인** 것으로 간주할 수 있는가? 공중에 비인간 구성원이 있는가? 요약하자면 생동하는 물질성의 자연학(형이상학)이 정치 이론에 주는 함의는 무엇인가?

벌레 이야기를 마친 이후에 나는 두 가지 민주주의 이론을 다루면서 이 어려운 질문들을 탐구하려 한다. 나는 무엇이 공중인지, 공중이 어떻게 형성되고 변형되는지, 무엇을 정치적 행위로 여길 수 있는지에 대한 두 이론의 서로 다른 이해에 집중할 것이다. 첫째로 나는 존 듀이의 이론을 선택했는데, 이는 듀이의 이론에서 생태계와 정치 체계 사이의 유사점이 매우 강한 것으로 간주되고 행위와 정치적 행위 사이의 간극이 상대적으로 작다고 여겨지기 때문이다. 여기서의 핵심은 듀이가 "연합 행위conjoint action"라 말하는 생성의 장 개념이다. 연합 행위는 공중의 창발 이면에 있는 행위성이다. 여러 효과를 만들어내는 공중의 행위성이나 역량 또한 연합 행위의 기능이다. 듀이의 이론은 비인간 신체(자연적이고 기술적인 신체)에서 기원하는 몇몇 연합 행위의 작용에 대한 가능성을 열어낸다. 다음으로 나는 자크 랑시에르의 이론을 선택했는데, 이는 그의 이론이 정치적인 것이 고유한 행위의 영역을 구성해내는 그 범위를 강조하고 그리하여 정치 조직이 생태 환경으로 여겨지면 안 되는 이유를 드러내기 때문이다. 랑시에르의 설명에서 공중은 오직 인간의 능력, 재능, 기술을 가진 신체들로 구성되고 정치적 행위는 인간만이 할 수 있는 것으로 여겨진다. 두 모델 모두 건설적이고, 내가 생기적 유물론의 정치학을 포착할 수 있도록 도움을 주었다.

지렁이의 '작은 행위성'
다윈은 매우 많은 영국의 지렁이를 아주 오랫동안 관찰했다. 그는 그들이 어떻게 움직이는지, 그들이 어디로 가는지, 그들이 무엇을 하는지를 관찰했으며, 가장 많이 관찰한 것은 그들이 표토나 '분변토'를 만드는 방식이었다. 지렁이들은 '지표의 물질'을 소화시킨 이후에 그들의 은신처 입구에 배설물을 쌓아올리고, 그 결과 지면에 분변토의 새로운 층을 계속하여 형성하게 된다. 다윈에 의하면, "표토의 (…) 전부가 지렁이의 몸을 몇 년마다 통과하고 또 앞으로도 머지않아 통과한다는 것은 어찌 보면 놀라운 것이다".[1] 하지만 다윈이 『지렁이의 활동과 분변토의 형성』(1881)에서 마지막으로 내놓은 주장은 생물이나 농경이 아니라 역사에 대한 것이었다. "지렁이들은 대다수 사람이 처음 생각했던 것보다 세계 역사에서 중요한 역할을 수행해왔다."(Mould, 305)

　　지렁이는 어떻게 역사를 만들어냈는가? 그들은 분변토를 형성했고, 이는 "모든 종류의 싹의 생육"을 가능하게 했으며, 이것은 다시 인간에게 호의적인 지구 환경을 만들 수 있게 했고, 이는 인간의 역사에서 나타났던 문화적 인공물, 의식, 계획, 여러 노력을 가능하게 했다(Mould, 309). 지렁이들은 인간이 만들어낸 인공물을 보존하여 '역사를 만들기도' 했다. 지렁이들은 "지면에 떨어진 모든 물건을 분변토 밑에 파묻음으로써 한없이 긴 시간에 걸쳐 그것을 부패되지 않게" 보호해주었고, 이는 "고고학자가 지렁이에게 감사를 표해야만 하는" 지렁

---

[1]　Darwin, *Formation of Vegetable Mould*, p. 313. 앞으로 이 책에서 이 제목의 문헌을 인용할 때는 *Mould*라 한다.

이들의 서비스였다(*Mould*, 308).

다윈은 지렁이가 사람들과 함께 여러 작업을 수행하며 인간 문화를 개시했으며, 사람과 지렁이가 함께 만들어온 것들을 보존하는 데 도움을 주었다고 주장했다. 다윈은 지렁이들이 인류에게 이로웠던 이러한 효과를 의도했다고 말하지 않았고 동시에 그것이 신성한 의도가 지렁이들을 통해 작용한 결과라고도 말하지 않았다. 인류 역사와 문화에 공헌한 지렁이들의 활동은 지렁이들이 다른 행위자들(생물학적 행위자, 박테리아 행위자, 화학적 행위자, 인간 행위자)과 연합하거나 경쟁하는 와중에 일어난, 계획되지 않은 일이었다. 다윈은 지렁이들의 활동을 그것이 '축적된 효과'가 이후에 매우 거대하다고 밝혀지게 되는, 수많은 '작은 행위성' 중 하나라고 보았다.[2] 이는 그 속에서 행위성이 어떠한 단일한 위치도 점유하지 않고 어떠한 주도자도 갖지 않으나 다양하고 변덕스러운 생동하는 물질성의 무리를 따라 분배되어 있는 이질적인 배치에 지렁이들이 참여하고 있다는 주장과 상통한다.[3]

다윈에 의하면 지렁이들은 인간의 문화를 가능하게 했던 행위를

2   이 '작은 행위성'들은 단순히 그것들이 무계획적이라는 이유로 '과소평가'되어서는 안 된다 (같은 책, p. 2).

3   『치즈와 구더기(*The Cheese and the Worms*)』에서 카를로 긴즈부르그는 16세기 한 제분업자가 이와 유사한 유물론자의 관점을 가진 이단이라는 이유로 재판에 회부되었던 사례를 적고 있다. "흙, 공기, 물, 그리고 불, 이 모든 것은 혼돈 그 자체입니다. 이 모든 것이 함께 하나의 큰 덩어리를 형성하는데 이는 마치 우유에서 치즈가 만들어지고 그 속에서 구더기가 생겨나는 것과 같습니다. 이 구더기들은 천사들입니다. (⋯) 그 수많은 천사들 중에는 같은 시간대에 그 큰 덩어리에서 만들어진 신도 있었습니다."(p. 6)

의도하지 않았으며 그저 나중에서야 유익한 작용이라 밝혀지는 것들을 그때그때 추구했을 뿐이다. 오랫동안 지렁이들을 가까이서 관찰한 후, 그는 지렁이들의 행위가 "불변의 유전적 충동"의 결과가 **아니라** (Mould, 64-65), 지성적인 즉흥적 행위라는 결론에 도달했다. 예를 들어, 잎으로 "굴의 입구를 메울 때" 지렁이들은 "인간과 거의 유사한 방식으로 행위한다". 즉, 지렁이들이 이용 가능한 물질에 기반을 둔 자유로운 결정을, 혹은 적어도 예상할 수 없는 결정을 내린다는 것이다. 비록 그들이 보통은 잎을 (굴로 끌고 와) 굴의 끝부분에 고정하기는 하지만, "지렁이들이 모든 상황에서 일정한 방식으로 행위하지는 않으며", 특정 상황과 그 가능성에 맞게 자신들의 기술을 조정하곤 한다. 어떤 잎을 이용할 수 있는가? 지면이 젖어 있는가 혹은 메말라 있는가? 주변에 다른 생명체가 있는가?(Mould, 312). 지렁이들의 행위의 자유성을 뒷받침하는 또 다른 근거는, 지렁이가 밝은 빛에 노출되었을 경우 기존의 목표를 뒤엎고 자신의 굴로 돌아가는 것에 실패했을 때 나타나는 현상에서, 다시 말해 벌레가 정상적인 생리적 반응을 **번복하는** 현상에서 찾을 수 있다. 그는 벌레들이 식사하거나 잎을 끌 때 또는 짝짓기 행위 같은 특정 과제에 몰두할 때 발생하는 이러한 철회 행위에 주목했다.

지렁이에게 갑자기 빛을 비췄을 때 (…) 토끼가 날쌔게 굴로 도망가듯 나타나는 반응을 보게 되면 우리는 그것이 반사 작용이라 생각하기 쉽다. 마치 자동 장치처럼 (…) 대뇌

신경마디를 자극하면 지렁이의 의지나 의식과는 상관없이
자동적으로 특정 근육의 수축을 일으키는 것으로 보인다.
하지만 이러한 견해는 (…) 지렁이가 그러한 상황에 놓여 있
을 때 어떤 근육과 신경마디가 관여했는지에 관계없이 빛
에 대해 종종 무관심하다는 사실(과 상반된다). (…) 고등동
물은 어떤 특정 대상에 대해 세심히 주의를 기울일 때 그
것 외의 다른 것이 주는 영향을 무시하는데 이럴 때 우리
는 그 동물의 주의력이 수용되었기 때문이라고 여긴다. 이
런 주의력은 정신의 존재를 내비친다. (*Mould*, 23-24)

다윈이 보기에 지렁이들은 한스 드리슈가 "개별적 대응"의 권력이
라 말한 것을 내비치며 주의를 기울이고 새로운 상황에 적절히 반응
한다. 그들의 행위는 신성한 목적이 드러난 것도 아니고 불변하는 기
계론적 본능으로 환원되는 것도 아니다. 여기서 이 꿈틀대는 행위소
들이 관여하는 배치를 스피노자가 말하는 신 또는 자연이 아닌, 역사
또는 자연History or Nature 혹은 더 정확하게 표현하여 영국의 역사 혹은
영국의 자연British History or England's Nature이라 말하도록 하자. 이 배치는
상호 연결된 일련의 부분들이라는 의미에서 일종의 생태계라 할 수
있으나 그 부분들은 고정된 질서를 따르지 않는다. 왜냐하면 그 질서
가 행위소에 의해 작용하는 특정한 '선택의 자유'를 따라 언제나 변화
하기 때문이다.
　『판도라의 희망』에서 라투르는 영국의 지렁이가 아닌 아마존의

벌레에 관한 이야기를 전개하고 있는데, 우리는 여기서도 대다수 사람이 처음에 생각했던 것보다 벌레들이 세계(혹은 일부 세계)의 역사에서 중요한 역할을 수행해왔음을 알 수 있다. 라투르의 이야기는 숲 안으로 10여 미터 들어간 곳에 있는, 오직 초원에서만 자라는 수수께끼 같은 존재를 언급하며 시작된다. 이 나무들 밑에 있는 토양은 "초원의 토양에 비해서는 더 진흙질이나 숲의 토양에 비해서는 덜 진흙질이다". 어떻게 초원과 숲 사이의 경계가 깨지게 되었는가? "숲이 그것의 확장에 유리한 조건을 만들기 위해 그전에 그 자신의 토양을 보낸 것"인가? 혹은 초원이 "숲으로의 침입을 준비하면서 삼림지의 부식질을 퇴화시키는" 것인가?[4] 이 질문들은 고정된 법칙의 기계론적 질서로서가 아니라 여러 종류의 행위소 사이의 완전히 예측해낼 수는 없는 만남의 장으로서 이해되는 자연 체계 속 식물의 행위성을 가정하고 있다. 초원의 식물, 숲의 나무, 토양, 토양의 미생물, 토착민 그리고 외래종 들은 동시에 그리고 사전에 결정된 결과 없이 서로에게 반응하고 형체를 이루는 배열을 전환시키는 집단적인 힘에 반응한다. 인간에게 당면한 과제는 인간과 비인간 행위소가 각각 추구하는 행위 양식을 더 정확하게 바라보기 위해 그것들 사이의 관계에 대한 보다 수평적인 표상을 찾아내는 것이다.

라투르와 그가 검토하는 과학자들은 결국 다음과 같은 결론을

---

4   이 이야기는 라투르의 『판도라의 희망(Pandora's Hope)』 2장에서 논의되고 있다. 인용은 53페이지에서 했다.

내렸다. 인간이 알 수 없는 모종의 이유로 인해 벌레들이 초원의 경계로 모여들고 많은 양의 알루미늄을 만들어낸다. 이 알루미늄은 석영에 포함된 실리카로부터 숲의 나무가 자라는 데 적합한 진흙의 생성을 초래한다. 그 결과 숲이 초원으로 전진하게 된다.[5] 여기서 핵심적인 조작자 또는 "배치의 변환기"가 누구이며 무엇인지 정확히 지적하는 일은 매우 어렵다.[6] 벌레들인가? 벌레들의 식사인가? 알루미늄 배설물인가? 우림에 거주하는 인간들은 벌레의 이동에 어떠한 영향을 미쳤는가? 이 다양한 물질성이 정확히 같은 종류의 행위성으로 작용한 것은 아니며 그것들 사이의 위계를 정하는 것도 쉬운 일이 아니다. 왜냐하면 특정 시간과 장소에서는 하찮은 벌레들의 '작은 행위성'이 인간의 위대한 행위성에 비해 더 많은 차이를 만들어낼 수 있기 때문이다.

예를 들어 사람들이 인종적으로 경제적으로 분리된 구역으로 스스로 이동하는 경우, 비록 그들이 그저 문화적 동향을 따르며 그것을 명시적으로 의도하거나 승인하지 않았더라도, 심지어 그들의 이동이 지방재정, 범죄율, 교통정책에 미치는 영향을 명시적으로 고려하지 않았더라도, 우리는 그들의 행위를 정치적인 행위로 간주한다. 교외 지역의 새로운 집으로 재산을 옮기는 사람들의 행위와 초원-숲의 경계로 이동하거나 구멍으로 잎을 옮기는 벌레들의 행위에는 많은 유사점이 있다.

---

5   같은 책, p. 76.
6   Deleuze and Guattari, *Thousand Plateaus*, pp. 324-325.

의인화에 주목하기

다윈과 라투르는 우리가 여태껏 생각했던 것보다 벌레와 인간의 차이가 크지 않으며 그것들이 생동하는 물질적 행위소라는 점을 드러내는 데 도움을 주었다. 만약 벌레나 알루미늄(혹은 먹을 수 있는 것이나 줄기세포) 그리고 그것들의 의욕적인 노력이 없었다면, 인간이 자신의 훌륭한 의지나 의도를 발휘하는 것은 설사 불가능하지는 않았더라도 매우 어려운 일이었을 것이다. 벌레들이 우리와 '유사하다'는 것 그리고 (칸트의 공식을 이용하자면) 우리가 비인간 행위성을 인간 행위성의 가능 조건으로 상정해야만 한다는 것은 분명 타당해 보인다. 그런데 이러한 주장들은 치명적으로 의인화에 의존할 수밖에 없는 것인가?

인간이 아니거나 인격적이지 않은 것을 인간의 특성이나 인격적 특징을 통해 해석하는 의인화는 분명 지금까지의 이야기의 한 부분을 차지하지만, 그것이 얼마나 치명적인지 따지는 것은 그리 간단하지 않다. 조지 러바인에 의하면 "지렁이의 성향에 대한 다윈의 각별한 호기심은 그의 뿌리 깊은 의인화와 관련이 있다". 그것은 "보다 거대한 이론적 기획의 핵심임이 분명하다".[7] 다윈은 자신이 관찰한 지렁이를 의인화했다. 그는 지렁이에게서 자신의 그것과 관련되었다고 인식한 지성과 자의를 발견했다. 하지만 이 나르시시즘적 응시는 예상치 못한 결과를 가져왔다. 그것은 다윈이 지렁이의 일상적 활동에 주의

---

7   Levine, *Darwin Loves You*, p. 150.

를 기울일 수 있게 했고, 그것을 통해 그는 지렁이의 고유하고 독특한 물질적 복잡성을 포착할 수 있었다. 그는 박물학자가 지렁이의 '특징적 인상$_{jizz}$'이라 말한 것을 감지할 수 있었는데, 지리학자 제이미 로리머는 이를 "즉각적인 식별과 타자로부터의 구별을 가능하게 하는 (…) 독특한 성질들의 조합"[8]이라 설명했다. 생기적 유물론에서 인식의 의인화적 요소는 반향과 상$_{像}$의 세계 전체를 드러낼 수 있으며, 이 세계는 위계적 구조를 갖는 우주에 비해 소리와 빛이 더 멀리 울려 퍼지고 반사되는 세계다. 처음에는 우리 자신의 이미지 안에서만 세계를 바라보게 될지 모르나, 곧이어 '능력 있는' 무리와 생동하는 물질성(바라보는 자이를 포함하는)이 드러나게 될 것이다.

결국 우리는 의인화를 통해 존재론적으로 구별되는 존재 범주(주체와 객체)로 가득한 세계가 아닌, 다양하게 구성되어 연합을 형성하는 물질성의 세계를 발견해낼 수 있는 감수성을 키울 수 있게 된다. 여러 범주적 구분을 아우르는 유사성을 드러내고 '자연'의 물질적 형태와 '문화'의 물질적 형태 사이의 구조적 평행을 드러내는 것을 통해 의인화는 동형 관계를 조명할 수 있다. 14세기 음악가를 위한 안내서인 『최고의 소리에 대한 위대한 논문』에 표현된 감성은 이에 대한 좋은 사례다. 그 책은 류트의 여러 소리를 동물의 움직임 양식으로 묘사하

---

8   Lorimer, "Nonhuman Charisma". 로리머는 '특징적 인상'이 특수한 개체화 양태의 응결을 뜻하는, 들뢰즈와 가타리의 '특이성'이라는 용어와 유사성을 갖고 있다는 점에 주목했다(p. 915). 그의 논문은 서로 다른 신체들의 (우리에 대한) '감지 능력'의 정도에 대한 풍부한 설명을 제공하고 있다.

며, 류트 연주가에게 그 움직임을 모방하도록 지시한다. 스타카토 소리를 내기 위해 연주자는 그의 손가락을 "잎이 진 나무에 앉은 야윈 까마귀나 먹을 것을 찾기 위해 눈빛을 쪼는 까마귀"처럼 움직여야 한다. 엄지, 검지, 중지 손가락으로 두 개의 줄을 한 번에 잡을 때 나는 특징적인 소리를 내기 위해 류트 연주자는 그의 손을 "붕어가 자신의 꼬리를 무심히 튕기는" 모습으로 만들어야 한다. "불어 보내는 소리"를 내기 위해 손가락은 "서성거리지만 한 곳에 계속 머무르지는 않는" "꽃과 같은 높이에서 너울너울 나는 하얀 나비"를 흉내내야만 한다.[9] 20세기, 복잡계 이론 또한 이러한 동형적 공명에 주목했다. 인간의 뇌에 있는 신경 다발, 도시에 있는 건물들의 집단, 점균류의 군생이 모두 유사한 조직 원리를 따른다는 점이 관찰되었다. 여기서 각각은 스티븐 존슨이 "조직화된 복잡성"이라 부른 것의 예시라 할 수 있다.[10]

공중과 그 문제

벌레, 나무, 알루미늄이 생태계의 참여자라는 주장은 정치적 참

9   Jullien, *Propensity of Things*, p. 113, 115. 각각의 소리마다 악보의 음표나 기호를 부여하는 유럽의 시스템과는 달리, "중국의 음악 표기법은 소리 그 자체를 지시하지 않고 (⋯) 단순히 소리들을 만들어내는 데 필요한 정확한 제스처를 표현하고 있다"(p. 116).

10   Johnson, *Emergence*, p. 18. 선형적 인과성을 지닌 단순한 체계와 통계적 확률을 통해 가장 잘 설명할 수 있는 거대한 체계 모두와 달리, '유기적인 복잡성'의 체계는 어떠한 단일한 요소도 중심적이거나 더 높은 권위를 갖지 않은 채 자신의 역할을 수행하는 곳에서 상향식 접근을 통해 창조된 자기-조직적인 패턴이라는 특징을 갖는다. 그러한 체계에는 어떠한 '선도자'도 없으며, 오직 창조적인 '무리'만이 있을 뿐이다. 유기적인 복잡성은 '창발하는' 결과들을, 그러니까 완벽히 중심적인 행위자 또는 기계적인 과정 **둘 다**를 통해서는 나타나지 않는 결과들을 생성한다.

여와 관련하여 어떠한 입장으로 이어지게 되는가? 그에 대한 답은 정치 체계 자체가 일종의 생태계를 구성하는지에 달려 있다. 듀이의 공중 개념은 그렇다고 말한다. 나는 이제 그의 주장을 검토하며 정치를 생태학으로 모델링하는 접근의 이점과 한계를 짚으려 한다. 다윈이 지렁이가 동물의 본능과 신체적 정동에 의해서만 움직인다는 사실에 반박하기 위해 지렁이의 선택 권력을 강조했다면, 듀이는 다른 방향에서 인간과 비인간 사이의 간극을 줄이고자 했다. 그는 인간 반응의 정동적이고 신체적인 본성을 강조했다.

『공중과 그 문제』에서 듀이는 공중을 신체들의 연합으로 제시했는데, 이 신체들은 선택에 의해 모였다기보다는(공중은 자발적 연합과 완전히 일치하지는 않는다) 시간이 지나며 '문제'를 향해 뭉치게 되는, 피해에 대한 공유된 경험을 통해 서로 모이고 협력하게 된다. 듀이는 공중이 특수한 문제에 선행하는 것이 아니라 문제에 반응하면서 창발한다는 점을 지적한다.[11] 공중은 수많은 다른 공중, 원原 공중, 그리고 잔여 공중 또는 후-공중과 나란히 존재하는 우연적이고 일시적인 구성물이다. 문제가 나타났다가 사라지듯이, 공중 역시 나타났다가 사라진다. 매 순간 수많은 공중이 결정화되고 분해되는 과정이 진행

---

11   누르테 마레스는 듀이(그리고 월터 리프먼)에게 있어 다음과 같은 주장이 성립한다고 말한다. "공중은 사회적 공동체만이 아니다. (…) 어떤 쟁점에 공동으로 관련된 사람들은 특정한 공동체를 조직해야만 한다. 공중의 구성원들이 공유하는 것은, 그들이 모두 촉발되었으나 (…) 그 이전에는 같은 공동체에 속하지 않았다는 점이다."(Marres, "Issues Spark a Public into Being," p. 214)

되는 것이다.[12]

문제가, 즉 '연합 행위'의 '간접적이고 중대하며 지속적인' 결과가 다양한 신체들을 촉발하면, 각 신체는 갑작스레 가까이 모여 공중을 형성하게 된다.[13] 이 문제들은 연합 행위라는 현상의 효과다. 다윈이 관찰한 지렁이의 연합 행위와 유사하게, 듀이가 말하는 시민은 어떠한 이성적 계획이나 계획적인 의도의 제어 아래 놓여 있지 않다. 문제를 만들어내는 주요 원인이 무엇인지 정확히 찾아내는 일은 가능하지 않다. 더욱이 연합되지 **않은** 행위, 즉, 연결망에 즉각적으로 얽혀들지 않은 행위란 존재할 수 없다.

듀이에게 모든 행위는 언제나 교호-작용trans-action이고, 기존의 규칙에 맞는 결과와 규격 외 결과의 캐스케이드를 낳는 시작점이기도 하다. 왜냐하면 행위는 이미 다른 작용들과 그 결과로 가득한 장에서만, 새로운 참여자와 즉각적으로 상호 작용하고, 겹쳐지며, 반발하는 무리 안에서만 이루어질 수 있기 때문이다. 따라서 듀이에게 **정치적** 행위의 장은 일종의 생태계다. 어떠한 신체도 소위 자신만의 고유한 계획을 갖지 않는데, 왜냐하면 그러한 계획은 각각이 고유한 지속

---

12 "쟁점의 영향은 (…) 너무나도 넓고 복잡하고, 수반되는 기술적 문제는 지극히 전문화되었으며, 관련 세부사항들은 너무나도 많고 끊임없이 변화한다. 그래서 공중은 자신을 식별하고 붙잡아둘 시간적 여유가 조금도 없다. 공중이 없는 게 아니라, (…) 너무나도 많은 공중이 있는 것이다."(Dewey, *Public and Its Problems*, p. 137)

13 "공중은 교호작용의 간접적인 결과들을 체계적으로 처리해야만 한다고 여겨질 때까지 그러한 결과들에 촉발된 사람들로 구성된다."(같은 책, p. 16)

과 강도를 갖는 동시발생적 작용들의 비인격적 무리와, 추진력을 얻거나 상실하며 타자에게 파장을 일으키고 그것과 재결합하는 작용들과 즉각적으로 연합하기 때문이다. 듀이의 용어로 말하자면, 연합 행위는 "무수히 많은 결과"를 만들어내고, 각각의 결과는 "타자들을 가로질러" 각자의 문제를, 그래서 각자의 고유한 공중, 즉 "특별히 변용한 사람들의 무리"를 만들어낸다.[14]

듀이는 공중을 고동치는 일군의 활동들이 만들어내는 공통의 문제가 변용시킨 신체들의 집합이라 생각했다. 여기서 잠시 공중이 '특별히 변용한 **사람들**'의 무리라는 주장에 괄호를 치고 어떤 **종류**의 신체기 연합 '행위'를 할 수 있는지에 대한 질문을 잠시 치워둘 것이다. 그 대신 여기서는 '변용' 역량을 통해 공중의 구성원을 정의하는 듀이의 접근에 주목하려 한다. 그러면 우리는 공중과 연합 행위에 대한 듀이 이론의 다음과 같은 (스피노자식) 해석을 생각할 수 있게 된다. 문제들은 변용시키고 변용하는 역량을 지닌 신체들의 무리인 공중을 낳는다. 이러한 문제는 공중의 예비 구성원이나 원-구성원들이 다른 분투하는 신체들의 간접적인 영향 그리고 원시-구성원들의 행위 역량을 감소시킨 효과와 이미 조우했다는 신호들이다. 공중은 타자의 행위뿐 아니라 교호-작용[15]인 자기 자신의 행위로부터 기인한

---

14   같은 책, p. 137.

15   [옮긴이] 듀이가 말하는 교호 작용은 분리된 실체 사이에서 이루어지는 상호작용(interaction)과는 다르다. 듀이는 어떠한 활동이 먼저 선행하고, 그 뒤에 주체와 대상의 구도가 분리되어 나타날 수 있다고 주장한다. 즉, 교호작용은 명확히 구분되는 나와 타자의 상호작용이 아닌, 나와 타자가

행위에 의해서도 피해를 입은 신체들의 모임이다. 피해를 입은 신체들은 서로의 곁에서 서로를 끌어당기며, 자신의 권력을 복구하고 미래의 피해를 막으며 피해를 메우려는 새로운 행위를 하고자 한다. 그리고 **그것이** 그들의 정치적 행위를 구성하게 되는데, 다행인지 불행인지 모르겠지만 그 정치적 행위 또한 일련의 간접적이고 예상할 수 없는 결과들을 낳는 연합 행위가 된다.

듀이는 공중의 구성원들이 공중에 **자발적으로** 참여하기보다는 **인도된다**고 주장한다. 각각의 신체가 피해를 입고 꿈틀대는 다른 신체들과 함께 던져진다는 것이다. 2장의 정전 사태에 대한 논의의 마지막 부분에 언급했듯이, 듀이의 정치적 실용주의는 의도보다는 결과를 강조하며 '책임'을 비난의 대상을 식별하는 것보다 피해에 대한 대응의 문제로 바라본다. 연합 행위라는 듀이의 개념은 책임을 수많은 (인간) 행위자들에게 분배시킨다. 더욱이 **문제**(의지의 행위가 아닌)를 공중의 형성 이면에 있는 추동력으로 바라보았던 부분에서 듀이는 **정치적** 행위가 인간의 신체에서 기원할 필요가 없다는 점을 (거의 대부분) 인정했다. 그렇다면 피해와 연합하고 그것을 야기하는 몇몇 계획들이 동물, 식물, 금속, 기계라는 생동하는 신체로부터 시작되었다고(혹은 이후에 그것과 연합하게 되었다고) 말할 수 있는가?

『경험으로서의 예술』에서 듀이는 심지어 인간의 계획조차 인간

서로 구분되지 않은 전체적인 상황 안에서 요소들이 힘을 주고받는 작용이다. 이러한 점에서 듀이의 교호 작용은 바러드의 내부 작용(intra-action)과 유사하다.

에게만 **제한되는 게** 아니라는 식으로 말했다. 그가 인간의 신체와 그 외-부 사이의 경계의 침투가능성에 주목했을 때 그는 행위의 탈-인간적 개념에 접근하고 있었다. "눈에 보이는 피부를 경계로 하여 양자를 구분하는 것은 별 의미가 없다. 생명체 내부에 있는 것이지만 생명체의 의미 있는 삶과 별로 관련이 없는 것이 있는가 하면, 생명체 밖에 있는 것이지만 의미 있는 삶의 유지와 존속에 필수불가결한 것이 있다. 필요라는 것은 환경과 상호 작용하며 살아가는 생명체가 어떤 요인에 의해 안정상태가 깨어졌을 때 나타나는 것이며, 환경이 제공하는 무엇인가를 취함으로써 안정 상태를 회복하려는 생명체의 요청이 바로 충동으로 표현되는 것이다. 그러므로 충동은 전체 자아가 환경과 긴밀한 의존관계에 있다는 것을 아주 잘 보여주는 지표가 된다."[16]

물론 듀이는 생기적 유물론자는 아니다. 위에 인용한 듀이의 말은 결국 비인간과 비유기적인 것을 행위자가 아니라 '환경'의 역할로 국한하고 있으며, '주변 환경'에 대한 인간의 심원한 '의존성'을 인정하지만 다양한 물질적 구성물인 여러 참여자 사이의 진정한 상호의존성을 언급하는 데까지는 나아가지 않는다. 그리고 많은 경우 듀이는 연합 행위의 행위들이 **인간의** 작용이라고 가정하고 있다. 사실 그러한 인간중심주의를 완전히 극복하는 일은 불가능하다. 테오도르 아도르노가 지적했듯이 우리는 개념과 사물 사이의 간극을 (거의) 볼

16   Dewey, *Art as Experience*, p. 59.

수 없으며, 스피노자의 말처럼 우리는 다른 종류의 의욕적 신체의 존재를 인정할 때조차 **인간의** 노력을 특별히 여기는 경향이 있다. 문제 해결을 강조하는 정치에 대한 실용주의적 접근은 앙리 베르그송이 행동-지향적 지각이라 말한 특수한 활력을 불러낸다. 과연 인간의 신체는 문제를 분석하는 데 가장 잘 예비된 존재이자 그 해결 전략을 고안하는 데 가장 적합한 존재가 아닌 것일까? 모든 종류의 신체들이 힘을 모으고 연합할 수는 있으나 실용주의자는 **특정** 신체들만이 이러한 연합을 **특정 과제를 해결하는** 힘으로 전환시킬 수 있다고 덧붙인다. 하지만 모든 물질적 신체들이 특정 신체가 인도된 공중의 잠재적인 구성원이라는 가정에 대한 이기적인 동기 역시 존재한다. 그러한 가정은 나를 넘어서 있는 신체들의 권력의 범위를 더 온전히 식별할 수 있게 해주었다. 어떻게 음식이나 벌레 또는 알루미늄이 내게 영향을 미치는 문제에 기여할 수 있는가? 어떻게 이 비인간들이 문제의 해결에 기여할 수 있는가?

라투르는 공중과 그 문제에 대한 듀이의 이론을 생기적 유물론의 방향으로 더 밀고 나간다. 첫째, 그는 인간의 의도라는 생각과 행위라는 생각 사이의 공간을 엿보기 위한 시도로, 연합 행위와 유사한 행위소 개념을 발명했다. 둘째, 라투르는 '자연'과 '문화'라는 범주를 명시적으로 거부하며 인간과 비인간 요소의 생태를 의미하는 '집합체collective'라는 범주를 옹호했다.[17] 정치 조직은 이러한 집합체의 한

---

17   "인간은 수백만 년 동안 다른 행위소로, 즉 그들과 많은 특성을 교환하면서 함께 집합체를

사례다. 셋째, 라투르는 정치적 행위를 선택의 이행이 아니라 '명제 proposition'들 사이의 부름과 응답으로서 간주한다.[18] 명제는 결정론적 decisionistic 권력을 갖지는 않지만 다른 행위가 아닌 특정 행위가 나아 가는 궤적의 방향으로 무게를 가하고, 그렇게 나아가도록 자극하고 압력을 가한다.[19] 문제에 대한 반응은 그것이 무엇이든 의도적인 '숙 고'의 결과라기보다는 다양한 명제와 변용한 신체들의 힘의 '발효'라 고 여겨져야만 한다.[20] 마지막으로 라투르는 '사건'에도 행위적 능력을 분배한다. 정책의 방향과 정치적 분위기는, 심지어 존재론적으로 여럿 인 공중의 명제들의 합으로도 환원할 수 없는데, 이는 거기에 언제나 행위에 의한 약간의 놀라움이 있기 때문이다. "오직 사건들만이 있다. 나는 절대 **행위하지** 않는다. 나는 항상 내가 한 것에 의해 약간 놀란 다. 나를 통해 행해진 것은, 내가 하는 것에 의해, 변형할 수 있고 변

형성해온 행위소로 그들의 사회적 관계를 확장해왔다."(Latour, *Pandora's Hope*, p. 198) 같은 책에 서 라투르는 '자연(인간 문화에서 완전히 벗어난 순수한 영역으로서의)'이라는 범주를 거부한다고 말한다. 왜냐하면 "그러한 생각이 하나의 살 만한 완전체로 집합되는 정치적 과정을 보이지 않게 만들기 때문이다"(p. 304). 이와 유사하게 나는 정치 조직에서 작용하는 물질적 행위성을 보이지 않 게 만드는 수동적인 물질이라는 생각을 거절하는 것이 중요하다는 점을 강조하고 싶다.

18   "행위는 사람들이 하는 게 아니라, 상황에 의해 제공되는 특정한 기회들과 함께, 어떤 사건 속에서 다른 것들과 함께 성취되는 '**행위-만들기**'다. 여기서 다른 것들이라는 것은 관념들이나 사 물들이 아니라 비인간 실체들 혹은 (…) **명제**다."(같은 책, p. 288; 강조는 인용자)

19   같은 책, p. 288.

20   같은 책, p. 247. 하지만 이 발효는 가령 모든 재료가 냄비 안에 들어 있는지 확인하기 위해 어떠한 관리를 필요로 하는 것 같다. 그것은 사람들에게 이러한 "운영" 기능을 발휘하도록 요구하 는 듯하다.

화할 수 있고 분기할 수 있는 기회에 의해 놀라게 된다."[21]

공중을 연합 행위의 산물로서 제시하는 듀이의 설명은 역동적인 자연의 생태계와 많은 공통점을 갖는 정치 체계를 그려낸다. 이러한 주장은 공중의 구성원들이 "그러한 결과들에 체계적인 조치를 취하는 것이 필요하다고 생각되는 그 정도만큼, 교호 작용의 간접적인 결과들에 의해 변용하는"[22] 존재라는 그의 주장과 함께, 비인간 신체를 공중의 구성원으로 명시적으로 인정하고, 어떻게 그들이 연합 행위에 참여하는지 뚜렷이 주목하며, 동물, 식물, 무기질, 그리고 그것들의 생태문화의 (정동적인) 신체들에 피해가 가는 순간을 더 분명히 식별하는 행위 이론이 형성되는 환경을 조성해낸다. 이 피해들이 어떤 '사건'이 나타나도록 촉발하는 것은 분명하나, 그것이 사람들에게 그에 대한 해결책을 내도록 유발하는지의 여부는 확실하지 않다. 인간들은 피해를 너무 늦게 알아차려 효과적인 개입 시기를 놓칠 수도 있고, 비효율적인 개입 전략을 세울 수도 있으며, 우리가 우리를 지키기 위해 몇몇 행위소의 작용을 자주 희생시키는 것처럼 피해에 '체계적인 조치를 취하는 것'을 단순히 **불필요한** 것으로 여길 수도 있다. 모든 공중이 생태계에 적합할 수도 있으나 모든 생태계가 민주적인 것은 아니다. 그리고 나는 건강이나 생존 같은 인간의 주요 요구를 우선적으로 다

---

21   "우리가 무언가를 만드는 모든 경우에 우리 뜻대로 돌아가는 것은 아니며, 우리는 조금씩 행위에 의해 압도된다. 모든 건설자들은 이를 알고 있다."(같은 책, p. 281)

22   Dewey, *Public and Its Problems*, p. 16.

루지 않을 정도로 평등주의적인 정치 조직은 상상할 수 없다.

왜 안 되는가? 내가 여태껏 여러 방식으로 인간의 유일성에 의문을 제기했는데, 왜 우리와 그것들에 동등한 자격을 부여해야 한다고 결론지으면 안 되는가? 왜냐하면 내가 우리 사이의 모든 차이를 없애려는 것이 아니라 이 차이들을 가로지르는 유사성을, 이 책에서 탐구하는 바로 그 배치들을 가능하게 하는 유사성을 탐구하고자 하기 때문이다. 직설적으로 말하자면, 나의 코나투스는 세계를 완전히 '수평화'하는 것을 내게 허락하지 않는다. 나는 나의 종에 속하는 구성원들 역시, 그것들이 나의 신체와 가장 유사한 신체이기에 그것과 동질 감을 느끼는 것이다. 우리의 상호의존성과 상호연관성에 대한 앎을 확장하고자 할 때에도 사정은 비슷하다. 생기적 유물론의 정치적 목적은 행위소들을 완전히 동등하게 대하는 게 아니라, 구성원들 사이의 의사소통을 위한 더 많은 통로를 갖는 정치 조직을 추구하는 것이다. (라투르는 이를 더욱 '혈관화된vascularized' 집합체라 말한다.[23])

물론 여기에는 많은 실천적이고 개념적인 장애물이 있다. 대다수 구성원이 언어를 쓰지 않을 경우 의사소통을 어떻게 할 수 있는가? 우리는 그러한 의사소통적 에너지의 다양한 형태를 더 자세히 이론화할 수 있는가? 어떻게 인간이 말로 표현되지 않는 '명제들'에 대한 감수성을 드높이거나 그에 귀 기울일 수 있는가? 그러한 명제들 사이

---

23   민주주의적 집합체는 "별, 프리온, 소, 하늘 그리고 사람을 한데 모음으로써 (…) '무질서한 혼란' 대신에 '코스모스'"를 만든다(Latour, *Pandora's Hope*, p. 261).

의 번역은 어떻게 이루어지는가? 어떠한 종류의 민주주의 제도나 의식이 적합하다고 말할 수 있는가? 라투르는 정의하기 어려운 만큼 도발적인 생각인 '사물들의 의회'를 소집해야 한다고 주장했다.[24] 아마도 우리는 배제된 **인간들의** 목소리를 듣는 민주주의를 열어내기 위해 고안한 이론을 살펴봄으로써 더 나아갈 수 있을 것이다. 나는 민주주의를 분열로 바라본 랑시에르의 이론에서 단초를 찾고자 한다.

분열과 인민

듀이, 라투르와 비교했을 때, 랑시에르는 공중의 (확실한) 응집을 와해시키는 수단에 비해 공중이 어떻게 창발하는지에 대해서는 상대적으로 관심을 덜 기울였다. 그의 유명한 저작 『불화』에서, 그는 (비록 공중이 인식하지는 않으나) 공중 안에 존재하는 인간의 잠재적인 분열의 힘에 주목했다. 그는 이러한 힘을 민중의 힘 또는 '인민'의 힘이라 말했다. 탁월한 민주주의적 행위는 인민이 지배적인 '감성의 분할'[25]의

---

24   라투르가 보기에 오늘날 가장 시급한 문제는 인간과 비인간들을 동일한 혼성적 광장 위에 한데 묶은 뒤 이 사물들의 의회를 가능한 한 빨리 열어내는 것이다(Latour, "What Rules of Method"). 케빈 머레이는 비인간의 목소리를 품자는 제안이 처음에는 "고함치는 거대동물보다도 더 큰 소리가 나도록 마이크를 두드리고 있는, 위험에 빠진 아마존 숲에 대한 중세적 희극을 유발한다. 하지만 지구가 단기 자본의 이익에 의해 급격히 소비되는 걸 막아야만 한다면 그러한 마음의 변화가 필요하다"는 점에 주목했다(Murray, "Cabinet of Helmut Lueckenhausen," p. 19).

25   "나는 어떤 공통적인 것의 존재 그리고 그 안에 각각의 몫들과 자리를 규정하는 경계설정들을 동시에 보여주는 감각적 확실성의 체계를 감성의 분할이라고 부른다. 감성의 분할은 따라서 (…) 공통적인 것과 배타적 몫들을 동시에 결정짓는다. (…) 감성의 분할은 그가 행하는 것에 따라서, 이 활동이 행해지는 시간과 공간에 따라서 누가 공통적인 것에 참여할 수 있는지를 보여준다. (…) 벤

임의성을 드러내는 무언가를 할 때 나타난다. 이 분할은 몇몇 사람을 정치적 행위자로서 가시화시키는 동시에 다른 이들을 의식의 문턱 아래로 밀어내 보이지 않도록 만든다. 랑시에르의 틀에서 정치는 정치적 질서를 유지하는 행위나 이미 정교화된 문제들에 대응하는 행위로 구성되는 것이 아니라 "신체들이 분배되는 질서에 대한 독특한 분열을 가리키는 이름이다".[26]

이 특이한 분열은 의도적 행위도 우연적인 발생도 아니다. 랑시에르는 그 분열을 상연된 사건의 사이-공간에 위치시킨다. 인민들은 거의 동시에 "논쟁의 무대"를 구성하게 되고, 이 무대에서는 이전까지는 소음으로 간주된 것이 영향력 있는 사람에 의해 "논쟁적 발언"처럼 들리게 된다.[27] 그러한 무대는 출연 배역은 서로 다를지라도 언제나 같은 이야기를, 즉 "말하는 존재자들의 평등"에 대한 이야기를 전달한다.[28] "보이는 것과 말할 수 있는 것의 관계를 재배치하는 무대"는 "사

야민이 말하는 '정치의 미학화'와는 아무런 관계가 없는 어떤 '미학'이 있다. 이 미학은 자신에게 느끼게 하는 것을 결정짓는 선험적 형식들의 체계로 이해할 수 있다. 그것은 (…) 시간들과 공간들, 보이는 것과 보이지 않는 것, 말과 소음의 경계설정이다. 정치는 우리가 보는 것과 그것에 대해 우리가 말할 수 있는 것에 관한 것, 보는 데 있어서의 능력과 말하는 데 있어서의 자질을 갖고 있는지에 관한 것, 공간들의 속성들과 시간의 가능성들에 관한 것이다."(Rancière, *Politics of Aesthetics*, pp. 12-13)

26   Rancière, *Disagreement*, p. 99.

27   Rancière and Panagia, "Dissenting Words," p. 125.

28   Rancière, *Disagreement*, p. 33. 민주주의는 "치안논리와 정치논리 사이의 모순의 무대"다. 마치 페미니스트 잔 드루앙이 1849년 "자신이 나설 수 없는 의원 선거에 후보자로서 나섰을" 때처럼 말이다(p. 41).

회적 질서의 궁극적 비밀"[29]을, 즉, "한 사람이 다른 이를 지배하는 자연적인 원리는 없다"[30]라는 비밀을 드러낸다. 그래서 랑시에르에게 정치적인 행위의 핵심은, 정동적인 신체들이 이전까지 존재했던 공중에 진입할 때, 혹은 그러한 신체들이 자신들이 여태까지 설명되지 않은 부분으로서 그곳에 존재해왔다는 점을 드러낼 때 나타나는 신체들의 감탄사에 있다. (내 생각에 여기서 랑시에르가, 명백하기도 하고 잠재적이기도 한 구성원들을 가진 단일한 인민이 아니라 공존하는 다수의 공중에 대해 말하는 듀이의 통찰을 받아들였다면 큰 힘이 되었을 것 같다.) 랑시에르가 말하는, 이전까지 무시된 신체들의 이와 같은 감탄사가 만들어내는 차이는 무엇인가? 그것은 "지각 가능한 것의 분할"을 혹은 "가시적인 것의 체제"[31]를 수정하게 되고, 이것은 다시 모든 것을 바꾸어놓는다. 여기서 랑시에르가 인용하는, 평민들이 로마 (귀족) 공화국의 무대를 중단시킨 사례를 살펴보도록 하자.

> 아벤티누스 언덕에 모인 평민들은 (…) 스키타이의 노예들
> 처럼 해자를 파지 않았다. 그들은 스키타이의 노예들로

---

29   "보이는 것과 말할 수 있는 것 사이의 관계를 재배치하는 이러한 미장센의 형식이 없이는 그 누구도 민주주의를 실천하지 못한다."(Rancière and Panagia, "Dissenting Words," p. 125)

30   Rancière, *Disagreement*, 79. 민주주의는 "사회적 신체들을 불평등하게 분배하는 질서"와 "말하는 존재자들이 일반적으로 지닌 평등한 능력의 질서" 사이에 존재하는 공약 불가능성이 가시화되기 시작할 때 발생한다(p. 42).

31   같은 책, p. 99.

서는 생각할 수도 없었던 일을 했다. 그들은 자신들을 다른 전사와 동등한 전사로서가 아니라 그들이 그러한 속성을 갖고 있다는 사실을 부인했던 이들과 동일한 속성을 나눠 가진 말하는 존재자들로 구성하면서 다른 질서를 설립했다. 그리하여 이들은 귀족의 말을 모방하는 일련의 언어 행위를 실행했다. 그들은 저주와 찬양의 말을 했고 자신들의 신탁을 얻기 위해 대표를 파견했으며, 다시 이름을 붙임으로써 자신들의 대표자들을 선출했다. 요컨대 그들은 마치 이름을 가진 사람인 양 처신했다. 그들은 일종의 위반의 방식에 따라 (…) 자신들이 욕구와 고통, 두려움만을 표현하는 것이 아니라 지능을 명시하는 말을 지닌 존재자라는 것을 발견했다.[32]

평민들은 감각 가능한 것의 체제를 가까스로 재분할할 수 있었다. 이것을 인간만의 힘이라 말할 수 있는가? 랑시에르가 가져오는 폭발과 붕괴라는 은유는 정치 행위가 자연의 힘과 '유사하다'는 점을 암시하기는 하나, 행위에 대한 그의 설명은 점점 더 언어적 특질을 이용하는 것에 제한된다('붕괴'는 '중단'이 되고, '불화'가 된다). '잘못에 대한 이

---

32 같은 책, p. 24-25. 그 평민들은 귀족에게 자신을 지성을 가진 존재로서, 그들과 대화를 나눌 수 있는 존재로서 대하며 자신과 관계를 맺기를 강요했다. 평민은 "자유가 실행되는 장소로서, (…) 몫 없는 이들의 몫을 현재화하는 이 인민의 권력 실행의 장소로서 (…) 도시 국가의 중심에서" 도려낸 "인민이라는 이름을 위한 외양 영역"을 세웠다(p. 66).

의 제기'에서 잘못은 **인간**의 언어 역량을 동등하게 부여받은 존재들을 불공평하게 대우하는 것으로서 정의된다. 아마 공적인 자리에서 랑시에르에게 동물이나 식물, 약 또는 (비언어적인) 소리가 정치 질서를 분열시킬 수 있는지 물었다면 그는 아니라고 답했을 것이다. 그는 정치적인 것의 개념을 그렇게까지 확장하는 것을 원하지 않았다. 그에게 비인간은 인민의 참여자로서 자격을 갖지 않는다. 분열의 효과는 반드시 합리적인 담론에 참여하고자 하는 욕망을 수반해야만 한다.[33]

비록 그는 동의하지 않을지라도 내가 보기에 랑시에르의 모델에는 민주주의에 대한 (생기적) 유물론에 대한 암시 그리고 그러한 유물론으로 나아갈 수 있는 가능성이 있다. 예를 들어 그 모델이 인민의 존재를 그려내는 방식을 생각해보라. 랑시에르의 모델에서 인민의 존재는 형성된 사물이나 고정된 실체가 아니라, 휘어잡을 수 없는 활동이나 비결정적인 에너지의 흐름으로 여겨진다. 인민이란 "인구의 총합도 아니고 내부에서 서로 냉대하는 요소들도 아니다". 그것은 이에 연루된 특수한 **신체들**로 환원할 수 없는 "초과$_{excess}$"다.[34] 자신을 한 곳에 고정하지 않으며 여러 신체를 횡단하는 힘이 있다는 발상은, 2장과 4장에서 논의한 스피노자의 코나투스 그리고 들뢰즈의 강도(의 운동성) 개념과 각각 공명한다. 랑시에르가 언급하는 변화무쌍한 '초과'

---

33 나는 랑시에르의 작업을 논하는 학술대회에서 그에게 질문을 던졌다. 그 학술대회의 명칭은 '불화에 충실하기'였고, 영국 정치학 협회의 탈구조주의와 급진 정치 단체의 후원을 받아 2003년 9월 16~17일 런던 골드스미스 대학에서 개최되었다.

34 Rancière and Panagia, "Dissenting Words," p. 124.

는 비인간 신체들을 통해 흐르는 것이 아닌가? 이것은 《뉴욕타임즈》
가 전력망이 "스스로의 규칙에 따라 살고 죽는다"라고 말했을 때 지적
했던 바가 아닌가? (혹은 "전쟁은 자신만의 추진력을 갖는다"라는 문구에 담긴
직관은 어떠한가?) 랑시에르는 암묵적으로, 분열의 권력이 인간 발언자
에만 진정 제한되는가에 대한 질문을 제기하고 있다.

보다 유물론적인 민주주의 이론으로 나아갈 수 있는 두 번째 지
점은, 랑시에르가 정치적인 것으로서 여기는 것을 그것이 어떤 **효과**
를 생성하느냐에 따라 결정할 때 드러난다. 랑시에르에 의하면 정치적
행위는 단지 분열시키는 것에 제한되는 게 아니다. 그것은 사람들이
'볼see' 수 있는 것을 근본적으로 변화시키면서 분열시킨다. 그 행위는
감각적인 것을 재분할하고 지각 가능한 것의 체제를 전복시킨다. 비인
간들 역시 지각의 게슈탈트 전환[35]을 촉발하는 권력을 지니고 있기
때문에, 여기서 다시 정치적인 관문은 비인간들(죽은 쥐, 병뚜껑, 기계장
치, 불, 전기, 딸기, 금속)이 통과할 수 있게끔 활짝 열리게 된다. 쓰레기는
사물이, 도구는 참여자가, 음식은 행위자가, 아이스킬로스의 견고한
사슬은 강도가 된다. 우리는 동물, 식물, 무기물, 인공물이 때때로 공
중을 어떻게 촉발할 수 있는지 알고 있으며, 공중을 강화하거나 약화

---

35   [옮긴이] 게슈탈트 전환은 '전체는 부분의 합 이상'이라는 원리를 바탕으로 인간의 지각 전
환을 설명하는 관점을 의미한다. 일반적으로 특정 대상에 관한 인간의 지각은 대상의 각 부분에
대한 개개의 감각 정보들이 종합된 결과로 여겨질 수 있으나, 게슈탈트 관점에서 지각은 대상의 전
체적인 형태나 구조라는 특징을 갖는다. 결국, 게슈탈트적인 지각의 전환은 우리에게 현시하는 대
상의 형태나 구조가 전환되는 것이다. 베넷은 이러한 지각 구조의 전환이 비인간의 힘을 통해 이루
어지며, 그 결과 우리가 볼 수 있는 것과 볼 수 없는 것 사이의 경계가 변한다고 보고 있다.

하는 더 효과적인 (경험적) 전략을 고안하는 방식을 알아낼 수도 있을 것이다. 혹자는 우리가 가진 수많은 개념적, 도덕적, 심리적 재산을 위험에 노출시키고 무방비 상태로 놓아두게 된다는 이유를 들며 그러한 관문을 열어둔 채로 방치하는 게 위험한 일이라 느낄 수 있다. 분출하는 사건들을 '논쟁적 발화'로 바라보는 것이 더 안전해 보인다.

물론 민주주의 이론이 인간중심적이라는 점은 매우 자연스럽고 정치적 참여자가 어느 정도 언어를 다룰 줄 알며 사유하는 능력을 지니고 있다고 여기는 것은 매우 합리적이다.[36] 이러한 경향들은 민주주의 이론가들을 다음과 같은 중요한 문제들로 이끌어왔다. 무지한 유권자와 부족한 공론의 장, 여러 집단에 불균등하게 분배된 정치권력의 문제, 확정 선거구를 비롯하여, 윌리엄 코놀리가 불분명한 '경험의 흐름'[37]에서 창발하는 변화무쌍한 정체성이라 말한 것을 식별하는 것에 실패했을 때 야기되는 피해.

하지만 만약 우리가 정치적 참여와 인간의 언어 사용을 연결하고 있던 끈을 풀어내어, 행위적 배치에 진입하고 다시 그것을 떠나는

---

36   예를 들어 마크 워런에게 있어 그가 말하는 (자발적인) 연합에 참여하는 것은, "담화, 제스처, 자기-표현에 뿌리박고 있는 의사소통 형식인 말, 규범적 동의, 문화적 유사성 그리고 공유된 염원"의 능수능란함에 의존하는 민주주의적 문화의 핵심으로 여겨진다(Warren, *Democracy and Association*, p. 39).

37   Connolly, *Pluralism*, p. 76. 코놀리 또한 『다원화의 에토스(*The Ethos of Pluralization*) xiv』에서 "새로운 정체성들을 오래된 차이, 상처, 에너지로부터 생겨나도록" 하는 "제정enactment"의 정치를 언급한다. 랑시에르와 달리, 코놀리는 다원화에 대한 새로운 동력(인민의 새로운 회원)과 현존하는 다원주의적 영역 사이의 상호의존성을 강조한다.

생동하는 물질의 집합인 세계와 조우하게 된다면 어떤 일이 일어나 겠는가? 아마 우리는 다음과 같은 몇몇 이해할 수 없는 질문들과 어느 정도는 이해 가능한 질문들을 맞이하게 될 것이다. 미국인의 전형적인 식습관이 이라크 침공을 유발하는 프로파간다에 대한 광범위한 감수성을 불러일으키는 데 어떠한 역할을 수행하는가? 모래 폭풍이 소위 종파 간 폭력이라 불리는 폭력의 확산에 어떠한 변화를 불러올 수 있는가? 수은이 자폐증의 발현에 영향을 미치는가? 비디오 게임이 감성에 미치는 효과는 게임 설계자와 사용자의 의도를 어떠한 면에서 뛰어넘게 되는가? 허리케인이 대통령을 실각시킬 수 있는가? 인간면역결핍 바이러스가 동성애 혐오나 복음주의의 부활을 유발할 수 있는가? 조류 인플루엔자 바이러스가 인간에게 옮겨가 의료보험 체계나 국제무역, 국외여행에 대혼란을 일으킬 수 있는가?

비록 랑시에르가 평민을 이성의 소유에 있어서 결함을 갖는 인간으로 바라본, 인민에 대한 '플라톤적' 편견에 반대하기는 했으나, 정치를 인간 활동의 영역으로 제한하는 것 역시 일종의 편견이라 할 수 있다. 그 편견하에서 (비인간) 다양체는 맥락, 제약, 도구로서 오인되곤 한다. 민주주의를 다루는 생기적 유물론자의 이론은 말하는 주체와 침묵하는 객체 사이의 구분을 일련의 변별적인 경향들과 가변적인 능력들로 전환시키고자 한다. 내 생각에 이는 다윈과 라투르가 벌레 이야기를 했을 때 달성하고자 했던 목표다.

벌레들의 식사[보름스 의회]

동물의 행동과 의사소통의 더 미세한 형태까지 감지하고 번역하는 우리의 능력이 향상될수록, 우리는 그들에게 지성이 있다는 주장이나 그들의 행동behavior을 행위action로 바라보아야 한다는 주장을 수용하기 쉽다. 하지만 진실로 벌레를 진지하게 고려한다면 우리는 그들의 활동에 대한 평가를 수정하는 데 그치지 말고 인간의 유일성이라는 믿음을 회의하는 것, 그리고 그 믿음과 관련된 개념들을 재발명하는 것으로까지 나아가야 한다.[38] 인간의 신체, 바이러스의 신체, 동물의 신체, 기술적 신체 사이의 상호작용이 점차 강해지게 되면 능동적인 주체와 수동적인 객체의 세계를 가정하는 민주주의 이론이 한때의 빈약한 설명에 불과하다는 사실이 드러날 것이다. 만약 인간의 문화가 생동하는 비인간 행위성과 떨어뜨릴 수 없을 정도로 뒤얽혀 있다면[39] 그리고 인간의 의도가 오직 광대한 비인간 환경과 함께할 때만 행위적일 수 있다면,[40] 민주주의 이론의 적절한 분석 단위는 개별

---

38 『브리태니커 백과사전』에 따르면, 보름스 의회[벌레들의 사료]는 "1521년 독일의 보름스[벌레]에서 개최된 신성로마제국 의회[사료]에서 이루어진 회의를 뜻한다. 여기에 마르틴 루터는 이단의 혐의를 받고 출두했고, 이 보름스 의회는 그 때문에 유명해졌다"(online edition, http://www.britannica.com).

39 그것들은 '행위성'인가 '행위자'인가? 둘 중 무엇이 옳은 용어인지 고심하고 있을 때, 나는 어디에 원인이 있고 어디에 결과가 있는지와 관련하여 두 용어가 갖는 어마어마한 모호함에 직면하고 말았다.

40 인간은 기능하기 위해 비인간이 인간을 필요로 하는 것보다 더 많이 비인간을 필요로 한다고도 말할 수 있을 것이다. 왜냐하면 쓰레기 매립지의 바닥에서 녹슬고 있는 캔에서 북극에 있는 포자들의 군집에 이르기까지, 많은 비인간이 인간의 영역을 벗어나 살고 있거나 썩어가고 있기 때

적 인간도, 인간만의 집합도 아닌 어떤 문제를 둘러싸고 연합하고 있는 (존재론적으로 다질적인) '공중'일 것이다.[41] 우리는 코나투스, 행위소, 배치, 작은 행위성, 조작자, 분열 같은 개념들을 발명하거나 재이용할 수도 있지만, 비인간을 더 자세히 다루고 그들의 발생, 반대, 증언, 명제를 보다 주의 깊게 듣고 그에 대응할 수 있도록 하는 새로운 절차, 기술, 지각 체제를 고안해낼 수도 있다. 이러한 것들은 **우리**가 속해 있는 정치적 생태의 건강에 매우 중요하다.

물론 비인간 물질성을 정치 생태의 참여자로서 인정하는 것이, 모든 것이 항상 정치 생태에 참여하고 있다거나 모든 참여자가 서로 같다는 결론으로 이어지지는 않는다. 시간, 장소, 구성 요소, 형성체의 밀도에 따라 서로 다른 사람들이 서로 다른 유형과 정도의 권력을 갖고 있듯이, 서로 다른 벌레들이 서로 다른 유형과 정도의 권력을 갖고 있듯이, 인간, 벌레, 잎, 박테리아, 금속, 허리케인은 서로 다른 유형과 정도의 권력을 갖고 있다. 하지만 마치 이전까지 정치적 목소리를 내지 못했던 사람들의 목소리를 들을 수 있게 되었듯이, 민주화의 범위는 더 많은 비인간을 더 다양한 방식으로 인정할 수 있게끔 확장될 수 있다. "당신은 어떠한 희생을 치르고서라도 모두가 함께 좋은 삶을

문이다.

41   공중은 캐런 바러드가 인간과 비인간 사이의 '내부-작용'이라 말한 것과 같다. 그녀는 "((문제의 소지가 있는 [주체-객체]의 이분법을 반복하는 '상호작용'이라는 용어와 대비시키면서) **관측의 행위성**과 '**객체**'의 불가분성을 나타내기 위해" 그 용어를 만들었다(Barad, "Scientific Literacy," p. 232).

살아갈 준비가 되었는가? 이렇게 가장 높은 수준의 정치적이며 도덕적인 질문들이 수 세기 동안 수많은 명철한 정신들에 의해 인간들을 형성하는 비인간들을 제외한 채 **오직 인간만을 위해** 제기되어왔다는 것은, 단언하건대, 헌법 제정가들이 노예와 여성이 투표하는 것을 반대했던 때와 마찬가지로 터무니없는 것으로 여겨지게 될 것이다."[42]

---

42   Latour, *Pandora's Hope*, p. 297.

8장 생기와 자기이해

2005년 8월 미국을 덮친 허리케인 카트리나, 고유가, 이전까지 태풍이 발생하지 않았던 지역에 달마다 들이닥친 태풍들, 이라크 침공과 아프가니스탄 침공 때의 사망자와 고문당한 사람들, 원거리 공장식 축산 농장에서 생산된 시금치, 고춧가루, 닭고기, 소고기에서 발견된 병원균 등 일련의 실질적 문제들과 맞닥뜨리며 미국의 공중이 뭉치기 시작한 듯하다. 일련의 피해들을 접하며 '숙명론적 수동성'을 절감한 공중의 일부 구성원은 뉴스에서, 학교에서, 길 위에서 미국인의 생활양식이 지닌 자기파괴적인 특징에 명확히 주목하기 시작했다.[1] 1970년대에 나타난 환경주의가 다시금 대두되기 시작했다. 이러한 환경주의의 대두는 상당 부분 자기이해self-interest와 인간의 행위가 불러올 환경적 '역풍'에 대한 공포에 큰 영향을 받았다.[2]

1   나는 '숙명론적 수동성'이라는 말을 펠릭스 가타리에게서서 가져왔다. "사회체, 정신, 그리고 '자연'에 대한 인간의 관계는 현실적으로 더욱더 악화되는 경향이 있지만, 그것은 단지 객관적인 공해와 오염 때문만이 아니라 전체적으로 고려된 이러한 문제들과 관련하여 개인들 및 권력들의 무지와 숙명론적 수동성 때문이기도 하다. 파국적이든 아니든 부정적인 변화(진화)가 있는 그대로 수용되어버린다. (…) 우리는 우리를 진정시키는 담론에서 '벗어나야'만 한다."(Guattari, Three Ecologies, p. 41; 괄호는 인용자)
2   "'역풍'은 CIA가 1954년 3월 처음 사용한 용어로 이란의 모하마드 모사데크 정권을 전복시키기 위한 1953년의 작전을 기록했던, 최근 기밀 리스트에서 제외된 보고서에 쓰였다. 그것은 미국 국민에게는 비밀로 유지된 채 미국 정부가 수행했던 국제적 활동이 가져온 의도치 않은 결과를

존 듀이를 따라 나는 이렇게 나타난 공중의 자기이해적인 성격에 반대하지 않는다. 하지만 나는 환경주의가 문제들을 바라보는 가장 최선의 틀인지는 의심스럽다. 또 그것이 번영과 무분별한 소비를 동일시하는 미국인들을 돌려놓기 위한, 또는 일반적으로 말해 세계자본주의 내에 혹은 세계자본주의에 근접할 정도의 지속 가능한 정치경제를 만들어내는 정치적 의지를 일으킬 수 있는 설득력 있는 표제인지도 의심스럽다. 환경주의에서 생기적 유물론으로의 담론적 전환은 지속가능성의 전망을 드높이게 될까? 그것은 열린 질문이자 경험적 질문일 것이다.

이 시점에서 말할 수 있는 건, 환경주의와 생기적 유물론이 가각 서로 다른 정동을 불러내고, 서로 다른 활용의 역사를 가져온다는 점 그리고 그로 인해 서로 다른 공중을 촉발하리라는 점이다. 예를 들어, 환경주의를 통해 모인 공중에게 비인간은 이미 수동적인 환경이나 인간의 행위를 제한하고 그에 저항하는 맥락으로 여겨지기 때문에, 그들이 동물, 식물, 무기물을 참된 구성원으로 인정하는 일은 어려울 것이다. 그에 비해 더 유물론적인 공중은 더 많은 지구의 존재들을 행위소의 무리에 포함해야 할 필요가 있다고 본다. 환경주의자

나타내는 은유다. 그 말에서는 이란에 대한 지독한 간섭이 불러올 역풍이 있을지도 모른다는 CIA의 공포가 잘 나타나고 있다. 새로운 왕을 권력의 자리에 앉힌 결과, 25년간의 독재와 이란 국민에 대한 억압이 이어졌고, 이는 루홀라 호메이니의 혁명을 불러왔다. 테헤란 주재 미국 대사관 직원은 1년 이상 인질로 잡히게 되었다. 미국 정부의 잘못된 '비밀 작전'은 이슬람 세계의 수많은 유능한 사람들이 미국을 확고한 적으로 생각하게 만드는 요인으로 작용했다."(Johnson, "Blowback")

가 자신을 지구 위에 사는 존재로 여긴다면, 생기적 유물론자들은 자신을 지구로서, 그러니까 자기 자신이라 말할 수 있는 다양한 물질들의 역량과 한계('특징적 인상'jizz)에 주의를 기울이는 존재로서 여긴다. 환경주의가 우리를 둘러싸고 있는 생태계의 보호와 그에 대한 현명한 관리를 요청한다면, 생기적 유물론자는 우리 자신이라 할 수 있는 강력한 물질성이 행위적 배치 내에서 우리와 부딪히고 대립한다는 이유를 들며 그러한 물질성에 전략적으로 개입해야 한다고 주장할 것이다.[3]

환경주의 담론은 분명 적절한 정치적 질문을 제기한다. 몇몇만 열거해보자면, 환경보호와 자본주의 시장 사이의 관계는 어떤가? 지구온난화와 관련하여 교토의정서의 강점과 한계는 무엇인가? 인종, 계급, 젠더, 문명의 위계가 환경보호 기획을 어떻게 복잡하게 만드는가? 동물과 식물은 법적 권리를 가질 수 있는가? 하지만 제기되지 않은 질문들도 있다. 어떻게 인간이 비인간들의 공공 활동, 정동, 효과에 더 주의를 기울일 수 있는가? 사물의 힘을 계속 간과할 때 우리가 맞닥뜨릴 위험은 무엇인가? 우리와 그것들 모두를 생동하는 물질로서 해석한다면, 우리와 그것들 사이의 그 밖의 친연성은 더 명확해지는가?

---

3   배리 로페즈와 웬델 베리 같은 자연의 작가들은 '환경'이라는 범주가 무언가를 결핍하고 있다는 사실을 알아냈다. 그 용어가 비인간 자연의 아름다운 복잡성이나 그것과 우리의 친밀성을 표현할 수 없다는 것이다. 비록 그들 역시 외-부에 더 집중하는 법을 계발하고자 했으나 그들은 나처럼 인간 안에서 비인간이 수행하는 본질적인 역할을 강조하는 데까지는 나아가지 못했다.

프레야 매슈스, 브뤼노 라투르, 도나 해러웨이, 게이 호킨스, 팀 잉골드, 캐서린 헤일스, 캐런 바라드, 세라 와트모어, 닉 빙엄, 펠릭스 가타리, 돈 이드, 그리고 윌리엄 존 토머스 미첼은 환경이라는 미명이 아니라 활력 있는 물질성이라는 미명 아래 더 지속 가능하고 덜 유해한 생산과 소비 양식을 만들려고 노력해왔다.[4] 다음 절에서 나는 이에 대해 가타리가 기여한 바를 살펴보고자 한다. 하지만 여기서는 먼저 환경보호 담론보다 생기적 물질성의 담론을 더 우선시했을 때의 이점과 잠재적인 이점 세 가지를 먼저 논하고자 한다.

첫째, 환경이 인간 문화의 토대로서 정의된다면, **물질성**은 인간과 비인간 모두에 공평하게 적용할 수 있는 용어다. 나는 물질적 배열이고, 공원의 비둘기 또한 물질적 구성물이며, 나와 비둘기의 살에 있는 바이러스, 병원균, 중금속 역시 물질성으로 신경 화학물질, 허리케인의 바람, 기생충, 마루의 먼지도 이와 마찬가지다. 물질성은 인간, 생물군, 무생물군 사이의 관계들을 수평화하는 경향을 갖는 이름이다. 그에 따라 인간은 존재론적으로 계급화된 존재의 대사슬Great Chain of

---

4   매슈스의 『물질에 대한 사랑에 대하여(*For Love of Matter*)』, 라투르의 『자연의 정치학 (*Politics of Nature*)』, 해러웨이의 『한 장의 잎사귀처럼(*How Like a Leaf*)』, 호킨스의 『쓰레기의 윤리(*Ethics of Waste*)』, 잉골드의 『환경의 지각(*The Perception of the Environment*)』, 헤일스의 『우리는 어떻게 포스트인간이 되었는가(*How We Became Posthuman*)』, 바러드의 『우주 중간에서 만나기(*Meeting the Universe Halfway*)』, 와트모어의 「유물론적 전환(*Materialist Returns*)」, 빙엄과 힝클리프의 「자연의 재구성(*Reconstituting Natures*)」, 이드의 『탈현상학과 기술과학 (*Postphenomenology and Technoscience*)』, 미첼의 『그림이 원하는 것은 무엇인가(*What Do Pictures Want*)』를 참조할 것.

Being로부터 인간과 비인간의 복잡한 얽힘에 대한 이해를 주의 깊게 살피게 된다. 여기서 "그대는 인간에게 특별한 것을 확인하고 지켜내야만 한다"라는 서양 사상의 암묵적인 도덕적 의무는 그 중요성을 일부 상실하게 된다.

두 번째 이점은 생동하고, 생기적이고, 역동적이고, 활기 넘치고, 진동하고, 떨리고, 곧바로 소실되고, 흐르는 물질의 변화에 대한 것이다(내가 이 책의 여기저기서 사용한 수식어를 떠올려보아라). 활력 넘치는 물질의 세계에서 생화학적이면서 또한 생화학적-사회적인 체계는 선형적이고 결정론적인 인과성이 아닌 창발하는 인과성을 따른다. 그리하여 우리는 그 체계가 때때로 우리가 예측하지 못한 형태로 분기하거나 예상할 수 없던 발달 경로를 선택하는 모습을 볼 수 있다. 이러한 모습을 보게 되면 우리는 자연을 목적론적이고 조화로운 과정으로 보는 관점과 목적 없는 기계로 바라보는 관점 모두에게서 멀어져 하나의 대안적 입장을 세워야 할 필요성을 느끼게 된다. 생기적 유물론은 몇몇 생태학자가 말하는 목적론적 유기체와 그들의 반대자들을 사로잡고 있는 기계로서의 자연이라는 이미지를 모두 거부한다.

'환경' 대신 '생기적 물질성'이라는 개념을 사용하는 것이 주는 세 번째 이점은 내가 이번 장에서 집중적으로 다루고자 하는 것이다. 생기적 유물론은 우리 자신의 살의 '이종적' 특질을 잘 포착할 수 있으며, 그것을 통해 인간은 인간과 비인간 사이의 (포착하기 힘든) 유사성의 **근본적인** 특징을 상기할 수 있다. 나 '자신의' 신체는 물질적이나, 이러한 생기적 물질성은 인간으로만 이루어진 것도, 그것에 제한되는 것도 아니다. 나의 살에는 일군의 외인이 거주하고, 나의 살은 그 외인들로 구성되어 있다.

예를 들어, 내 팔꿈치 안쪽은 "최소 여섯 종류 이상의 박테리아가 거주하는 특별한 생태계이자 풍부한 서식처다. (…) 그들은 피부에서 만들어지는 날것 그대로의 지방질을 처리하면서 피부에 수분이 공급될 수 있도록 한다. (…) 인간의 미생물군 유전체에 있는 박테리아는 인간 게놈에 있는 2만 개 정도의 유전자보다 최소 100배나 많은 유전자를 집단적으로 가진다".[5] **그것**이 **중심**을 수로 압도하는 것이다. 생동하는 물질의 세계에서는 단지 우리가 '체화되어' 있다고 말하는 것으로는 충분하지 않다. 우리는 **신체들의 배열**이며, 중첩된 일련의 미생물군 유전체에 있는 무수히 많은 종류의 신체들이다. 만약 더 많은 사람이 이러한 사실을 더 자주 인식한다면, 우리가 우리 자신이라고 말할 수 있는 필연적인 이질성에 더 주목하게 된다면, 우리는 지금까지와 같이 무분별한 생산과 소비를 지속할 수 있을까?

인간이 인간만으로 이루어진 게 아니며 우리가 그것들로 구성되어 있다는 모순적인 공리에 계속 주목하는 것은 매우 어려운 일이다. 하지만 나는 이러한 공리와 그것을 기억하는 재능을 계발하는 일이, 나타나야만 할 필요성이 있는 새로운 자아를, 새로운 자기이해self-interest를 갖춘 자아를 형성하는 핵심이라고 생각한다. 자기이해의 기존의 의미는 생기적 물질성의 세계에서 변화하게 된다. 다음 절에서

---

5 Wade, "Bacteria Thrive in Crook of Elbow".

나는 가타리의 『세 가지 생태학』을 다루며 그가 이러한 사실을 표현하고 그에 계속 주목하기 위해 만들어낸 수사적인 전략과 개념적 발명에 집중할 것이다.

그것으로서의 나: 내부이자 외부

1986년에 쓰인 가타리의 『세 가지 생태학』은 자기이해에 대한 호소로 글을 시작한다. 그는 우리가 직면한 문제는 단순한 '환경'의 붕괴가 아니라 세 가지 '생태학적 작용 영역'인 환경적인 것, 사회적인 것, 정신적인 것 모두를 괴롭히는 질병이라 말한다.[6] 현대라는 '강력한 과학-기술적 전환의 시기'는 비인격적 환경과 우리 자신의 사회심리적 네트워크의 가치를 동시에 떨어뜨리고 있다. "친족 연계가 최소한으로 줄어드는 경향을 따라" 공기, 물, 토양은 오염된다. "가정생활은 대중매체적 소비로 침식되고 있다. 부부생활과 가족생활은 종종 일종의 획일화에 의해서 '경화'되며 이웃 관계도 일반적으로 아주 빈약한 표현으로 축소된다."[7] 그래서 가타리는 우리가 더 풍부한 친족, 결혼, 시민이라는 삶에 인간적 관심을 갖기보다 비인간 자연과 생태학적으로 지속 가능한 관계를 맺는 것을 추구하는 게 더 낫다고 말한다.

가타리는 세 가지 생태 사이의 관계가 매우 밀접하다고 주장한

---

6   Guattari, *Three Ecologies*, 28. 그는 "사회 생태학, 정신 생태학, 환경 생태학"에 대해 말한다 (p. 41).

7   같은 책, p. 27.

다. 그것들은 심지어 '구별되는 영역'도 아니며 오직 '서로 교환 가능한 렌즈이자 관점'이라 할 수 있다. 사실 세 가지 생태는 하나의 단일한 전체를, 가타리가 '통합된 세계 자본주의(IWC)'라 말하는 것을 형성한다. 이 복합적인 배치는 처음에 추구되었던 환경주의에 대한 특수한 심리사회적 자아를 만들어내기 위해 작용한다. 이는 다양한 '주체화의 기본 지표'[8]를 통해 이루어지는데, 이러한 지표는 이데올로기적일뿐 아니라 (푸코적 의미의) 규율적인 요소를, 다시 말해 (무의식의 '강도적 힘'을 포함한) 신체의 에너지를 소비자-자아의 형태로 조직하도록 설계된 요소를 포함한다. 이 소비자-자아는 환경주의와 '이해관계'를 갖는다. 하지만 녹색운동이 IWC의 소비지상주의적 자아가 허용하는 표면적인 수준을 넘어서야 한다면(티모시 루크가 '녹색 소비주의'[9]라 계속하여 비판했던 것을 넘어서야 한다면), 새로운 주체화의 기본 지표가 창조되고 전개되어야만 한다. IWC가 신체적 정동을 전유하고 무의식적 강도들의 흐름을 제어하면서 작동하기 때문에, 더 녹색인 자아-문화-자연은 단지 "법, 판결, 관료 정치의 프로그램"만이 아닌 "새로운 미시정치적이고 미시사회적인 실천, 새로운 연대, 새로운 우아함이 무의식 구성체들에 대한 새로운 분석적 실천 및 새로운 미적 실천과 결합하여 조직되는 것"[10]을 필요로 한다.

---

8   같은 책, p. 38.

9   예를 들어, 루크의 『자본주의, 민주주의 그리고 생태학(Capitalism, Democracy, and Ecology)』과 루크의 『생태비평(Ecocritique)』을 보아라.

10   Guattari, *Three Ecologies*, p. 51.

가타리는 생태적 문제가 강의 유역 관리와 공기 질 보호의 문제인 것만큼이나 문화적이고 정신적인 구성체에 대한 문제이기도 하다는 점을 지적했고, 이러한 주장은 많은 이에게 반향을 일으켰다.[11] 하지만 그의 주장 중 가장 흥미로운 것은 인간이 자연의 '내부'에 있는 존재이자 자연 '그 자체의' 존재이며, 동시에 외-부이자 외-부가 아닌 존재라는 불가능한 사실에 대한 정식화였다. 가타리의 수사적 전략은, 신의 세 위격의 신비스러운 통일체를 주장하는 로마 가톨릭이 추구했던 바와 공명한다. 가타리는 볼티모어 교리문답이 성부, 성자, 성령이 '진실로 구별되는' 세 위격이라 말했던 것과 유사하게 세 가지 생태학이 있다고 말한다. 하지만 가타리는 세 가지 생태학이 하나의 단일한 전체를 형성한다고, 즉 교리문답의 세계로 따지자면 "삼위일체는 하나"라고 말한다.[12] 가타리에 의하면 우리는 삼위일체에 대해 사유하

11 　예를 들어, 환경주의자 스콧 러셀 샌더스는 「정적(Stillness)」에서 이와 유사한 부분을 지적했다. "우리는 공기, 토양, 물, 황무지에 대한 공격에 저항해야 할 필요가 있다. 하지만 우리는 지도자와 기술만이 아니라 우리의 문화 역시 바꾸어야만 한다. 우리는 집에서, 직장에서, 학교에서, 대중 집회에서 더 절약하기 위해, 더 지속 가능하기 위해, 더 평화롭기 위해, 그리고 우선 실천하기 위해 부르짖고 행동해야 한다. 우리는 기업 소비지상주의 그리고 오락이라는 마약을 퍼뜨리는 대중문화에 맞서 침묵하지 말고, 또 포기하지 말아야 한다. 우리는 더 품위 있고 즐거운 삶의 방식을 정교화하고 그것을 보여주어야 할 필요가 있다."(p. 5)

12 　"**삼위는 한 하느님이시다.** 세 신들이 아니라, 세 위격이신 한 분 하느님, 곧 '한 본체의 삼위'에 대한 신앙을 우리는 고백한다. 하느님의 삼위는 신성을 나누어 갖는 것이 아니라, 각 위격이 저마다 완전한 하느님이시다." 하지만 "**하느님의 세 위격은 서로 실제적으로 구별된다.** '하느님께서는 한 분이시지만 홀로는 아니시다.' 세 위격은 서로 실제적으로 구별되므로 '성부', '성자', '성령'은 단순히 하느님의 존재 양상을 가리키는 이름에 불과한 것이 아니다. '성자이신 분은 성부가 아니시며, 성부이신 분은 성자가 아니시고, 성령이신 분은 성부나 성자가 아니시다.' (…) 하느님의 단일성은 삼위로 이루어져 있다"("The Dogma of the Holy Trinity"; 강조는 인용자).

는 것을 학습해야만 한다. 다시 말해, 기계권, 사회권, 주체성의 내부 사이의 상호작용을 '횡단적으로' 사고하는 법 혹은 그에 대해 집중하는 법을 배워야 한다.[13]

처음에 가타리는 인간(또는 사회적 생태와 정신적 생태)과 비인간(기계권이나 환경적 생태)을 서로 구별되는 범주로 설정하나, 이후 곧바로 그는 이러한 분리를 문제 삼으며 '횡단하는' 지각 양식을 요청한다. 라투르는 '후기 환경주의' 수필 모음집을 발간하며, 위와 같은 이중적 움직임을 독창적으로 '현대적인' 것이라 묘사한다.

가족농이 기업식 농업으로 전환될 때, 직접 음식을 준비하는 문화가 패스트푸드 소비문화로 변할 때, 공중에서 피비린내 나는 전쟁이 펼쳐질 때, 석유 채굴과 유통이 가진 폭력을 인식하지 않은 채 연료를 소비할 때, 현대적이고 도시적인 자아는 한편으로 자연으로부터 점점 **분리되고** 있음을 느낀다. 그로 인해 생겨난 거리는 추상적인 환경으로서의 자연이라는 모습이나 서로 분리된 세 가지 생태로서 표현된다. 하지만 라투르는 다른 한편으로 현대적 자아가 비인간 자연과 우주적으로, 생물공학적으로, 의학적으로, 바이러스적으로, 약리학적으로 **얽혀 있음**을 점차 느끼고 있다고 말한다. 자연은 언제나 자아 및 사회와 뒤섞여 있으나, 라투르는 이러한 뒤섞임이 점점 강해지고 있으며 무시하기 힘들어지고 있다는 점에 주목한다. "쟁기를 이용하던 시기에 우리는 토양의 표면만을 긁어낼 수 있었으나, 오늘날 우

---

13   Guattari, *Three Ecologies*, pp. 41~42.

리는 토양 박테리아의 분자조직에 파고들기 시작했다."[14] 이러한 뒤얽힘에 대한 일상적인 경험과 우리가 그것의 위와 밖에서 지배하는 환경이라는 말 사이에는 인지적 부조화가 존재한다.

몇몇 이는 인간의 물질성과 비인간의 물질성 사이의 뒤얽힘이 급증하는 것에 대해, 위르겐 하버마스가 『인간이라는 자연의 미래』에서 하고자 했던 것처럼 또는 복제와 배아 줄기세포 연구에 반대하며 '생명문화'를 주창했던 미국의 복음주의자들이 하고자 했던 것처럼, 문화와 자연 사이의 경계를 다시 강화하려는 반응을 보인다. 이와 달리 이러한 뒤얽힘의 현상을 인정하고 이를 드러내는 개념적 어휘를 가져오기 위해 노력하는 사람들도 있다. 그들에 의하면 생태학적 사고는 보다 변증법적이고, 대화적이고, 현상학적이어야 하며, 우리는 '자연'에 대해 말하는 걸 중단하고 '이차적 자연'에 대해 말해야만 한다. '이차적 자연'이라는 개념은 우리가 일반적으로 자연이라 말하는 게 실은 자연에 대한 문화적 규정이라는 점을 강조하고 있다. 하지만 여기서 생기적 유물론자들은 문화란 인간 혼자서 만들어낸 결과가 **아니라**, 생물, 지리, 기후의 힘이 작용한 것임을 지적한다. (4장에서 언급했듯이, 사람의 생명만이 아닌 금속의 생명도 있다) 우리가 그 힘들에 영향을 미치듯이, 그 힘들은 우리 안에 침범한다. 결국 '이차적 자연'이라는 표현이 가져오는 일시적인 불이익은 그것이 가져오는 명백한 이익과 동

---

14   Latour, "It's the Development, Stupid," pp. 6-7.

일하다. 즉, 그 표현은 인간의 행위성을 강조한다.[15]

라투르 역시 위와 같은 부분을 지적하고 있다. 그는 우리가 인간이 자연에 영향을 미친다는 말을 비인간성이 문화에 영향을 미친다는 말에 비해 더 잘 수용한다고 주장한다. 왜냐하면 후자는 쓰레기, 박테리아, 줄기세포, 음식, 금속, 기술, 날씨 같은 비인간이 단순한 대상이 아니라 행위소라는 불경스러운 생각을 수반하고 있기 때문이다. 라투르는 이러한 뒤얽힘을 명시적으로 인정하는 실용주의 기반 정치를, 인간과 비인간의 친밀성에서 말미암은 인간의 번영에 대한 문제에 주목하거나 그것을 **"완수하도록"** 설계된 (자유주의적 민주주의) 공공정책을 논의한다.[16] 인간이 환경의 모든 귀퉁이에서 기어왔다는 것을, 그곳에 스스로를 은닉했다는 것을 인정하라. 당신이 좋든 싫든 당신과 뗄 수 없이 뒤얽혀 있는, 당신이 평생 연루되어야 할 다루기 어려운 관계물과 함께하기에, 환경이 실제로 인간의 신체와 마음 내부에 있다는 것을, 그렇기에 세심한 관용을 베풀며 일상생활 속에서 정치적으로, 기술적으로, 과학적으로 당신 안에서 전진하고 있음을 인정하라. 비인간으로부터 인간을 떼어내려는 헛된 시도를 단념하라. 그 대신 당신 역시 당신이 참여하고 있는 배치 내의 비인간들과 더 정중히, 전략적으로, 세심하게 관여하도록 노력하라.

---

15 '이차적 자연'은 노스웨스턴 대학에서 2007년에 열린 대학원생 정치이론 학회의 제목이었다. 이 학회에 제출된 원고를 보고 싶다면, 아처, 맥스웰, 이프라임이 편집한 『이차적 자연(*Second Nature*)』을 참조할 것.

16 Latour, *Politics of Nature*, p. 12.

라투르와 마찬가지로 가타리 역시 주체성, 사회, 기계(라고 그가 범주화한 것) 사이의 경계의 투과성을 솔직히 인정하는 정치를 요청한다.[17] 또한 그는 마치 커피에서 크림을 분리하려는 것처럼 자연에서 문화를 골라내려는 모든 시도를 거부한다. 가타리가 1986년에 언급했듯이 자연으로부터 물러나려는 시도는 어떠한 정치적 의미도 만들지 못하는데, 왜냐하면 행성의 건강이 "점점 더 인간의 개입에 의지하고 있으며, 언젠가 지구의 대기 중의 산소, 오존, 이산화탄소 사이의 관계를 통제하기 위한 거대한 프로그램을 세울 날이 도래할 것이기 때문이다. (…) 미래에는 단순히 자연을 보호하고 방어하는 것 이상이 요구될 것이다. 예를 들어 우리는 아마존의 '허파'를 회복하기 위한 계획을 실시해야만 한다."[18]

인간성에 물들지 않은 순수한 자연을 추구하는 것은 헛된 일이며, 자아를 순수한 인간으로 정의하는 것은 어리석은 일이다. 하지만 어떻게 내가 나 자신을 인간만이 아닌 것으로 느끼기 시작할 수 있을까? 가타리는 우리가 이 새로운 자아를 개발하는 한 가지 방식으로 '횡단적인' 사고 양식을 계발하기를 요청한다. 생기적 유물론 역시 자

---

17   Guattari, *Three Ecologies*, p. 68.
18   같은 책, pp. 66-67. 라투르는 능동적이고 활동적이며 친-기술적인 녹화를 지지하는 가타리에 공감하고 있다. 이러한 강력한 수단에 대한 요청은 라투르가 「문제는 발달이야, 바보야(It's the Development, Stupid)」에서 언급했던 셸렌버거와 노드하우스의 『돌파구(*Break Through*)』의 핵심 주제이기도 하다. 『돌파구』는 환경주의가 새로운 생태 위기에는 적합하지 않다고 주장한다. 예를 들어, 지구온난화를 극복하는 것은 새로운 종류의 경제적 발달을, 즉 미래에 이루어질 거대하고도 대담한 기술적 투자를 필요로 한다.

아가 본래 오염된 자연이라는 관점을 제시하고, 그것을 통해 자기이해 self-interest 라는 개념 역시 재구성하려 한다. 이제 자기 자신의 외부이자 생동하는 물질이라 여겨지는 자아의 역설을 해소하기 위한 추가적인 전략을 논할 것이다. 이 전략은 존재-이야기onto-story의 형태를 취한다.

능산적 자연

인간의 문화를 에워싸고 있는 환경 대신 혹은 세 가지 생태로 갈라지는 하나의 우주 대신, 인간과 동물, 식물, 무기물의 경계가 명확하지 않은 존재론적 장을 상상해보아라. 그곳의 **모든** 힘과 흐름은 (그리고 물질성은) 활력이 넘치고 징동적이며 어떠한 조짐을 내비친다. 그리고 정동적이고 말하는 인간의 신체는 자신과 공존하고, 환대하며, 즐기고, 섬기고, 소비하고, 생산하고, 경쟁하는, 그러한 정동적이고 어떠한 조짐을 발하는 비인간과 **근본적으로** 다르지 않다.

이 존재론적 장에는 본원적 분할이 없으나, 그렇다고 하여 그 장이 단일하다거나 평평한 지형을 갖는 것도 아니다. 그곳에서 일어나는 분화는 너무나도 변화무쌍하고 다양하여 생명, 물질, 정신, 환경이라는 철학적 범주만으로는 포착하고 설명할 수 없다. 그 장의 밀도는 그보다 고르지 않다. 즉, 몇몇 부분들은 신체들로 굳어지지만, 그렇다고 하나의 유형을 특별한 권한을 갖는 행위성의 장소로 만드는 단 하나의 방식으로 굳어지진 않는다. 그보다 여러 효과의 원천은 언제나 에너지와 신체의, 단순하고 복잡한 신체들의, 물리적인 것과 생리적인 것이 이루는 존재론적으로 다양한 배치다.

어떠한 의미에서 이 존재-이야기의 모든 것은 살아 있다고 할 수 있다. 이 활력은 궁극적인 목적이 지배하는 것도 아니고 단순하고 영원한 몇몇 (칸트식) 범주를 통해 이해되거나 제어되는 것도 아니다. 내가 생기적 물질성이나 생동하는 물질이라 부르는 것은 **자연**이라는 단어가 가진 여러 역사적 의미 중 하나에 표현된 것과 유사하다.[19] 비록 자연이라는 용어가 야생의 거친 물질의 안정된 토대라는 의미로 쓰이기도 하지만, 그것은 생성, 생산력, 이시스Isis, 아프로디테Aphrodite, 또는 안토니오 비발디의 「사계」 중 '봄'의 움직임을 뜻하기도 한다.[20] 이러한 창조성은 목적을 가질 수도, 갖지 않을 수도 있다. 맹목적이거나 목적론적인 물질로서의 자연과 생성으로서의 자연 사이의 대조는, 바뤼흐 스피노자의 『에티카』의 핵심인 소산적 자연natura naturata과 능산적 자연natura naturans 사이의 구별을 통해 잘 포착할 수 있다. 소산적 자연은 영원한 창조질서를 따라 조직된 수동적인 물질이고, 능산적 자연은 새로운 형상을 끊임없이 생성하는 자존하는 인과성이다. 영국의 낭만주의자와 미국의 초월론자들은 그러한 의미를 정교화하고자

---

19   이념사학자 아서 온켄 러브조이는 자연의 66가지 의미를 나열했다. 이와 관련하여 러브조이와 보아스의 『고대의 원시주의와 관련 관념들(*Primitivism and Related Ideas in Antiquity*)』, 그리고 러브조이의 「미학적 규범으로서의 자연(Nature as Aesthetic Norm)」을 보아라.

20   첫 번째 의미는 흡스, 로크, 루소가 말하는 '자연 상태'의 '자연'이다. 하지만 그것은 지그문트 프로이트가 추동과 본능이라 부르는 것 그리고 마르틴 하이데거가 우리의 던져져 있는 기원을 말할 때 지적하는 것과도 공명한다. 모리스 메를로퐁티는 안정적인 기체로서의 자연과 창조성으로서의 자연 사이의 관계를 끊임없이 서로에게 흘러들고 서로에게서 환류하는 '키아즘적chiasmatic'인 것이라 말한다.

했는데, 그렇게 함으로써 그들은 능산적 자연을 어느 정도 더 잘 포착할 수 있었다. 새뮤얼 테일러 콜리지가 주목했듯이, 생산적인 권력은 "그것의 산물 안에서 그 흐름이 정체되고 진정되기 때문에"[21] 그 보편적인 창조성을 포착하기 위해서는 특별한 감수성이 필요하다. 생성으로서의 자연은 앨프리드 노스 화이트헤드가 자연은 "연속적인 발생의 흐름"[22]이라 말한 부분에서도 알 수 있듯이 그의 과정 철학에서도 강조되고 있다.

스피노자, 낭만주의, 화이트헤드, 그리고 (프리드리히 니체, 프란츠 카프카, 앙리 베르그송을 포함한) 여러 학자를 따르며, 질 들뢰즈와 가타리는 이 능산적 자연에 관한 의견을 내놓았다. 자연은 "형식을 부여받지 않은 요소들과 재료들이 춤을 추는 (…) 순수한 내재성의 평면"[23]이다. 2장에서 살펴보았듯이 스피노자의 신체 이론에 의하면 모든 신체는 신 또는 자연이라고도 불릴 수 있는 동일한 실체의 양태들이다. (스피노자의 노력에도 불구하고) **실체**라는 단어에 달라붙곤 하는 정적인 동질성이 내포하는 바에 주의하면서, 그리고 (꽤나 이교도적인) 스피노자의

---

21   Coleridge, *The Literary Remains of Samuel Taylor Coleridge*, p. 2: 341. Spinoza, *Ethics*, pt. 1, proposition p. 29: "능동적이라 여겨지는 자연(능산적 자연)이라는 것을 (…) 우리는 실체의 **속성**들, 즉 (…) 자유로운 원인으로서 고찰되는 한에 있어서의 신이라고 이해하지 않으면 안 된다. 그러나 수동적으로 여겨지는 자연(소산적 자연)을 나는, 신의 본성의 필연성으로부터 또는 신의 각 속성의 (…) (신 또는 자연의) **필연성**으로부터 생겨나는 모든 것, 즉 그것들이 **사물**로서 고찰되는 한에 있어서의 신의 속성의 모든 양태라고 이해한다."(강조는 인용자)

22   Whitehead, *Concept of Nature*, p. 172.

23   Deleuze and Guattari, *A Thousand Plateaus*, p. 255.

유신론에서 거리를 두며, 들뢰즈와 가타리는 스피노자주의를 살짝 비틀어 자연을 생성의 "거대한 추상 기계"라 했고, 그 기계의 부품들은 "다양한 배치물들 또는 개체들이다. 이것들 각각은 크고 작게 조성된 무한히 많은 관계들 속에서 무한히 많은 입자들을 한데 묶어 취합한다"라고 했다.[24] 스피노자의 신 또는 자연처럼 이 추상 기계는 선험적인 것에 종속되어 작동하지 않고 단지 과정 그 자체로서 작동한다.[25]

창조성으로서의 자연이 갖는 의미는 라틴어의 *natura*와 동일한 뜻인 고대 그리스어 *phusis*의 의미와 어느 정도 통하는 것으로 보인다. *phusis*는 *phuo*라는 동사로부터 유래했는데, 그 동사는 발아 또는 싹트다, 낳다, 펼쳐지다, 부화하다 등의 의미를 전달하는 동시에, 내뿜다, 불다, 부풀다라는 의미를 갖는 것으로 보인다. 즉, *Phusis*는 형태 형성의 과정을, 형성과 탈형의 과정을, 다시 말해 사물들이 다른 사물과 기이한 연합을 맺을 때 동작하면서 다른 것이 되어가는 과정을 뜻한다.

핵심은 이것이다. 능동적인 생성, **새로운 것을 만들어내는 능력을 지닌 창조적이면서도 완전히 인간만은 아닌 힘**은, 자연이라는 용어가 쓰여온 역사 속에서 끊임없이 나타났다. 이 생기적 물질성은 자신의 흐름을 보존하거나 연장하려는 신체들로 굳어진다. 여기서, 코나투

---

24   같은 책, p. 254.

25   스피노자도 이와 비슷한 지점을 지적한다. "자연은 아무런 정해진 목적을 갖고 있지 않다는 것, 그리고 모든 목적원인은 인간의 허구일 뿐이라는 것 등을 지금 밝히는 데는 많은 말이 필요하지 않을 것이다."(*Ethics*, pt. 4, appendix)

스가 자신의 권력과 생기를 드높이기 위해 다른 신체들과 연합한다
는 스피노자의 주장으로부터 존재-이야기를 다시 이끌어낼 수 있다.
물론 스피노자를 생기적 유물론자라 말하기에는 무리가 있다. 그리
고 각 양태가 신체로도 관념으로도 상호교환 가능한 것으로서 이해
될 수 있다는 스피노자의 관점이 그의 이론을 유물론으로 분류할 수
없다는 주장으로 이어지는지를 따지는 까다로운 일은 본 연구의 범위
를 넘어선다. 하지만 신체들과 그것들의 정동적인 만남을 다루는 스
피노자의 이론은 오늘날 생태학적 사유를 자극하거나 수행하고 있다.

예를 들어 미셸 세르는 신체들 사이의 협업과 경쟁이 임의적이거
나 구조화되지 않았다는 주장에 반대하며, 그것이 소용돌이형의, 나
선형의, 회오리형의 기이한 논리를 따른다고 주장하면서, 이러한 논리
가 물리학, 경제학, 생물학, 심리학, 기상학만이 아니라 정치학까지 아
우른다고 말했다. 그것은 모든 기준과 위치를 반복하고 되풀이한다.
여기서 세르는 루크레티우스를 따르며, "마치 허리케인 움직임의 영향
을 받는 공해 위에 있는 것처럼 역사가 상승하고 하강하는 (⋯) 홍수
와 화재, 과잉과 결핍, 수직적 상승과 갑작스러운 추락, 축적과 결핍에
대한" 하나의 동형적인 과정을 상정한다.[26] 비록 이 과정은 이론적으

26   Serres, *The Birth of Physics*, p. 64. 세르는 루크레티우스의 『사물의 본성에 관하여(*De
Rerum Natura*)』가 이러한 동형을 보여주고 있다고 말한다. "같은 법칙이 세계와 초기 인류를 다루
는 5권 그리고 지각에 대해 다루는 4권을 횡단하고 있다. 그리고 이 법칙은 2권에서 나타나는 물질
의 법칙이기도 하다. 언제나 동일한 전체가, 요소들의 다양체가, 그리고 언제나 이 전체에서 작동하
고 있는 동일한 작용이 있다. 흐르는 움직임들의 전체적인 안정성으로 일반화되는 구조적 불변을
통한 방법이 유물론을 확립한다."(p. 54)

로 다음과 같은 몇 단계로 분석될 수 있으나, 실은 하나의 소용돌이형의 과정이라 여겨져야 한다. 첫째, 의욕적인 물질-에너지의 충격, 즉 '추락'의 단계,[27] 이어서 변화무쌍한 조각들 사이의 충돌을 만들어내는 우연적인 일탈의 단계, 그다음에는 혼잡한 격동의 단계, 그리고 나서는 물질이 신체들로 응결되거나 결정화되는 단계가 나타난다. 뒤이어 형상의 붕괴, 쇠퇴, 산포 단계가 나타난다. 마지막 단계에서는 새로운 추락이, 새로운 일탈이, 격변하는 힘들의 또 다른 배열이, 또 다른 구성체들의 집합이, 다른 비율과 순서를 따르는 붕괴와 쇠퇴가 일어나게 된다. 이러한 소용돌이형 논리는 여러 단위의 크기, 시간, 복잡성에 적용되는 것이며, 단계의 순서는 매 순간마다 약간의 차이를 가진 채 반복된다. "이것은 (루크레티우스의) (⋯) 물리학의 비범함이 주는 충격이다. 원형이란 없으며 오직 변화하고 부식되는 소용돌이와 (⋯) 나선이 있을 뿐이다."[28] 세르는 생기적 물질성의 기묘한 구조주의, 즉 우발성을 갖는 어떤 구조주의에 대한 설명을 제공하고 있다.

---

27 "세계, 대상, 신체, 나의 영혼은 탄생하는 순간 쇠퇴하기 시작한다. 이를 일상적인 용어로 말하자면, 그것들은 필멸하고 파멸할 수밖에 없다는 것을 의미한다. 그런데 이는 그것들이 형성되고 발생한다는 것을 의미하기도 한다. 자연의 쇠퇴는 곧 자연의 탄생이고, 자연의 안정성이다. 이러한 쇠퇴를 통해 원자들은 함께 뭉치며, 또 그러한 결합은 사물들의 힘이기도 하다. 이것은 시간 전체를 의미한다. 과거, 현재, 미래, 나타남과 죽음의 새벽, 집요한 환상들은 단지 물질의 쇠잔이다. 원자-문자로 이루어진 단어, 동사의 시제와 같이 그것들은 쇠퇴하고 쇠퇴된다. (⋯) 존재, 시간, 의미, 언어는 경사면을 따라 같이 내려간다."(같은 책, p. 34)
28 같은 책, p. 58.

새로운 자기이해를 막는, 그리고 그것을 위한 장애물

내가 여태껏 서술한 일원론은 독자의 경험과 공명할 수도, 그렇지 않을 수도 있는 이야기다. 비록 내가 물질의 생기가 실재한다고 믿기는 하나, 그것을 식별하고, 식별한 이후 그것에 계속 집중하는 일은 매우 힘든 일이다. 생기는 마치 바람 같은 사물, 힘 같은 실체처럼 너무나도 가깝고 순간적인, 언제나 되어가는 과정에 놓인 움직임, 궤적에 놓여 있으나 언제나 의도적인 것만은 아닌 생기적인 흐름이다. 더욱이 물질에 활기가 없고 실재적인 행위성이 오직 인간과 신에게만 속한다고 고집스럽게 주장하는 문화 그리고 소용돌이치는 세계의 생기 대부분을 간과해야만 하는 행동지향적 지각의 필요성을 통해 나의 주의는 계속 생기로부터 멀어지곤 한다. 이 책의 문장을 구성하고 재구성했을 때, 특히 적절한 동사를 선택하려 노력했을 때, 나는 생기적 물질성을 생각하도록 촉구하는 기획이 얼마나 급진적인 것인지 알게 되었다. 여태껏 행위성을 다뤄온 표준 문법을, 사람에게는 활동을 사물에는 수동성을 할당하는 문법을 고쳐 쓰는 일은 필요하지만 동시에 불가능한 것처럼 여겨졌다.

일상에서 물질의 생기를 더 잘 식별하는 능력을 계발하도록 하는 전략이 있는가? 혹자는 찰스 다윈이 그러했듯이, 존재론적으로 구별된 영역에서 아울러 식별할 수 있는 유사성을 의인화하고, 그에 관대해질 수 있다. 가령, 당신은 밤에 밖에서 부는 바람을 옆방에서 색색거리는 아버지의 호흡으로 생각(오해)할 수 있다. 당신은 매우 일찍 일어나 별을 본다. 플라스틱 지형도는 당신에게 손등의 정맥을 상기시킨다. 매미 울음소리의 리듬은 아기의 울음소리를 떠올리게 한다. 떨어지는 돌은 견뎌내려는 의욕적 욕망을 표현하는 것처럼 보인다. 녹색 유물론green materialism이 우리에게 내부이자 외부에 대한 더 정교한 감수성을 요구하는 상황에서는 아마도 어느 정도의 의인화가 틀림없이 도움이 될 것이다. 재미있게도, 의인화를 통해 인간중심주의에 어느 정도 대항할 수 있기에, 의인화(미신, 자연의 신성화, 낭만주의)에 내포된 위험을 감수할 가치는 충분히 있다. 사람과 사물 사이의 경계선이 흔들리면, 나는 더 이상 비인간 '환경'의 위나 외부에 있는 존재가 아니게 된다. 의인화를 거부하는 철학적 입장은 많은 경우 오직 인간과 신만이 창조적인 행위성의 흔적을 품을 수 있다는 오만한 주장에 갇혀 있다. 이러한 욕망을 누그러뜨리고 약화시키는 작업은 신이나 인간의 활동으로는 환원할 수 없는 생명을 식별할 수 있도록 한다. 이 물질의 생기는 나 자신이자, 나에 앞서고, 나를 초월하며, 나 이후에도 존재한다.

새로운 식별 능력을 계발하는 다른 방법은 인간에 대한 질문을 의도적으로 무시하는 것이다. 즉, 주체성이나 인간 내면의 본성을 다루는 주제 또는 인간과 동물, 식물, 사물을 실제로 구별하는 것이 무엇인지에 대한 질문을 잠시 보류하는 것이다. 이 주제들을 계속 다루게 되면 머잖아 우리는 인간중심적인 길로 오도될 것이고, 주체가 객체에 우위를 점하는 위계 구조가 드러날 것이며, 행위성이 실제로 함의하는 것이 무엇인지에 대해 자유롭게 사유하는 일은 방해받을 것이다. 혹자는 '결국 생동하는 물질의 철학을 정교화하는 것은 어디까지나 자기의식적이고 언어를 사용하는 인간이 아닌가?' 같은 매우 합리적인 반대 의견을, 즉 '탈인간주의'를 표방하는 생기적 유물론이 수행적인 모순을 품고 있다는 반대 의견을 그저 회피하거나 그에 대응하려 하지 않을 수도 있다. 이러한 비판에 저항하고, 모면하고, 그것의 초점을 전환하는 일은 쉬운 게 아니다.[29] 혹자는 인간의 주체성과 행위성에 대한 지배적인 개념들이, 관련 주제가 철학적으로 상세히 탐구될 때 그 개념들이 관여하는 얽힘과 아포리아에 의해 모순으로서 드러나는 방식을 지적할 수 있을 것이다. 또 누군가는 인간의 팔꿈치에 있는 박테리아 군집이 인간 주체가 어떻게 그 자체로 비인간인, 외부에 있는, 이질적인, 생기적인 묽질성이 되는지를 보여주는 사례라고 주장할 수 있을 것이다. 다른 이는 인간의 면역체계가 기생충의 직접한 기능에 의존한다는 점에 주목하거나, 어떻게 인간의 행위성이 언제나 미생물, 동물, 식물, 금속, 화학물질, 단어의 소리가 이루는 배치가 되는지를 보여주는, 사실 '행위'하는 모든 것이 이미 행위적 배치에 진입하고 있다는 점을 보여주는 우리의 사이보그화에 대한 다른 예시들을 인용할 수도 있을 것이다.[30] 그것의 예로서, 허리케인-연방 긴급사태관리청-지구온난화, 줄기세포-미국 국립보건원-영혼, 벌레-

---

29   수행적 모순에 대한 깊은 설명을 보고 싶다면, 굴산 아라 칸의 「수행적 모순에 대한 하버마스의 책임: 모순의 역설?(Habermas's Charge of a Performative Contradiction: Paradox of Contradiction?)」을 참조할 것(unpublished manuscript, 2008). 이 자료의 복사본은 내가 개인적으로 수집했다.

30   Velasquez-Manoff, "Worm Turns," p. 17.

표토-쓰레기, 전기-규제 완화-화재-탐욕, 대장균-도살장-기업식 농업의 배치를 생각할 수 있다.

하지만 이와 같은 전략들을 통해 이성과 습관이 부르짖는 목소리가 진정되지 않을 가능성도 있으며, 배치에 **인간**이 참여하는 것을 근본적으로 **다른** 것이라 간주하는 태도를 다시 지지할 수도 있다. 누군가는 다음과 같이 그 질문에 의문을 제기할 수도 있을 것이다. 왜 우리는 인간의 자아를 물질의 장과 구별하려 하는 것인가? 그것이 유일하고도 독특한 인간의 행위성에 대한 가정, 그러니까 칸트의 언어로 표현하자면 그것이 그러한 주장의 '전제 조건'이기 때문인가? 혹은 지구의 모든 사물에 비해 우위에 있는 인간이, 영원한 구원을 구할 수 있도록 하는 영혼을 소유하고 있다는 편협한 주장에 영향을 받고 있어서인가? 나는 이러한 답변 중 그 어떤 것도 논쟁을 끝낼 수 있을 것이라고는 생각하지 않지만, 그중 일부는 그러한 논쟁 안에 새로운 길을 열어낼 수 있다고 본다.

생기적 유물론으로 나아가는 길에는 또 다른 어려움이 있다. 예를 들어, 비록 내가 기술적 해결책들(생기나 물질성의 유사 자율성을 존중하는 좋은 해결책들)을 추구해야 하며 그것들 자체에 본질적인 잘못은 없다고 말하는 라투르와 가타리에게 동의하기는 하나, 우리에게 영감을 주는 원시적인 자연 개념을 논하기에는 삶이 너무나도 기술화되었다는 라투르의 주장에는 전적으로 동의할 수는 없다. 소로와 (웬델 베리, 배리 로페즈 같은) 소로의 계승자들이 얻은 인기에서도 알 수 있듯이, 야생으로서의 자연이라는 이상은 몇몇 이에게 더 생태학적으로 지속 가능한 삶을 살아가도록 자극한다. 하지만 이러한 이상의 권력이 점차 감소하고 그것이 매료시키는 인간의 신체가 앞으로도 계속 줄어들 것이라는 라투르의 예측이 옳은 것으로 밝혀진다 해도, 그는 그러한 소멸의 모든 규범적 함의를 충분히 사유하지는 못했다.

물론 나 역시 그렇다. 하지만 내가 환경주의에서 생기적 유물론으로, 자연과 문화가 대립하는 세계에서 생동하는 신체들의 이질적인 일원론으로 입장을 옮기면서 인지한 것 중 하나는 내가 오랫동안 품어온 윤리적 격언인 '지구를 가볍게 밟기'tread lightly on the earth의 근간이 생각보다 단단하지 않다는 점이다. 이 격언을 따르면, 나와 존재를 공유하는 다른 사물들의 손상과 파괴를 최소화하기 위해 나는 내 행위의 영향을 최소화해야만 한다. 생태학자 제임스 내시는 이를 가리켜 "지구를 긍정하는 절약 규범" "인간 공동체를 위해 필요한 자원을 절약하고 그 자체로도, 인간의 필요를 위한 도구로서도 가치를 지니는 다른 종을 보호하기"라 표현했다.[31] 만약 내가 자연의 대상과 문화적 대상에 마주 서 있는 인간 주체로서가 아니라 서로 경쟁하고 무리를 이루는 여러 의욕적인 행위소 중 하나로 살아간다면, 이러한 검소와 절약은 너무나도 단순한 격언이 되어버린다. 때때로 생태의 건강을 위해 개인과 집단은 자신의 능동성을 철회하거나 줄이도록 요구받으며, 때로는 인간의 에너지를 더 많이, 더 극적으로, 그리고 폭력적으로 소모하도록 요청받기도 한다.

31   Nash, "On the Subversive Virtue," p. 427.

나는 논의의 마지막 부분이 매우 추상적이고 보편적인 방식으로 전개되고 있다는 점을 인정한다(나는 격언은 그래야만 한다고 본다). 그리고 생기적 유물론의 규범적 함의를 구체적인 맥락 속에 명시해야 할 필요성이 있다는 것도 알고 있다. 지금 나는 논의의 마지막 부분에 서 있다. 이제 나는 생기적 유물론자를 위한 기도, 혹은 생기적 유물론에 대한 일종의 니케아 신조를 읊으며 논의를 마무리지으려 한다. "나는 보이는 것과 보이지 않는 모든 사물의 창조주이신, 유일하신 물질-에너지를 믿노라. 나는 또한 계속하여 **무언가를 해내는**[32] 이질성들이 이 다원성을 횡단하고 있다고 믿노라. 나는 비인간 신체, 힘, 그리고 형상들에 있는 생기를 거부하는 것이 그릇되었다고 믿으며, 비록 그러한 생기가 완전한 번역에 저항하고 나의 포괄적인 이해를 언제나 초과한다고 할지라도 주의 깊은 의인화의 과정이 그러한 생기를 드러낼 수 있다고 믿노라.[33] 나는 활력 넘치는 물질과의 조우가 인간의 지배라는 나의 환상을 벌하여 바로잡으리라는 것을, 모든 것에 공통된 물질성을 강조하리라는 것을, 더 널리 분산된 행위성을 드러내리라는 것을, 자아와 자기이해self-interest를 새로이 개척하리라는 것을 믿노라."

---

32   피커링의 『실천의 훼손(*Mangle of Practice*)』, p. 6을 참조할 것.
33   "완전한 번역에 저항하고 나의 포괄적인 이해를 언제나 초과한다"라는 구절은 로맨드 콜스의 「급진적 민주주의의 사나운 인내심(The Wild Patience of Radical Democracy)」, p. 78에서 인용한 것이다.

| 감사의 말 |

이 책은 친구들, 동료들, 여러 대담자들 그리고 다른 사물들과의 우연한 배치의 결과다. 듀크 대학 출판사의 커트니 버거를 편집자로 만나 매우 영광이었다. 또한 2007년에 열린 "유물론과 정치학" 세미나에 참석한 지적이고 활기 넘치는 학생들에게 감사를 표한다. 퀠런 앤 핀슨, 캐러 대깃, 데릭 덴먼, 수잰 갤런트, 스콧 고트브레흐트, 원고를 준비하는 데 매우 큰 도움을 준 아나톨리 이냐토프, 수비 어빈, 메이카 마냐니, 스티븐 피저, 차스 필립스, 해나 손, 그리고 필립 워즈체홉스키. 그리고 레베카 브라운, 제니퍼 컬버트, 비나 다스, 헌트 더프리스, 파올라 마라티, 빌 코노리, 캐트린 팔, 샘 체임버스, 존 마셜은 나의 아이디어를 정립하는 데 도움을 주었다. 존스홉킨스 대학에서 지적이고 사회적으로 생동하는 환경을 형성하는 데 도움을 준 그들에게 감사한다. 또 나 자신의 입장을 유지하도록 격려해주고 가끔 나를 대신하여 내 입장을 옹호해준, 그리고 내 책을 분석해주었으며 책의 문구와 참고문헌을 검토해준 존 뷰엘, 제러스 그루브, 제니퍼 린에게 감사를 표한다. 그리고 오류에 대해 부드럽게, 반복적으로 상기시켜준 브리 싱에게도 감사를 전한다. 또 지난 몇 년 동안 나의 주장, 글, 책의 각 장에 대해 비판해주고 내용을 보완해준 다음의 연구 동료들에게도 감사를 표한다. 앤더스 베르크소렌슨, 맬컴 불, 다이애나 쿨, 유

진 추아, 조디 딘, 빌 딕슨, 토머스 덤, 케이시 퍼거슨, 케넌 퍼거슨, 스테파니 피셸, 제이슨 프랭크, 조너선 골드버그, 에런 굿펠로, 보니 호니그, 스티븐 존스턴, 도트 크웩, 대니얼 러바인, 패션 마켈, 리다 맥스웰, 멜리사 올리, 다비데 패너지어, 비컨 폴라트, 매트 셰러, 모턴 스쿨먼, 니컬러스 탐피오, 라스 톤더, 스티븐 화이트, 마벨 웡, 린다 제릴리에게 감사를 표한다. 내게 영감을 준 에식스 대학에서 열린 정치이론 학회의 데이비드 호워스와 앨레타 노벌, 골드스미스 대학에서 열린 대중 학술대회의 누르테 마레스, 노팅험 대학에서 열린 '줄기세포 정체성, 거버넌스, 윤리' 학술대회에서 학제 간 토론을 이끌어준 크리스 피어슨에게도 감사를 표한다. 또 이 책이 만들어지는 데는, 운 좋게도 내가 우연히 만나게 된 뛰어난 지리학자들인 데이비드 캠벌, 데릭 매코맥, 세라 와트모어, 에마 로, 닉 빙엄, 나이절 트리프트, 벤 앤더슨, 제이미 로리머, J. D. 듀스베리 그리고 콜롬비아 대학의 이론적 고고학 그룹의 일원들이 기여해주었다. 특히 나는 전체 원고를 주의 깊게, 비판적이고 지혜롭게 읽어준 롬(로맨드) 콜스에게 빚을 졌다. 마지막으로 다시 한 번 나는 나의 친구인 빌 코놀리에게 감사를 표한다. 그의 비평은 언제나 원고를 풍성하게 해주었으며 그는 내가 나에 대한 믿음을 잃을 때마다 이 기획을 끝까지 밀고 나갈 수 있도록 격려해주었다.

『생동하는 물질: 사물에 대한 정치 생태학』은 제인 베넷의 *Vibrant Matter: A Political Ecology of Things* (2010)를 한국어로 번역한 것이다. 제인 베넷은 미국의 매사추세츠 대학교에서 정치학으로 박사학위를 받은 뒤 존스홉킨스 대학교에서 정치학 교수로 재직하고 있다. 주요 저서로는 *The Enchantment of Modernity: Crossings, Energetics, and Ethics* (2001), *Thoreau's Nature: Ethics, Politics, and The Wild Modernity and Political Thought* (1994) 등이 있다.

제인 베넷은 주류 철학에서 무력하고 수동적이며 힘이 없는 것으로 여겨져왔던 '물질'을 새로운 관점에서 탐구하고자 한다. 그는 기나긴 역사 속에서 길이·폭·두께를 가지며, 연장되고 동질적이며 무력한 것으로 간주되어온 물질이, 실은 행위성의 원천이고 언제나 우리의 안과 옆에서 흐르는 힘이며, 항상 인간의 몸과 얽혀 있는 역동적이고 활력 넘치는 사물이라고 주장한다. 여타 이론이 그렇듯이, 저자의 이론적 작업은 실천적인 변화를 이끌어내는 것과 떼어놓고 생각할 수 없다. 다소 난해한 주장을 개진하고 있는 이 책을 이해하기 위해서는 저자가 주목하는 현상과 그가 꼼꼼한 이론적 작업을 통해 달성하고자 하는 목표를 먼저 살펴볼 필요가 있다.

베넷이 이 책에서 밝히고 있듯이, 현재 우리를 둘러싸고 있는 세계는 "2005년 8월 미국을 덮친 허리케인 카트리나, 고유가, 이전까지 태풍이 발생하지 않았던 지역에 달마다 들이닥친 태풍들, 이라크 침공과 아프가니스탄 침공 때의 사망자와 고문당한 사람들, 원거리 공장식 축산 농장에서 생산된 시금치, 고춧가루, 닭고기, 소고기에서 발견된 병원균 등 일련의 실질적 문제"에 직면해 있다. 이러한 문제를 해결하고자 1970년대에 대두된 생태학적 환경주의는 기술 발전과 인구의 폭발적 증가로 인해 자연이 위협받고 있다는 점을 강조하며 환경에 대한 인식 변화를 촉구했다. 베넷은 이와 같은 환경주의의 기조에 대체로 동의하나, 환경주의의 존재론적 전제에 다소 문제가 있다고 본다. 저자의 관점에서, 환경주의의 존재론적 입장은 문제를 바라보는 최선의 틀도 아니고, 이미 세계자본주의에 함몰되어 무분별한 소비를 일삼는 사람들을 돌려놓을 정치적 의지를 만들어내기도 힘들다. 인간과 물질을 존재론적으로 구별하는 관점하에서, 환경은 어디까지나 인간의 의지나 이성이 일방적으로 적용되는 대상일 뿐이다. "죽어 있거나 철저히 도구화된 물질이라는 이미지는 인간의 자만심과 정복 및 소비 등 지구를 파괴하는 우리의 환상"을 키울 수밖에 없다. 결국, 물질이 인간보다 더 열등한 존재라는 접근법을 따르는 한, 환경을 대하는 인간의 일방적이고 폭력적인 태도를 변화시키는 것은 요원한 일이 된다.

제인 베넷의 작업을 이해하기 위해 동물권의 역사를 간략히 살펴보는 건 큰 도움이 된다. 본디 동물은 영혼, 이성을 결여한 존재로서 인간보다 열등한 존재로 생각되어왔다. 이러한 존재론적 관점은 동물윤리학이 인간중심적인 윤리학으로 남아 있도록 한 요인이었다. 다시 말해, 기존의 윤리에서 동물을 학대하지 말아야 하는 이유는 어디까지나 그러한 학대가 인간에 대한 존중을 무너뜨리고 인간에게 피해를 끼칠 수 있다는 점에 있었다. 오늘날 우리는 이러한 관점이 한계를 가진다는 것을 잘 알고 있다. 인간과 동물이 질적으로 구별된다는 존재론적 전제 위에 서 있는 윤리의 구호로, 동물을 학대하지 않고 보호해야 한다는 실천적 변화를 이끌어내는 일은 쉽지 않다. 피터 싱어를 비롯한 여러 윤리학자가 공리주의에 기반을 두고, 인간과 동물은 고통과 즐거움을 느끼는 생명체라는 점에서 다르지 않다고 주장한 이유 중 하나를 여기서 찾을 수 있다. 인간과 동물이 질적으로 다르지 않으며 서로 공존하는 존재라는 입장을 통해서만 동물을 진정 존중해야 하는 당위가 도출되고 이와 관련된 사람들의 변화를 끌어낼 수 있는 것이다.

동물권 사례에서 알 수 있듯이, 인간과 물질을 존재론적으로 구별하는 환경주의는 동물, 식물, 무기물을 공중의 참된 구성원으로 품을 수 없으며, 그로 인해 그것들에 대한 태도의 변화를 유도하는 데에 한계를 가질 수밖에 없다. 환경을 보호하는 것이 인간에게 유익한 일이며 환경의 파괴는 인간의 파멸로 이어지게 된다는 인간중심적인 사상은 이미 그것에 깔린 전제에서부터 크나큰 제약을 지니고 있다. 온갖 물질과 관련된 인간의 태도, 규범, 문화를 변화시키는 데는 인간과 물질 사이에 놓인 존재론적 위계를 무너뜨리는 '평평한 존재론'이 새롭게 요구된다. 인간만이 아니라 물질에도 힘이 있다면, 물질에 모종의 사건을 촉발하고 이끄는 활력이 있다면, 우리는 자연스레 물질을 존중할 수 있게 되지 않을까? 인간의 삶에 물질이 이미 깊숙이 침투하여 힘을 발현하고 있다는 점에 주의를 기울일 수 있게 된다면, 우리는 생동하는 물질과의 공존을 추구할 수 있지 않을까? 환경주의에서 생기적 유물론으로의 담론적이고 물질적인 전회가, 그릇된 방향으로 나아가고 있는 듯한 작금의 상황을 전환할 힘을 현실화할 수 있지 않을까? 이와 같은 목적을 달성하기 위해 제인 베넷은 물질의 활력을 설득력 있게 논증할 수 있는 여러 이론을 가져와 그것을 생기적 유물론이라는 입장에서 재해석하고 있다.

스피노자, 니체, 베르그송, 소로, 들뢰즈, 세르, 라투르 등의 주장에 기대어, 베넷은 인간의 이성, 문화 혹은 이미 존재하는 구조로 환원될 수 없는 물질과 물질의 내부-작용에 주목한다. 이 물질은 언제나 수많은 물질 및 힘과 배치를 이루고, 보이지 않는 곳에서 간섭, 협력, 공동 작용을 수행한다. 여기서 행위성에 대한 개체주의적 관점은 거부되며, 행위성은 언제나 배치를 따라 분산된 것으로 여겨지게 된다. 인간과 물질, 유기체와 비유기체, 생명과 죽은 물질을 나누는 이원론은 붕괴되고, 물질의 배치에 잠재된 "새로운 것을 만들어내는 능력을 지닌 창조적이면서도 완전히 인간만은 아닌 힘"이 긍정된다.

저자는 이러한 힘이 잘 드러나는 여러 사례를 가져오고 있다. 예를 들어, 우리가 길을 걷다 쉬이 마주칠 수 있는 장갑, 병마개, 나뭇가지 같은 사물은 정동을 자극하여 객체의 문화에서 벗어나 기이한 외-부를 느낄 수 있도록 한다. 북아메리카에서 벌어진 대규모 정전 사태는 인간과 체계의 목적에 종속되지 않는, 역동적으로 길을 열어나가는 전기, 장치, 화재 등의 물질성과 자기-조직적인 행위성을 드러낸다. 우리가 먹는 음식은 인간의 몸과 배치를 이루며 어떠한 기분, 성향, 결정을 현실화시키는 행위적 물질로 나타난다. 차갑고 단단해 보이는 금속의 내부에는, 즉 안정적이고 구조적인 결정의 배열의 사이사이에는 언제나 공백과 긴장이 있으며, 이를 통해 금속은 자기-변형과 다양한 성질을 드러낼 수 있다. 존재론적으로 계급화된 구도를 따라 그 안에서 인간만이 행위하고 의지하는 것으로 간주되었던 환경은, 형식을 부여받지 않은 이질적 요소들이 약동하는 내재성의 평면으로서 새롭게 이해된다. 제인 베넷이 가져오는 풍부한 사례는 다소 난해한 이론적 논의를 더 쉽게 이해할 수 있도록 해주는 물질로서 작용하고 있다.

인간중심적인 관점에 빠져 있는 이들이라면, 물질에 생기가 있으며 행위성이 물질의 배치를 따라 분산되어 있다는 주장은 받아들이기 힘들 것이다. 가장 먼저 떠올릴 수 있는 반론은 인간의 이성을 통해서만 구성할 수 있는 추상적이고 비물질적인 수학적 지식의 사례에 대한 것이다. 많은 이에게 수학 지식은 물질성으로부터 탈각한 보편적이고 비물질적인 지식으로서 수용된다. 하지만 최근 이루어지는 연구는 수학 지식의 물질성을 지지하고 있다. 드 프레이타스와 싱클레어의 *Mathematics and the Body* (2014)에 의하면, 제스처나 도상(diagram)은 수학자의 신체가 기존의 수학적 규범, 습관에서 벗어나 새로운 지식을 탐구할 수 있도록 하는 힘을 지니는 물질이다. 예를 들어, 사영射影기하에서 무한원점이라는 개념은 본디 매우 추상적이고 비물질적인 실체로 여겨졌으며, 실제로는 존재하지 않지만 마치 존재하는 것처럼 여겼던 실체다. 전통적인 관점에서 사영에 의해 만들어진 점선의 자취와 수평선의 교점을 그려나가는 과정은 비물질적인 개념인 무한원점에 관한 '표상'을 구성하는 행위로 여겨진다.

이와 달리 신유물론적 관점에서 무한원점은 점선 같은 물질을 이용하여 사영에 의해 만들어진 선들의 교점 그 자체다. 예를 들어, 수학자가 정육면체의 투시도를 따라 여러 점선이 교차하는 점을 그려나가는 과정 자체가 기존의 의미체계에서 벗어나 새로운 개념을 탄생시켰던 사건이라는 것이다. 이렇게 물질성을 갖기에 쥐고 움직일 수 있었던 무한원점은 집단적인 신체의 재배열을 이끌고 그와 동시에 지각적 조정의 재배열을 유도하게 된다. 이렇게 무한원점은 인간의 신체와 배치를 이루며 그 배치가 나아가는 방향을 결정하게 되고, 그 도상은 "원래 그러했던 것처럼 살로 이루어지며", 새로운 수학적 의미가 분출하는 잠재적인 평면으로 여겨진다. 결국 수학 개념 역시 물질적 배열이며, 그것은 고정된 의미체계가 정해지는 순간 언제나 의미체계 너머로 후퇴해버리는 외-부의 기이한 힘으로 볼 수 있다.

제인 베넷의 『생동하는 물질: 사물에 대한 정치생태학』은 여태껏 수없이 생산되는 물건과 상품으로 자리 잡아 궁극적으로는 쓸모없는 대상으로 여겨져왔던 사물을 구해내려는 이론적이고 실천적인 시도다. 베넷이 말하는 사물의 세계는 인간과 비인간이 서로 뒤얽히며 끊임없는 사건과 효과가 현실화되는 곳이고, 인간과 비인간 사이의 위계가 깨진 평평한 장이다. 인간과 비인간의 공존을 촉구하며 우리의 안과 옆에서 흐르는 생기를 느껴야 한다는 제인 베넷의 외침은, 작금 우리가 당면한 인간중심적인 세계의 위기 상황에서 주목해야만 하는 목소리일 것이다.

특히, 비-인간 물질의 힘에 주목하는 제인 베넷의 통찰은 작금 우리가 당면한 코로나 시대를 바라보는 새로운 시각을 제공해 줄 수 있다. 현재 전 세계에 팬데믹 쇼크를 일으킨 원흉으로 지목되는 SARS-CoV-2(코로나 바이러스)는 바이러스 막의 바깥쪽 부분에 돌기 형태의 단백질, 즉 스파이크단백질이 촘촘히 달려 있다고 한다. SARS-CoV-2에 달려 있는 스파이크단백질은 기존의 다른 코로나 바이러스에 비해 점액 친화성이 수십 배 이상 높다고 한다.

이와 같은 SARS-CoV-2의 작은 차이와 경향으로 인해, 바이러스가 침투한 인간의 신체와 사회 체계에서 모두가 예상하지 못했던 무수히 많은 사건이 발생하고 있다. 어찌 보면 바이러스 하나하나가 순간적으로 일으키는 사건은 '매우 미약해 보일 수 있으나', 그것이 '축적된 효과'는 현재 사회에 잠재되어 있던 여러 차별적 문화를 극렬히 드러내고, 유무형의 자원 분배를 예기치 못한 형태로 변화시키고 있으며, 인간의 행동 패턴, 습관, 규범 등을 송두리째 바꿔놓고 있다.

베넷의 통찰을 따르면, 이러한 변화는 SARS-CoV-2가 인간의 신체 및 사회의 구조와 배치, 연합체를 형성했기에 일어난 효과로 여겨질 수 있다. 우리가 직면한 여러 사건은, 바이러스뿐만이 아닌 바이러스와 배치를 이루는 무수히 많은 인간과 비-인간 물질, 사회의 구조 및 문화를 함께 살펴보아야 이해할 수 있다. 마치 베넷이 언급한 지렁이의 '작은 행위성'과 같이, 바이러스는 우리의 안과 옆에서 인간과 함께 역사가 나아가는 방향을 결정하는 행위성을 드러내고 있는 것이다.

만약 우리가 인간으로서는 제어할 수 없는 비-인간 물질인 바이러스의 힘에 주목할 수 있다면, 야생동물을 산 채로 유통하는 문화를, 자연을 무분별하게 소비하는 우리의 태도를 바꿔야 한다는 실천적인 자세를 새로이 취할 수 있을까? 혹은, 바이러스와 여러 인간의 신체, 그리고 사회적 구조와의 배치에서 이러한 사건이 발생한다는 점에 주목할 수 있다면, 작금 코로나 시국을 둘러싸고 벌어지는 '책임 공방'에 문제가 있다는 점을 확인할 수 있지 않을까? 베넷의 주장은 우리가 감당해야 하는 코로나 시대에 여러 가지 생각거리를 던져주고 있다.

마지막으로, 책을 번역하면서 가졌던 소회를 간단히 언급하며 옮긴이의 말을 마무리하려 한다. 이 책의 번역은 매우 어려웠다. 저자 스스로 고백했던 바와 같이, 생동하는 물질에 대해 논의할 언어를 고안하고 찾는 일은 정말이지 쉬운 일이 아니다. 저자가 오랫동안 고민하여 풀어낸 언어를, 생동하는 물질의 의미가 살아나도록 한국어로 번역하는 것은 굉장히 괴로운 일이었다. 최근 몇 년 동안 신유물론적 관점에서 수학교육을 연구하며 겪었던 어려움이 계속하여 떠오르곤 했다. 하지만 번역을 끝마쳤을 때 엿볼 수 있었던 사물의 세계는 풍성했다. 독자들도 그 풍요로운 세계를 엿볼 수 있기를 바란다. 이 책을 번역할 기회를 제공해주고 함께 고민해준 현실문화연구에 감사를 표한다. 부족하지만 이 번역본이 앞으로 한국에서 이루어질 포스트휴머니즘 연구에 도움이 되기를 희망한다.

| 참고문헌 |

Adkins, A. W. D. *From the Many to the One: A Study of Personality and Views of Human Nature in the Context of Ancient Greek Society, Values, and Beliefs*. Ithaca: Cornell University Press, 1970.

Adorno, Theodor. *Negative Dialectics*. Trans. E. B. Ashton. New York: Continuum, 1973. [테오도르 아도르노, 『부정변증법』, 홍승용 옮김, 한길사, 1999]

Aeschylus. "Prometheus Bound." *Greek Tragedies*, vol. 1, ed. David Grene and Richmond Lattimore, 61–106. Chicago: University of Chicago Press, 1960.

Althusser, Louis. "The Underground Current of the Materialism of the Encounter." *Philosophy of the Encounter: Later Writings*, 1978–87, trans. G. M. Goshgarian, ed. François Matheron, 163–207. New York: Verso, 2006.

Anderson, Ben. "Time-Stilled Space-Slowed: How Boredom Matters." *Geoforum* 35, no. 6 (2004): pp. 739-754.

Anderson, Ben, and Divya Tolia-Kelly. "Matter(s) in Social and Cultural Geography." *Geoforum* 35, no. 6 (2004): pp. 669-674.

Appadurai, Arjun, ed. *The Social Life of Things: Commodities in Cultural Perspective*. Cambridge: Cambridge University Press, 1986.

Archer, Crina, Lida Maxwell, and Laura Ephraim, eds. *Second Nature: Rethinking the Natural through Politics*. Minneapolis: University of Minnesota Press, forthcoming.

Archer, Margaret S. *Realist Social Theory: The Morphogenetic Approach*. Cambridge: Cambridge University Press, 1995.

Arendt, Hannah. "On the Nature of Totalitarianism: An Essay in Understanding." 1953. Hannah Arendt Papers at the Library of Congress, http://www.loc.gov.

Augustine. *Confessions*. Trans. Garry Wills. New York: Penguin, 2006. [성 아우구스티누스, 『고백록』, 박문재 옮김, 크리스천다이제스트, 2019]

Baer, Susan. "In Vitro Fertilization, Stem Cell Research Share Moral Issues." *Baltimore Sun*, 4 June 2005.

Bakhtin, Mikhail. "Contemporary Vitalism." *The Crisis in Modernism: Bergson and the Vitalist Controversy*, ed. Frederick Burwick and Paul Douglass, 76–97. Cambridge: Cambridge University Press, 1992.

Barad, Karen. *Meeting the Universe Halfway: Quantum Physics and the Entanglement of Matter and Meaning*. Durham, N.C.: Duke University Press, 2007.

Barad, Karen. "Scientific Literacy → Agential Literacy = (Learning + Doing) Science Responsibly." *Feminist Science Studies: A New Generation*, ed. Maralee Mayberry, Banu Subramaniam, and Lisa Weasel, 226–46. New York: Routledge, 2001.

Barron, Colin. "A Strong Distinction between Humans and Non-humans Is No Longer Required for Research Purposes: A Debate between Bruno Latour and Steve Fuller." *History of the Human Sciences* 16, no. 2 (2003): pp. 77-99.

Battye, Richard Fawcett. *What Is Vital Force? Or, A Short and Comprehensive Sketch, Including Vital Physics, Animal Morphology, and Epidemics; To Which Is Added an Appendix upon Geology: Is the Detrital Theory of Geology Tenable?* London: Truber, 1877.

Bayliss, William Maddock. *The Physiology of Food and Economy in Diet*. London: Longmans, Green, 1917.

Bergson, Henri. *Creative Evolution*. Trans. Arthur Mitchell. New York: Dover, 1998. [앙리 베르크손, 『창조적 진화』, 황수영 옮김, 아카넷, 2005]

Bergson, Henri. *The Creative Mind: An Introduction to Metaphysics*. Trans. Mabelle Andison. New York: Citadel, 1974.

Best, Robert. "Prepared Statement to the Subcommittee on Science, Technology, and Space of the Committee on Commerce, Science, and Transportation."

U.S. Senate Hearing on Human Cloning, 107th Cong., 1st sess., 2 May 2001.

Bingham, Nick. "Bees, Butterflies, and Bacteria: Biotechnology and the Politics of Nonhuman Friendship." *Environment and Planning A* 38, no. 3 (2006): pp. 483-498.

Bingham, Nick, and Steve Hinchliffe. "Reconstituting Natures: Articulating Other Modes of Living Together," *Geoforum* 39, no. 1 (2008): pp. 83-87.

Bonta, Mark, and John Protevi, eds. *Deleuze and Geophilosophy: A Guide and Glossary*. Edinburgh: Edinburgh University Press, 2004.

Braidotti, Rosi. "Affirmation versus Vulnerability: On Contemporary Ethical Debates." *Symposium: Canadian Journal of Continental Philosophy* 10, no. 1 (2006): pp. 235-254.

Brown, Bill. "Thing Theory." *Critical Inquiry* 28, no. 1 (2001): pp. 1-22.

Brown, Wendy. *Regulating Aversion: Tolerance in the Age of Identity and Empire*. Princeton: Princeton University Press, 2006. [웬디 브라운, 『관용』, 이승철 옮김, 갈무리, 2010]

Brown, Wendy. *States of Injury: Power and Freedom in Late Modernity*. Princeton: Princeton University Press, 1995.

Brumfield, Elizabeth. "On the Archaeology of Choice." *Agency in Archaeology*, ed. Marcia-Anne Dobres and John E. Robb, 249–56. New York: Routledge, 2000.

Buell, John, and Tom DeLuca. *Sustainable Democracy: Individuality and the Politics of the Environment*. Thousand Oaks, Calif.: Sage, 1996.

Burwick, Frederick, and Paul Douglass. Introduction to *The Crisis in Modernism: Bergson and the Vitalist Controversy*, ed. Burwick and Douglass, 1–12. Cambridge: Cambridge University Press, 1992.

Butler, Judith. *Bodies That Matter: On the Discursive Limits of "Sex."* New York: Routledge, 1993. [주디스 버틀러, 『의미를 체현하는 육체』, 김윤상 옮김, 인간사랑, 2003]

Butler, Judith. "Merely Cultural." *New Left Review*, no. 227 (1998): pp. 33-44.

Canguilhem, Georges. *Aspects du vitalisme: La connaissance de la vie*. Paris: Hachette, 1952.

Carroll, Linda. "Diets Heavy in Saturated Fats May Lead to Fading Memories." *Neurology Today* 4, no. 12 (2004): pp. 31-32.

Casazza, John A., and George C. Loehr, eds. *The Evolution of Electric Power Transmission under Deregulation: Selected Readings*. Hoboken, N. J.: Wiley, 2000.

Caygill, Howard. "Life and Energy." *Theory, Culture, and Society* 24, no. 6 (2007): pp. 19-27.

Chiari, Joseph. "Vitalism and Contemporary Thought." *The Crisis in Modernism: Bergson and the Vitalist Controversy*, ed. Frederick Burwick and Paul Douglass, 245-273. Cambridge: Cambridge University Press, 1992.

Cole, David. "Affective Literacy." Paper presented at the ALEA/AATE National Conference, Gold Coast, Queensland, Australia, 2005.

Cole, Ethan. "Bush Stands against 'Temptation to Manipulate Life.'" *Christian Post Reporter*, 13 April 2007.

Coleridge, Samuel Taylor. *The Literary Remains of Samuel Taylor Coleridge*. Vol. 2. Ed. Henry Nelson Coleridge. London: William Pickering, 1836.

Coles, Romand. *Rethinking Generosity: Critical Theory and the Politics of Caritas*. Ithaca: Cornell University Press, 1997.

Coles, Romand. "The Wild Patience of Radical Democracy: Beyond Žižek's Lack." *Radical Democracy: Politics Between Abundance and Lack*, ed. Lars Tønder and Lasse Thomassen, 68-85. Manchester: Manchester University Press, 2005.

Colls, Rachel. "Materialising Bodily Matter: Intra-action and the Embodiment of 'Fat.'" *Geoforum* 38, no. 2 (2007): pp. 353-365.

Connolly, William E. *The Ethos of Pluralization*. Minneapolis: University of

Minnesota Press, 1995.

Connolly, William E. "Method, Problem, Faith." *Problems and Methods in the Study of Politics*, ed. Ian Shapiro, Rogers Smith, and Tarek E. Masoud, 332–49. Cambridge: Cambridge University Press, 2004.

Connolly, William E. *Pluralism*. Durham, N.C.: Duke University Press, 2005.

Connolly, William E. *Why I Am Not a Secularist*. Minneapolis: University of Minnesota Press, 1999.

Contardi, Sergio, and Mario Perniola. "The Sex Appeal of the Inorganic: A Conversation." *Journal of European Psychoanalysis*, nos. 3–4 (1996–1997): http://www.psychomedia.it/jep.

Coole, Diana. *Negativity and Politics: Dionysus and Dialectics from Kant to Poststructuralism*. New York: Routledge, 2000.

Coole, Diana. "Rethinking Agency: A Phenomenological Approach to Embodiment and Agentic Capacities." *Political Studies* 53, no. 1 (2005): pp. 124-142.

Coole, Diana, and Samantha Frost, eds. *New Materialisms*. Durham, N.C.: Duke University Press, forthcoming.

Cornaro, Luigi. *Art of Living Long*. Milwaukee: William F. Butler, 1915.

Corson, Ben. "Speed and Technicity: A Derridean Exploration." PhD diss., Johns Hopkins University, 2000.

Crawford, T. Hugh. "An Interview with Bruno Latour." *Configurations* 1, no. 2 (1993): pp. 247-268.

Critser, Greg. *Fat Land: How Americans Became the Fattest People in the World*. New York: Mariner Books, 2004.

Darwin, Charles. *The Formation of Vegetable Mould, through the Action of Worms, with Observations on Their Habits*. London: John Murray, 1881. [찰스 로버트 다윈, 『지렁이의 활동과 분변토의 형성』, 최훈근 옮김, 지만지, 2014]

Das, Veena. *Life and Words: Violence and the Descent into the Ordinary*. Berkeley: University of California Press, 2007.

Dean, Jodi. *Publicity's Secret: How Technoculture Capitalizes on Democracy*. Ithaca: Cornell University Press, 2002.

De Landa, Manuel. *Intensive Science and Virtual Philosophy*. London: Continuum, 2002. [마누엘 데란다, 『강도의 과학과 잠재성의 철학』, 김영범, 이정우 옮김, 그린비, 2009]

De Landa, Manuel. *A Thousand Years of Nonlinear History*. New York: Zone, 1997.

De Landa, Manuel. "Uniformity and Variability: An Essay in the Philosophy of Matter." Paper presented at the "Doors of Perception 3" conference, Netherlands Design Institute, Amsterdam, 7–11 November 1995.

Deleuze, Gilles. *Bergsonism*. Trans. Hugh Tomlinson and Barbara Habberjam. New York: Zone, 1991. [질 들뢰즈, 『베르그송주의』, 김재인 옮김, 문학과지성사, 1996]

Deleuze, Gilles. *Expressionism in Philosophy: Spinoza*. Trans. Martin Joughin. New York: Zone Books, 1992.

Deleuze, Gilles. "Immanence: A Life..." *Theory, Culture, and Society* 14, no. 2 (1997): pp. 3-7.

Deleuze, Gilles. "Metal, Metallurgy, Music, Husserl, Simondon." Web Deleuze, "Sur *Anti-Oedipe et Mille Plateaux*: Cours Vincennes — 27/02/1979," http://www.webdeleuze.com.

Deleuze, Gilles. *Negotiations*. Trans. Martin Joughin. New York: Columbia University Press, 1995.

Deleuze, Gilles. *Spinoza: Practical Philosophy*. Trans. Robert Hurley. San Francisco: City Lights Books, 1988. [질 들뢰즈, 『스피노자의 철학』, 박기순 옮김, 민음사, 2001]

Deleuze, Gilles, and Félix Guattari. *A Thousand Plateaus: Capitalism and Schizophrenia*. Trans. Brian Massumi. Minneapolis: University of Minnesota Press, 1987. [질 들뢰즈, 펠릭스 가타리, 『천 개의 고원』, 김재인 옮김, 새물결, 2001]

Deleuze, Gilles, and Claire Parnet. "On the Superiority of Anglo-American Literature." *Dialogues*, trans. Hugh Tomlinson and Barbara Habberjam, 36–76. New York: Columbia University Press, 1987.

Derrida, Jacques. "The Animal That Therefore I Am (More to Follow)." Trans. David Wills. *Critical Inquiry* 28, no. 2 (2002): 369-418.

Derrida, Jacques. "Marx and Sons." *Ghostly Demarcations: A Symposium on Jacques Derrida's Specters of Marx*, ed. Michael Sprinker, 213–69. London: Verso, 1999.

de Vries, Hent. Introduction to *Political Theologies: Public Religions in a Postsecular World*, ed. Vries and Lawrence Sullivan, 1–88. New York: Fordham University Press, 2006.

Dewey, John. *Art as Experience*. New York: Minton, Balch, 1934. [존 듀이, 『경험으로서 예술』, 박철홍 옮김, 나남, 2016]

Dewey, John. *The Public and Its Problems*. New York: Henry Holt, 1927.

Di Menna, Jodi. "Grid Grief!" *Canadian Geographic*, http://www.canadiangeographic.ca/blackout_2003/grid.html (accessed 14 April 2009).

Docker, John. "*Après la Guerre*: Dark Thought, Some Whimsy." Arena Journal, n.s., no. 20 (2002–3), http://www.arena.org.au.

Douglas, Kate. "Six 'Uniquely' Human Traits Now Found in Animals." *NewScientist*, 22 May 2008, http://www.newscientist.com.

Driesch, Hans. *The History and Theory of Vitalism*. Trans. C. K. Ogden. London: Macmillan, 1914.

Driesch, Hans. *The Problem of Individuality: A Course of Four Lectures Delivered before the University of London in October 1913*. London: Macmillan, 1914.

Driesch, Hans. *The Science and Philosophy of the Organism: The Gifford Lectures Delivered before the University of Aberdeen in the Year 1907*. London: Adam and Charles Black, 1908.

Driesch, Hans. *The Science and Philosophy of the Organism: The Gifford*

Lectures Delivered before the University of Aberdeen in the Year 1908.
London: Adam and Charles Black, 1908.

Dumm, Thomas L. *A Politics of the Ordinary.* New York: New York
University Press, 1999.

Eagleton, Terry. "Edible Écriture." *Consuming Passions: Food in the Age of
Anxiety,* ed. Sian Griffiths and Jennifer Wallace, 203–8. Manchester:
Manchester University Press, 1998.

Edensor, Tim. "Waste Matter: The Debris of Industrial Ruins and the
Disordering of the Material World." *Journal of Material Culture* 10, no. 3
(2005): pp. 311-332.

Eisenach, Eldon J., ed. *The Social and Political Thought of American
Progressivism.* Indianapolis: Hackett, 2006.

Emerson, Ralph Waldo. *Journals and Miscellaneous Notebooks: 1847–1848.*
Vol. 10. Cambridge, Mass.: Belknap, 1960.

Feher, Michel, Ramona Naddaff, and Nadia Tazi, eds. *Fragments for a
History of the Human Body.* 3 vols. New York: Zone, 1989.

Ferguson, Kathy E. *The Man Question: Visions of Subjectivity in Feminist
Theory.* Berkeley: University of California, 1993.

Fletcher, Angus. *A New Theory for American Poetry: Democracy, the
Environment, and the Future of Imagination.* Cambridge: Harvard
University Press, 2004.

Foucault, Michel. "Confinement, Psychiatry, Prison." *Politics, Philosophy,
Culture: Interviews and Other Writings, 1977–84,* trans. Alan Sheridan,
ed. Lawrence D. Kritzman, 178–210. New York: Routledge, 1988.

Foucault, Michel. "Theatrum Philosophicum." *Language, Counter-memory,
Practice: Selected Essays and Interviews,* ed. Donald F. Bouchard, 165–98.
Ithaca: Cornell University Press, 1977.

Fraser, Nancy. *Justice Interruptus: Critical Reflections on the Postsocialist
Condition.* New York: Routledge, 1997.

Frow, John. "A Pebble, a Camera, a Man." *Critical Inquiry* 28, no. 1 (2001): pp. 270-285.

Gatens, Moira. *Imaginary Bodies: Ethics, Power, and Corporeality*. New York: Routledge, 1996.

Gesch, C. Bernard, et al. "Influence of Supplementary Vitamins, Minerals, and Essential Fatty Acids on the Antisocial Behaviour of Young Adult Prisoners: Randomised, Placebo-Controlled Trial." *British Journal of Psychiatry*, no. 181 (2002): pp. 22-28.

Ginzburg, Carlo. *The Cheese and the Worms: The Cosmos of a Sixteenth-Century Miller*. Trans. John and Anne Tedeschi. Baltimore: Johns Hopkins University Press, 1980. [카를로 진즈부르그, 『치즈와 구더기』, 김정하 옮김, 문학과지성사, 2001]

Glanz, James. "When the Grid Bites Back: More Are Relying on an Unreliable System." *International Herald Tribune*, 18 August 2003.

Goldberg, Jonathan. "Lucy Hutchinson Writing Matter." *ELH* 73, no. 1 (2006): pp. 275-301.

Goldberg, Jonathan. *The Seeds of Things: Theorizing Sexuality and Materiality in Renaissance Representations*. New York: Fordham University Press, 2009.

Goodman, David. "Ontology Matters: The Relational Materiality of Nature and Agro-Food Studies." *Sociologia Ruralis* 41, no. 2 (2001): pp. 182-200.

Gould, Stephen Jay. *The Structure of Evolutionary Theory*. Cambridge: Belknap, 2002.

Guattari, Felix. *The Three Ecologies*. Trans. Ian Pindar and Paul Sutton. London: Athlone, 2000. [펠릭스 가타리, 『세 가지 생태학』, 윤수종 옮김, 동문선, 2003]

Habermas, Jurgen. *The Future of Human Nature*. Cambridge: Polity, 2003. [위르겐 하버마스, 『인간이라는 자연의 미래』, 장은주 옮김, 나남, 2003]

Hallahan, Brian, and Malcolm R. Garland. "Essential Fatty Acids and Mental

Health." *British Journal of Psychiatry*, no. 186 (2005): pp. 275-277.

Hamacher, Werner. "Lingua Amissa: The Messianism of Commodity-Language and Derrida's *Specters of Marx*." *Ghostly Demarcations: A Symposium on Jacques Derrida's Specters of Marx*, ed. Michael Sprinker, 168‑212. London: Verso, 1999.

Haraway, Donna J. *How Like a Leaf*. New York: Routledge, 2000. [다나 J. 해러웨이, 『한 장의 잎사귀처럼』, 민경숙 옮김, 갈무리, 2005]

Haraway, Donna J. *Modest_Witness@Second_Millennium. FemaleMan© Meets_Onco-Mouse: Feminism and Technoscience*. New York: Routledge, 1997. [다나 J. 해러웨이, 『겸손한 목격자』, 민경숙 옮김, 갈무리, 2007]

Hardin, Garrett. "The Tragedy of the Commons." *Science*, 13 December 1968, pp. 1244-1248.

Hardt, Michael, and Antonio Negri. *Empire*. Cambridge: Harvard University Press, 2000. [안토니오 네그리, 마이클 하트, 『제국』, 윤수종 옮김, 이학사, 2001]

Hardt, Michael, and Antonio Negri. *Multitude: War and Democracy in the Age of Empire*. New York: Penguin, 2004. [안토니오 네그리, 마이클 하트, 『다중』, 조정환, 정남영, 서창현 옮김, 세종서적, 2008]

Harrington, Anne. *Reenchanted Science: Holism in German Culture from Wilhelm II to Hitler*. Princeton: Princeton University Press, 1996.

Hawkins, Gay. *The Ethics of Waste: How We Relate to Rubbish*. Sydney: University of New South Wales Press, 2006.

Hayden, Patrick. "Gilles Deleuze and Naturalism: A Convergence with Ecological Theory and Politics." *Environmental Ethics* 19, no. 2 (1997): pp. 185-204.

Hayles, N. Katherine. *How We Became Posthuman*. Chicago: University of Chicago Press, 1999.

Heidegger, Martin. "The Age of the World Picture." *The Question Concerning Technology, and Other Essays*, trans. William Lovitt, 115‑54. New York: Harper and Row, 1982.

Heidegger, Martin. *What Is a Thing?* Trans. W. B. Barton Jr. and Vera Deutsch. South Bend, Ill.: Gateway, 1967.

Hobbes, Thomas. "De Corpore." *The English Works of Thomas Hobbes*, vol. 1, ed. William Molesworth, n.p. London: John Bohn, 1839.

Ihde, Don. *Postphenomenology and Technoscience: The Peking University Lectures.* Albany, N.Y.: SUNY Press, 2009.

Ingold, Tim. *The Perception of the Environment: Essays on Livelihood, Dwelling, and Skill.* New York: Routledge, 2000.

"Iraq Body Count," August 2007. Iraq Body Count, http://www.iraqbodycount.org.

Jackson, Peter, et al. "Manufacturing Meaning along the Food Commodity Chain." *Cultures of Consumption Research Programme* (London: Birkbeck College), http://www.consume.bbk.ac.uk/researchfindings/meaningfood.pdf.

Jennings, Cheri Lucas, and Bruce H. Jennings. "Green Fields / Brown Skin: Posting as a Sign of Recognition." *In the Nature of Things: Language, Politics, and the Environment*, ed. Jane Bennett and William Chaloupka, 173–94. Minneapolis: University of Minnesota Press, 1993.

Jennings, H. S. "Doctrines Held as Vitalism." *American Naturalist*, July 1913, pp. 385-417.

Jennings, H. S. "Driesch's Vitalism and Experimental Indeterminism." *Science*, 4 October 1912, pp. 434-435.

Johnson, Chalmers. "Blowback." *Nation*, 15 October 2001, pp. 4-9.

Johnson, Steven. *Emergence: The Connected Lives of Ants, Brains, Cities, and Software.* New York: Touchstone, 2001.

Jonnes, Jill. *Empires of Light: Edison, Tesla, Westinghouse, and the Race to Electrify the World.* New York: Random House, 2003. [질 존스, 『빛의 제국』, 이충환 옮김, 양문, 2006]

Jullien, François. *The Propensity of Things: Toward a History of Efficacy in*

China. Trans. Janet Lloyd. New York: Zone, 1995.

Kafka, Franz. "Cares of a Family Man." *Complete Stories*, ed. Nahum N. Glatzer, 427–29. New York: Schocken, 1971.

Kafka, Franz. "A Report to an Academy." *Complete Stories*, ed. Nahum N. Glatzer, 250–59. New York: Schocken, 1971.

Kant, Immanuel. *Critique of Judgment*. Trans. Werner Pluhar. Indianapolis: Hackett, 1987. [임마누엘 칸트, 『판단력 비판』, 백종현 옮김, 아카넷, 2009]

Kant, Immanuel. *Religion within the Limits of Reason Alone*. Trans. Theodore M. Greene and Hoyt H. Hudson. New York: Harper Torchbooks, 1960. [임마누엘 칸트, 『이성의 한계 안에서의 종교』, 백종현 옮김, 아카넷, 2015]

Kass, Leon. *The Hungry Soul: Eating and the Perfecting of Our Nature*. Chicago: University of Chicago Press, 1994.

Kauffman, Stuart. *Reinventing the Sacred: A New View of Science, Reason, and Religion*. New York: Basic Books, 2008.

Keiser, Albert. "New Thoreau Material." *Modern Language Notes* 44, no. 4 (1929): pp. 253-254.

Kingsolver, Barbara. "A Good Farmer." *Nation*, 3 November 2003, pp. 7-11.

Kolata, Gina. "Researcher Who Helped Start Stem Cell War May Now End It." *New York Times*, 22 November 2007.

Lashley, K. S. "The Behavioristic Interpretation of Consciousness." *Psychological Bulletin*, no. 30 (1923): pp. 237-272; 329-353.

Latham, Alan, and Derek P. McCormack. "Moving Cities: Rethinking the Materialities of Urban Geographies." *Progress in Human Geography* 28, no. 6 (2004): pp. 701-724.

Latour, Bruno. *Aramis; or, The Love of Technology*. Trans. Catherine Porter. Cambridge: Harvard University Press, 1996.

Latour, Bruno. "'It's the Development, Stupid!' or, How to Modernize Modernization?" EspacesTemps website, http://www.espacestemps.net (accessed 15

April 2009).

Latour, Bruno. "On Actor-Network Theory: A Few Clarifications." *Soziale Welt* 47, no. 4 (1996): pp. 369-381.

Latour, Bruno. *Pandora's Hope: Essays on the Reality of Science Studies*. Cambridge: Harvard University Press, 1999. [브뤼노 라투르, 『판도라의 희망』, 장하원, 홍성욱 옮김, 휴머니스트, 2018]

Latour, Bruno. *Politics of Nature: How to Bring the Sciences into Democracy*. Trans. Catherine Porter. Cambridge: Harvard University Press, 2004.

Latour, Bruno. *Reassembling the Social: An Introduction to Actor-Network Theory*. Oxford: Oxford University Press, 2005.

Latour, Bruno. "What Rules of Method for the New Socio-scientific Experiments?" Plenary lecture for the Darmstadt Colloquium, 30 March 2001.

Laurier, Eric, and Chris Philo. "X-Morphising: Review Essay of Bruno Latour's *Aramis, or the Love of Technology.*" *Environment and Planning* A 31, no. 6 (1999): pp. 1047-1071.

Lenoir, Timothy. "Kant, Blumenbach, and Vital Materialism in German Biology." *Isis* 71, no. 1 (1980): pp. 77-108.

Lerner, Eric J. "What's Wrong with the Electric Grid?" *Industrial Physicist* 9, no. 5 (2003), http://www.aip.org/tip.

Levene, Nancy K. *Spinoza's Revelation: Religion, Democracy, and Reason*. Cambridge: Cambridge University Press, 2004.

Levine, George. *Darwin Loves You: Natural Selection and the Re-enchantment of the World*. Princeton: Princeton University Press, 2006.

Lin, Martin. "Substance, Attribute, and Mode in Spinoza." *Philosophy Compass* 1, no. 2 (2006): pp. 144-153.

Lorimer, Jamie. "Nonhuman Charisma." *Environment and Planning D: Society and Space* 25, no. 5 (2007): pp. 911-932.

Lovejoy, Arthur O. "The Import of Vitalism." *Science*, 21 July 1911, pp. 75-80.

Lovejoy, Arthur O. "The Meaning of Driesch and the Meaning of Vitalism." *Science*, 15 November 1912, pp. 672-675.

Lovejoy, Arthur O. "The Meaning of Vitalism." *Science*, 21 April 1911, 610 – 14.

Lovejoy, Arthur O. "Nature as Aesthetic Norm." *Essays in the History of Ideas*, 69 –77. Baltimore: Johns Hopkins University Press, 1948.

Lovejoy, Arthur O., and George Boas. *Primitivism and Related Ideas in Antiquity*. Baltimore: Johns Hopkins University Press, 1935.

Lucretius. "On the Nature of the Universe: De Rerum Natura." *The Epicurean Philosophers*, trans. C. Bailey, R. D. Dicks, and J. C. A. Gaskin, ed. John Gaskin, 78 –304. London: J. M. Dent, 1995.

Luke, Timothy W. *Capitalism, Democracy, and Ecology: Departing from Marx*. Urbana: University of Illinois Press, 1999.

Luke, Timothy W. *Ecocritique: Contesting the Politics of Nature, Economy, and Culture*. Minneapolis: University of Minnesota Press, 1997.

Lyotard, Jean-François. *Postmodern Fables*. Trans. Georges van den Abbeele. Minneapolis: University of Minnesota Press, 1997.

Maienschein, Jane. "What's in a Name: Embryos, Clones, and Stem Cells." *American Journal of Bioethics* 2, no. 1 (2002): pp. 12-19.

Margulis, Lynn, and Dorion Sagan. *What Is Life?* Berkeley: University of California Press, 2000. [린 마굴리스, 도리언 세이건, 『생명이란 무엇인가』, 김영 옮김, 리수, 2016]

Marks, John. "Introduction." "Deleuze and Science," ed. Marks, special issue, *Paragraph* 29, no. 2 (2006): pp. 1-18.

Marrati, Paola. "Time, Life, Concepts: The Newness of Bergson." "Comparative Literature Issue," ed. Suzanne Guerlac, special issue, *MLN* 120, no. 5 (2005): pp. 1099-1011.

Marres, Noortje. "Issues Spark a Public into Being: A Key But Often Forgotten Point of the Lippmann-Dewey Debate." *Making Things Public*, ed. Bruno

Latour and Peter Weibel, 208 –17. Cambridge: MIT Press, 2005.

Mathews, Freya. *For Love of Matter: A Contemporary Panpsychism*. Albany: State University of New York Press, 2003.

Melamed, Yitzhak. "Spinoza's Anti-Humanism." *The Rationalists*, ed. C. Fraenkel, D. Perinetti, and J. Smith. New York: Kluwer, forthcoming.

Merleau-Ponty, Maurice. *The Phenomenology of Perception*. Trans. Colin Smith. New York: Routledge and Kegan Paul, 1981. [모리스 메를로-퐁티, 『지각의 현상학』, 류의근 옮김, 문학과지성사, 2002]

Mitchell, W. J. T. *What Do Pictures Want? The Lives and Loves of Images*. Chicago: University of Chicago Press, 2005.

Murray, Kevin. "The Cabinet of Helmut Lueckenhausen." *Craft Victoria*, no. 29 (1999): pp. 17-19.

Nash, James A. "On the Subversive Virtue: Frugality," *Ethics of Consumption: The Good Life, Justice, and Global Stewardship*, ed. David A. Cricker and Toby Linden, 416 –36. Lanham, Md.: Rowman and Littlefield, 1998.

Nietzsche, Friedrich. *Daybreak: Thoughts on the Prejudices of Morality*. Trans. R. J. Hollingdale. Cambridge: Cambridge University Press, 1997. [프리드리히 니체, 『서광』, 이필렬 옮김, 청하, 1983]

Nietzsche, Friedrich. *On the Genealogy of Morals and Ecce Homo*. Trans. Walter Kaufmann and R. J. Hollingdale. New York: Vintage, 1969. [프리드리히 니체, 『도덕의 계보/이 사람을 보라』, 김태현 옮김, 청하, 1982]

Nietzsche, Friedrich. *Thus Spake Zarathustra*. Trans. Thomas Common. New York: Dover, 1999. [프리드리히 니체, 『짜라투스트라는 이렇게 말했다』, 최승자 옮김, 청하, 1997]

Nietzsche, Friedrich. *Twilight of the Idols and The Anti-Christ*. Trans. R. J. Hollingdale. London: Penguin, 1983. [프리드리히 니체, 『우상의 황혼』, 박찬국 옮김, 아카넷, 2015]

Nietzsche, Friedrich. *The Will to Power*. Trans. Walter Kaufmann and R. J. Hollingdale. New York: Random House, 1967. [프리드리히 니체, 『권력에의

의지』, 강수남 옮김, 청하, 1988]

Nosovel, Damir. "System Blackout Causes and Cures." Energy Central Network, 6 October 2003, http://www.energypulse.net.

Patton, Paul. *Deleuze and the Political*. New York: Routledge, 2000.

Paulus PP . II , Ioannes. "Evangelium Vitae: To the Bishops, Priests, and Deacons, Men and Women, Religious, Lay, Faithful, and All People of Good Will, on the Value and Inviolability of Human Life." Libreria Editrice Vaticana, 25 March 1995, http://www.vatican.va.

Perniola, Mario. *Sex Appeal of the Inorganic: Philosophies of Desire in the Modern World*. Trans. Massimo Verdicchio. New York: Continuum, 2004.

Petulla, Joseph M. *American Environmentalism: Values, Tactics, Priorities*. College Station: Texas A.M University Press, 1980.

Pickering, Andrew. *The Mangle of Practice: Time, Agency, and Science*. Chicago: University of Chicago Press, 1995.

Pietz, William. "Death of the Deodand: Accursed Objects and the Money Value of Human Life." "The Abject," ed. Francesco Pellizzi, special issue, Res, no. 31 (1997): pp. 97-108.

Pollan, Michael. *The Omnivore's Dilemma: A Natural History of Four Meals*. New York: Penguin, 2006.

Quirk, Tom. *Bergson and American Culture: The Worlds of Willa Cather and Wallace Stevens*. Chapel Hill: University of North Carolina Press, 1990.

Rahman, Momin, and Anne Witz. "What Really Matters? The Elusive Quality of the Material in Feminist Thought." Paper presented at the Annual Congress of the Canadian Sociology and Anthropology Association, University of Toronto, 28–31 May 2002.

Rancière, Jacques. "Comment and Responses." *Theory and Event* 6, no. 4 (2003): n.p.

Rancière, Jacques. *Disagreement: Politics and Philosophy*. Trans. Julie Rose. Minneapolis: University of Minnesota Press, 1999. [자크 랑시에르, 『불화』,

진태원 옮김, 길, 2015]

Rancière, Jacques. *The Politics of Aesthetics: The Distribution of the Sensible*. Trans. Gabriel Rockhill. London: Continuum, 2004.

Rancière, Jacques. "Ten Theses on Politics." *Theory and Event* 5, no. 3 (2001): n.p.

Rancière, Jacques, and Davide Panagia. "Dissenting Words: A Conversation with Jacques Rancière." *Diacritics* 30, no. 2 (2000): pp. 113-126.

Richards, Robert J. "Kant and Blumenbach on the Bildungstrieb: A Historical Misunderstanding." *Studies in the History and Philosophy of Biology and Biomedical Sciences* 31, no. 1 (2000): pp. 11-32.

Richardson, Alexandra J., and Paul Montgomery. "The Oxford-Durham Study: A Randomized, Controlled Trial of Dietary Supplementation with Fatty Acids in Children with Developmental Coordination Disorder." *Pediatrics* 115, no. 5 (2005): pp. 1360-1366.

Roberts, Les, et al. "Mortality before and after the 2003 Invasion of Iraq: Cluster Sample Survey." *Lancet* 364, no. 9448 (2004): pp. 1857-1864.

Robinson, Kenneth Allen. *Thoreau and the Wild Appetite*. New York: AMS Press, 1957.

Roe, Emma J. "Material Connectivity, the Immaterial, and the Aesthetic of Eating Practices: An Argument for How Genetically Modified Foodstuff Becomes Inedible." *Environment and Planning A* 38, no. 3 (2006): pp. 465-481.

Rorty, Richard. *Rorty and Pragmatism: The Philosopher Responds to His Critics*. Ed. Herman J. Saatkamp Jr. Nashville, Tenn.: Vanderbilt University Press, 1995.

Saler, Michael. "Modernity, Disenchantment, and the Ironic Imagination." *Philosophy and Literature* 28, no. 1 (2004): pp. 137-149.

Sanders, Scott Russell. "Stillness." *Orion* 20, no. 2 (2001): pp. 64-71.

Sargisson, Lucy. *Utopian Bodies and the Politics of Transgression*. New York:

Routledge, 2000.

Schoolman, Morton. *Reason and Horror: Critical Theory, Democracy, and Aesthetic Individuality*. New York: Routledge, 2001.

Serres, Michel. *The Birth of Physics*. Trans. Jack Hawkes. Ed. David Webb. Manchester: Clinamen, 2000.

Serres, Michel. *The Parasite*. Trans. Lawrence R. Schehr. Baltimore: Johns Hopkins University Press, 1982.

Sharp, Hasana. "The Force of Ideas in Spinoza." *Political Theory* 35, no. 6 (2007): pp. 732-755.

Shellenberger, Michael, and Ted Nordhaus. *Break Through: From the Death of Environmentalism to the Politics of Possibility*. Boston: Houghton Mifflin, 2007.

Sikorski, Wade. *Modernity and Technology*. Tuscaloosa: University of Alabama Press, 1993.

Slocum, Tyson. "Bush Turns Blind Eye to Blackout Culprit." CorpWatch, 21 August 2003, http://www.corpwatch.org.

Slow Food USA. "Manifesto." Slow Food USA, http://www.slowfoodusa.org (accessed 25 February 2009).

Smith, Cyril S. *A History of Metallography*. Chicago: University of Chicago Press, 1960.

Smith, Cyril S. "The Texture of Matter as Viewed by Artisan, Philosopher, and Scientist in the Seventeenth and Eighteenth Centuries." *Atoms, Blacksmiths, and Crystals: Practical and Theoretical Views of the Structure of Matter in the Seventeenth and Eighteenth Centuries*. Los Angeles: William Andrews Clark Memorial Library, University of California, Los Angeles, 1967.

Spike, Jeffrey. "Bush and Stem Cell Research: An Ethically Confused Policy." *American Journal of Bioethics* 2, no. 1 (2002): pp. 45-46.

Spinoza, Baruch. *Ethics: Treatise on the Emendation of the Intellect, and Selected Letters*. Trans. Samuel Shirley. Ed. Seymour Feldman. Indianapolis: Hackett, 1992. [바뤼흐 스피노자, 『에티카』, 황태연 옮김, 비홍출판사, 2014]

Spinoza, Baruch. *The Letters*. Trans. Samuel Shirley. Indianapolis: Hackett, 1995.

"Stem Cell Breakthrough." *Washington Post*, 24 November 2007.

Stiegler, Bernard. *The Technics and Time. Vol. 1, The Fault of Epimetheus*. Trans. Richard Beardsworth and George Collins. Stanford: Stanford University Press, 1998.

Stolberg, Sheryl Gay. "House Approves a Stem Cell Bill Opposed by Bush." *New York Times*, 25 May 2005.

Su, Kuan-Pin, Winston W. Shen, and Shih-Yi Huang. "Omega-3 Fatty Acids as a Psychotherapeutic Agent for a Pregnant Schizophrenic Patient." *European Neuropsychopharmacology* 11, no. 4 (2001): pp. 295-299.

Sullivan, Robert. *The Meadowlands: Wilderness Adventures on the Edge of a City*. New York: Doubleday, 1998.

Sumner, Francis B. Review of *The History and Theory of Vitalism*, by Hans Driesch. *The Journal of Philosophy, Psychology, and Scientific Methods* 13, no. 4 (1916): pp. 103-109.

"The Dogma of the Holy Trinity." Catechism of the Catholic Church, Libreria Editrice Vaticana, http://www.vatican.va (accessed 25 February 2009).

Thoreau, Henry David. *The Journal of Henry David Thoreau*. Vol. 2. Ed. Bradford Torrey and Francis H. Allen. New York: Houghton Mifflin, 1949. [헨리 데이비드 소로, 『소로의 일기』, 윤규상 옮김, 갈라파고스, 2017]

Thoreau, Henry David. *Walden and Resistance to Civil Government*. 2nd edn. Ed. William Rossi. New York: W. W. Norton, 1992. [헨리 데이비드 소로, 『월든』, 박우정 옮김, 문예춘추사, 2017]

Thoreau, Henry David. *The Writings of Henry David Thoreau: Walden*. Ed. J. Lyndon Shanley. Princeton: Princeton University Press, 1973.

Tiffany, Daniel. "Lyric Substance: On Riddles, Materialism, and Poetic Obscurity." *Critical Inquiry* 28, no. 1 (2001): pp. 72-98.

U.S.-Canada Power Outage Task Force. "Initial Blackout Timeline: August 14, 2003, Outage Sequence of Events." Canadian Department of Natural Resources, 12 September 2003, http://www.nrcanrncan.gc.ca.

U.S. Department of Agriculture, Office of Communications. "Profiling Food Consumption in America." *Agriculture Fact Book: 2001-2002*, chap. 2. March 2003, http://www.usda.gov.

U.S. Department of Health and Human Services. National Institutes of Health. "Stem Cells: Scientific Progress and Future Research Directions." June 2001, stemcells.nih.gov.

United States. Office of the White House Press Secretary. "President Bush, Ambassador Bremer Discuss Progress in Iraq." 27 October 2003, http://www.whitehouse.gov.

United States. "President and Mrs. Bush's Remarks in an Interview by Television of Spain." 12 March 2004, http://www.whitehouse.gov.

United States. "President Bush Discusses Iraq War Supplemental." 16 April 2007, http://www.whitehouse.gov.

Varela, Francesco. "Organism: A Meshwork of Selfless Selves." *Organisms and the Origin of Self*, ed. Alfred I. Tauber, 79-107. Dordrecht: Kluwer Academic, 1991.

Velasquez-Manoff, Moises. "The Worm Turns: Could We Cure Some Diseases by Reintroducing Parasites?" *New York Times Magazine*, 29 June 2008, 7.

Wade, Nicholas. "Bacteria Thrive in Crook of Elbow, Lending a Hand." *New York Times*, 23 May 2008.

Wald, Matthew L. "Report on Blackout Is Said to Describe Failure to React." *New York Times*, 12 November 2003.

Warner, Melanie. "A Sweetener with a Bad Rap." *New York Times*, 2 July 2006.

Warner, Melanie. "Does This Goo Make You Groan?" *New York Times*, 2

July 2006.

Warren, Mark E. *Democracy and Association*. Princeton: Princeton University Press, 2001.

Wellmer, Albrecht. *Endgames: The Irreconcilable Nature of Modernity*. Trans. David Midgley. Cambridge: MIT Press, 1998.

Whatmore, Sarah. "Materialist Returns: Practicing Cultural Geography in and for a More-Than-Human World." *Cultural Geographies* 13, no. 4 (2006): pp. 600-609.

Wheeler, Leonard Richmond. *Vitalism: Its History and Validity*. London: H. F. and G. Witherby, 1939.

Whitehead, Alfred North. *The Concept of Nature: Tarrner Lectures Delivered in Trinity College November 1919*. Cambridge: Cambridge University Press, 1920. [앨프리드 화이트헤드, 『자연의 개념』, 안형관 옮김, 이문출판사, 1998]

Whitman, Walt. *Leaves of Grass and Other Writings*. 2nd edn. Ed. Donald Moon. New York: W. W. Norton, 2002. [월트 휘트먼, 『풀잎』, 허현숙 옮김, 열린책들, 1998]

Zammito, John H. *The Genesis of Kant's Critique of Judgment*. Chicago: University of Chicago Press, 1992.

번역 참고문헌

루크레티우스, 『사물의 본성에 관하여』, 강대진 옮김, 아카넷, 2012.

모리스 메를로-퐁티, 『지각의 현상학』, 류의근 옮김, 문학과지성사, 2002.

베네딕트 데 스피노자, 『에티카』, 강영계 옮김, 서광사, 2007.

브뤼노 라투르, 『판도라의 희망』, 장하원, 홍성욱 옮김, 휴머니스트, 2018.

아이스퀼로스, 『아이스퀼로스 비극 전집』, 천병희 옮김, 숲, 2008.

앙리 베르그손, 『창조적 진화』, 황수영 옮김, 아카넷, 2005.

웬디 브라운, 『관용』, 이승철 옮김, 갈무리, 2010.

임마누엘 칸트, 『이성의 한계 안에서의 종교』, 백종원 옮김, 아카넷, 2015.

임마누엘 칸트, 『판단력 비판』, 백종현 옮김, 아카넷, 2009.

자크 랑시에르, 『불화』, 진태원 옮김, 길, 2015.

존 듀이, 『경험으로서의 예술』, 박철홍 옮김, 나남, 2016.

주교회의 교리교육위원회, 『가톨릭 교회 교리서』, 한국천주교중앙협의회, 2008.

질 들뢰즈, 『베르그송주의』, 김대인 옮김, 문학과지성사, 1996

질 들뢰즈, 펠릭스 가타리, 『천 개의 고원』, 김재인 옮김, 새물결, 2001.

찰스 로버트 다윈, 『지렁이의 활동과 분변토의 형성』, 최훈근 옮김, 지만지, 2014.

카를로 진즈부르그, 『치즈와 구더기』, 김정하 옮김, 문학과지성사, 2001.

테오도르 W. 아도르노, 『부정변증법』, 홍승용 옮김, 한길사, 1999.

펠릭스 가타리, 『세 가지 생태학』, 윤수종 옮김, 동문선, 2003.

프리드리히 니체, 『권력에의 의지』, 강수남 옮김, 청하, 1988.

프리드리히 니체, 『도덕의 계보/이 사람을 보라』, 김태현 옮김, 청하, 1982

프리드리히 니체, 『서광』, 이필렬 옮김, 청하, 1983.

프리드리히 니체, 『우상의 황혼』, 박찬국 옮김, 아카넷, 2015.

프리드리히 니체, 『짜라투스트라는 이렇게 말했다』, 최승자 옮김, 청하, 1997.

헨리 데이비드 소로, 『소로의 야생화 일기』, 김잔디 옮김, 위즈덤하우스, 2017.

헨리 데이비드 소로, 『소로의 일기』, 윤규상 옮김, 갈라파고스, 2017.

헨리 데이비드 소로, 『월든』, 박우정 옮김, 문예춘추사, 2017.

지은이 제인 베넷 Jane Bennett

미국의 정치이론가. 존스홉킨스대학교 정치학 교수이며, 생태철학, 예술과 철학, 미국 정치 사상, 정치적 수사학, 동시대 사회이론에 주된 관심을 두고 있다. 스피노자와 라이프니츠에 대한 질 들뢰즈의 해석으로부터 생기적 유물론을 주창한 대표적인 학자로, 인간중심적 접근법에서 벗어나 창조적인 물질의 힘을 포착하고, 자연을 무분별하게 소비하는 인간의 태도를 전환시키고자 한다.『생동하는 물질: 사물에 대한 정치생태학』(2010)은 그러한 생기적 유물론에 관한 관심사를 집대성한 저서이다. 그 밖의 저서로『밀려듦과 흘러나감』(2020),『소로의 자연』(2002),『현대적 삶의 마법』(2001),『신념과 계몽을 생각하지 않기』(1987) 등이 있다.

옮긴이 문성재

서울대학교 사범대학 수학교육과 박사 과정을 수료했다. 신유물론 및 들뢰즈의 관점을 따라 수학 교수-학습 과정에서 물질의 힘을 부각하고 이용하는 방법에 대해 연구하며 박사 학위 논문을 준비하고 있다.

생동하는 물질

사물에 대한 정치생태학

1판 1쇄 2020년 7월 17일
1판 3쇄 2023년 8월 17일

지은이 제인 베넷
옮긴이 문성재
펴낸이 김수기

펴낸곳 현실문화연구
등록 1999년 4월 23일 / 제2015-000091호
주소 서울시 은평구 불광로 128, 302호
전화 02-393-1125 / **팩스** 02-393-1128 / **전자우편** hyunsilbook@daum.net
ⓗ blog.naver.com/hyunsilbook   ⓘ hyunsilbook   ⓘ hyunsilbook

ISBN 978-89-6564-252-7 (93100)

이 도서의 국립중앙도서관 출판예정도서목록(CIP)은
서지정보유통지원시스템 홈페이지(http://seoji.nl.go.kr)와
국가자료종합목록 구축시스템(http://kolis-net.nl.go.kr)에서 이용하실 수 있습니다.
(CIP제어번호:CIP2020018622)